Francia
Sebastián
AVARRA
Pamplona
Huesca
CATALUÑA
Roses
Lleida
Zaragoza
Barcelona
Tarragona
Ebro
ARAGÓN
MENORCA
MALLORCA
ra
Villareal
Cuenca
BALEARES
Palma de
Mallorca
IBIZA
Júcar
Valencia
FORMENTERA
COMUNIDAD
VALENCIANA
Albacete
Alicante
Mar Mediterráneo
Murcia
REGIÓN DE
MURCIA
Cartagena
nería
ISLAS CANARIAS
LANZAROTE
Santa Cruz
de Tenerife
LA PALMA
TENERIFE
Las Palmas
FUERTEVENTURA
lla
GOMERA
HIERRO
GRAN CANARIA
W0378489

Línea verde 1

von
Peter Bade, Prisdorf; Margit Dietz, Bielefeld; Mechthild Honer-Henkel, München; Christel Hörner-Steim, Stuttgart; Josefa Jimeno Patrón, Madrid; Blanca Linzoain Acedo, Lleida; Javier Navarro González, Erlangen; Christiane Peck, Tübingen; María Victoria Rojas Riether, München; Matthias Ruiz Holst, Berlin; Beate Stascheit, Berlin; Ina Steggewentz, Hannover; María Suárez Lasierra, Ostfildern.

Zusatzmaterialien für Schülerinnen und Schüler zu diesem Band:
Cuaderno de actividades, *Klett-Nr. 535831*
Cuaderno de actividades mit Lernsoftware (CD-ROM), *Klett-Nr. 535841*
Grammatisches Beiheft, *Klett-Nr. 535835*
Schüler-Audio-CD, *Klett-Nr. 535833*
Vokabellernheft, *Klett-Nr. 535836*

1. Auflage 1 5 4 3 2 | 10 09 08 07 06

Alle Drucke dieser Auflage sind unverändert und können im Unterricht nebeneinander verwendet werden. Die letzte Zahl bezeichnet das Jahr dieses Druckes.

Das Werk und seine Teile sind urheberrechtlich geschützt. Jede Nutzung in anderen als den gesetzlich zugelassenen Fällen bedarf der vorherigen schriftlichen Einwilligung des Verlages. Hinweis § 52 a UrhG: Weder das Werk noch seine Teile dürfen ohne eine solche Einwilligung eingescannt und in ein Netzwerk eingestellt werden. Dies gilt auch für Intranets von Schulen und sonstigen Bildungseinrichtungen. Fotomechanische oder andere Wiedergabeverfahren nur mit Genehmigung des Verlages.

© Ernst Klett Verlag GmbH, Stuttgart 2006.
Alle Rechte vorbehalten.
Internetadresse: www.klett.de

Redaktion: Simone Roth, Dr. Monika Türk, Doris Wieser

Gestaltung: Thomas Gremmelspacher
Illustrationen: Joachim Balser, Berlin; Beate Klauder, Esslingen; Sabine Koch, Stuttgart; Franziska Rosentreter (Karten Spanien + Lateinamerika)
Umschlaggestaltung: Anne Bäßler
Umschlagfotos: Thomas Weccard, Ludwigsburg, Fotosearch RF, Waukesha, WI (Medio Images)
Reproduktion: Meyle + Müller, Medien-Management, Pforzheim
Druck: Druckhaus Götz GmbH, Ludwigsburg

Printed in Germany
ISBN-13: 978-3-12-535830-0
ISBN-10: 3-12-535830-2

9 783125 358300

Peter Bade
Margit Dietz
Mechthild Honer-Henkel
Christel Hörner-Steim
Josefa Jimeno Patrón
Blanca Linzoain Acedo
Javier Navarro González
Christiane Peck
María Victoria Rojas Riether
Matthias Ruiz Holst
Beate Stascheit
Ina Steggewentz
María Suárez Lasierra

Línea verde 1

Ernst Klett Schulbuchverlage
Stuttgart · Leipzig

Inhalt

Inhalt

Anhang

Karten und Pläne

Ich heiße Laura. Ich bin fast 15 und wohne in Berlin. Seit einiger Zeit lerne ich Spanisch und finde das Land und die Sprache *fenomenal*. Deshalb fahre ich in den Ferien gerne nach Spanien und will im kommenden Schuljahr auch einige Monate dort verbringen. Wie das wohl wird? Ihr werdet es auf jeden Fall miterleben, denn ihr seid dabei! Wir werden gemeinsam viel Spanisch lernen und interessante Dinge über Spanien und Lateinamerika erfahren.

Viel Spaß und Erfolg dabei!

Wegweiser durch Línea verde 1

Zeichenerklärungen

Auf der CD (Klett-Nr. 535833) findet ihr eine Aufnahme des Textes.

Dies ist eine Hörverstehensübung. Den Hörtext spielt euch euer Lehrer / eure Lehrerin vor.

Diese Symbole kennzeichnen Übungen zur Partner- oder Gruppenarbeit. Unter den Partnerübungen sind auch Aufgaben, bei denen die Partner abwechselnd in ihrer Spalte die Lösung vor sich haben. So könnt ihr gegenseitig kontrollieren, ob ihr den Stoff gut beherrscht.

Übungen mit diesem Zeichen eignen sich besonders zur schriftlichen Bearbeitung.

In diesen Übungen könnt ihr selbst Gesetzmäßigkeiten der spanischen Sprache erkennen und Regeln formulieren. Eure Ergebnisse könnt ihr im Grammatischen Beiheft (Klett-Nr. 535835) überprüfen.

Hier übt ihr wichtige Lern- und Arbeitstechniken, die euch das Spanischlernen erleichtern. Auch Lerntipps sind so gekennzeichnet. Ausführliche Erklärungen zu den Lern- und Arbeitstechniken stehen auf den Seiten 123 – 133 unter der Überschrift *Estrategias*.

In so gekennzeichneten Übungen könnt ihr alles anwenden, was ihr bisher gelernt habt.

Diese Übungen eignen sich besonders gut dafür, eure Resultate zu sammeln und in einer eigenen Mappe abzuheften. In diesem *Portfolio* könnt ihr im Laufe der Zeit euren Lernfortschritt erkennen und anderen zeigen, wie gut ihr bereits Spanisch sprecht und schreibt.

[ ] Dieses Symbol kennzeichnet Buchteile, die durchgenommen werden können, die aber auch entfallen können.

Andere Kennzeichnungen

(§ + *Zahl*) hinter den Titeln der Übungen verweist auf den Paragraphen mit dieser Nummer im Grammatischen Beiheft. Dort könnt ihr Erklärungen zu der grammatischen Struktur, die hier besonders geübt wird, nachlesen.

Auf den Anfangsseiten der Lektionen und in den Übungen stehen des Öfteren farbige Kästchen mit Wortschatzangaben. Die verschiedenen Farben bedeuten dabei Folgendes:

Die Vokabeln und Ausdrücke in den Kästchen mit dieser Farbe sind Lernwortschatz. Sie sind im lektionsbegleitenden Vokabular verzeichnet und werden in den folgenden Lektionen vorausgesetzt.

Diese Kästchen fassen bereits bekannten und für das Lösen der Aufgabe besonders wichtigen oder nützlichen Wortschatz zusammen.

Diese Kästchen enthalten für die jeweilige Aufgabe hilfreiche zusätzliche Wörter und Ausdrücke. Sie sind fakultativ, d. h. sie werden in den folgenden Lektionen nicht vorausgesetzt und müssen nicht alle gelernt werden. Ihr solltet euch aber diejenigen merken, die für euch besonders wichtig sind, um über euch selbst Auskunft zu geben (z. B. einige der Hobbies auf S. 32).

Weitere Rubriken

Un paso más: Im Anschluss an die Lektionen 3, 6 und 8 befinden sich jeweils drei Seiten mit Texten und Aufgaben zur Wiederholung des bisherigen Lernstoffs. Die Texte von *Un paso más* 1 und 2 enthalten darüber hinaus interessante Informationen zu Spanien und Lateinamerika.

Der *Cajón de sastre* (S. 134 – 140) enthält weitere interessante und spannende Texte, Cartoons oder Rätsel, die ihr mit den Kenntnissen aus *Línea verde 1* verstehen könnt.

Das *Vocabulario* (S. 143 – 172) verzeichnet alle neuen Vokabeln nach Lektionen geordnet und in der Reihenfolge ihres Vorkommens. Es enthält auch Verweise auf ähnliche Wörter in anderen Sprachen, bereits bekannte spanische Wörter aus der gleichen Wortfamilie, Synonyme und Antonyme (Wörter mit der gleichen oder entgegengesetzten Bedeutung) sowie Beispielsätze. Diese solltet ihr immer mitlernen, denn im Satzzusammenhang prägt man sich die Wörter besser ein.

Im lektionsbegleitenden Vokabular stehen auch Übersichts-Kästchen zu allen grammatischen Strukturen. Angegeben ist auch der Paragraph im Grammatischen Beiheft, in dem ihr die Regeln nachlesen könnt.

Das *Diccionario* (S. 173 – 189) listet den gesamten Lernwortschatz aus den Lektionen, d. h. alle Wörter aus dem *Vocabulario*, noch einmal in alphabetischer Reihenfolge auf (spanisch-deutsch und deutsch-spanisch). Es enthält zusätzlich weitere Wörter aus den Übungen und dem *Cajón de sastre*, die ihr nur erkennen und verstehen solltet. Dort könnt ihr also nachschlagen, wenn ihr die Bedeutung eines Wortes vergessen habt oder nicht sicher seid, ob ihr es richtig verstanden habt.

¡Hola!

¿Cómo te llamas?

Haced diálogos.

Beginnt mit einem Mitschüler oder einer Mitschülerin ein Gespräch. Begrüßt ihn / sie und fragt nach dem Namen und dem Herkunftsort. Euer Partner / eure Partnerin antwortet. Wechselt dann die Partner.

- ¿Cómo te llamas?
- … / Me llamo …
- ¿De dónde eres?
- Soy de … / También soy de…

El vídeo de Mario

Ésta es Cristina.

La playa de Roses. Roses es un pueblo de la Costa Brava.

Éste es Pablo. Pablo no es de Valladolid. Es de Roses.

En el museo Dalí. ¿Qué es? ¿Una habitación? ¿Una chica?

7
El chico y la chica del helado son Pablo y Cristina.

En la playa...
8
...el deporte no siempre es un juego.

9
Pablo y la paella... un desastre.

10
Una paella y... ¡genial!, no es la paella de Pablo.

11
¿Cómo te llamas?
Me llamo Lukas.
¿Eres el hermano de Laura?
Sí.
¿De dónde sois?
De Berlín.

1 El vídeo de Mario

a Representad el vídeo de Mario en clase.

Wählt eine Episode des Lektionstextes aus und stellt sie zu zweit oder dritt pantomimisch und mit einfachen Gegenständen als Requisiten dar. Die anderen finden heraus, um welches Bild es sich handelt und sagen den passenden Text.

b Representad un «vídeo» de otras vacaciones.

Bildet Kleingruppen und spielt den Lektionstext (bzw. einige der Fotos), aber verändert einige Dinge, z. B. den Ort der Handlung, die Namen, tauscht die Verwandtschaftsbeziehungen aus usw. Spanische Vornamen findet ihr in der Liste auf S. 192, Städtenamen in der Landkarte auf der nächsten Seite.

2 ¡Hola!

a En Roses Mario conoce a mucha gente. ¿Qué dicen?

Mario lernt im Urlaub viele Menschen kennen. Hier stellen sie sich vor. Was sagen sie?

1 Markus, Berlín

2 Mauricio, Guatemala

3 Federica + Raúl, Madrid

4 Olga + Juan, Toledo; Noelia + Carlos, Sevilla

b ¿Quiénes son?

Wer sind die Jugendlichen auf dem Foto rechts? Denkt euch etwas aus. Spanische Namen findet ihr in der Liste auf S. 192.

c Formad frases sobre las personas.

Bildet Sätze über die Personen aus Übung 2a oder 2b.

Ejemplo: Olga es de Toledo.

3 ¡No, no, no!

Formad frases negativas.

Bildet verneinte Sätze mit den folgenden Wortpaaren.

- un chico – una chica
- un hermano – … primo
- … pueblo – … museo
- costa – playa
- paella – helado
- hermana – desastre

Ejemplo:
Un chico no es una chica.
Un hermano …

- Cristina – Laura
- Y el español no es difícil[1].

4 ¿De dónde son?

a Escuchad el abecedario del cedé.

Hört euch das spanische Alfabet auf der CD an.

b Escuchad y tomad nota.

Notiert den Namen und den Herkunftsort der Jugendlichen, die sich auf der CD vorstellen. Die Städtenamen findet ihr in der Landkarte, die Namen der Jugendlichen werden buchstabiert.

El abecedario			
a	a	n	ene
b	be	ñ	eñe
c	ce	o	o
ch	che	p	pe
d	de	q	cu
e	e	r	erre
f	efe	s	ese
g	ge	t	te
h	hache	u	u
i	i	v	uve
j	jota	w	uve doble
k	ka	x	equis
l	ele	y	i griega
ll	elle	z	zeta
m	eme		

Ejemplo: Rafa es de Madrid.

c Buchstabiert ein spanisches Wort. Euer Partner / eure Partnerin schreibt das Wort auf.

5 Ésta es Cristina.

a Überlegt, wie man euren Namen auf Spanisch buchstabiert.

b En la playa hay mucha gente: haced mini-diálogos.

Arbeitet mit einem Partner / einer Partnerin (wenn ihr seinen / ihren Namen noch nicht kennt, stellt euch zuerst einander vor). Geht dann zu zweit in der Klasse umher, sprecht mit anderen Paaren und notiert mindestens fünf weitere Namen.

- ¿Cómo te llamas?
- Me llamo …
- Éste / Ésta es …
- ¿Cómo se escribe[2]?
- Se escribe[2] …

[1] **el español no es difícil** Spanisch ist nicht schwierig – [2] **se escribe** man schreibt

6 Roses, un pueblo de la Costa Brava

Buscad información sobre España.

Sucht euch etwas aus, das auf der Karte eingezeichnet ist. Fragt einen Partner / eine Partnerin danach. Diese / dieser muss das Gesuchte in der Karte ebenfalls finden und die Erklärung geben. Zeichenerklärungen und einige nützliche spanische Begriffe findet ihr im Redemittelkästchen auf der nächsten Seite. Prüft gemeinsam, ob die Antwort richtig ist.

Ejemplos:

—San Fermín, ¿qué es?
—San Fermín es una fiesta de Pamplona.

—Sevilla, ¿qué es?
—Sevilla es una ciudad del sur de España.

Geographische Bezeichungen	
• un pueblo	ein Dorf, ein kleiner Ort
● una ciudad	eine Stadt
un río	ein Fluss
una costa	eine Küste
una isla	eine Insel

Sehenswertes und Interessantes	
un museo	ein Museum
un monumento	eine Sehenswürdigkeit
una fiesta	ein Fest
una comida (típica)	ein (typisches) Gericht

Zugehörigkeit oder Herkunft	
del *(+ Himmelsrichtung)* de España	aus dem / im *(+ Himmelsrichtung)* Spaniens
del centro de España	aus dem / im Zentrum Spaniens
de (+ *Städtename*)	aus / in (+ Städtename)
de (+ *Name einer Region*)	aus / in *(+ Name der Region)*
de la costa	von / an der Küste
de la Costa (+ *Name*)	von / an der Costa *(+ Name)*

7 Juego en la playa

Stefanie und ihre ältere Schwester Ines sind im Urlaub in Roses, am Strand. In der Nähe spielen einige spanische Jugendliche Beachball, die sie einladen mitzuspielen. Da Ines kein Spanisch kann, dolmetscht Stefanie. Übernehmt ihre Rolle.

a Schreibt auf, was Stefanie sagt.

b Spielt den Dialog zu dritt. Tauscht nach der Hälfte die Rollen oder spielt den Dialog mehrmals und tauscht jeweils die Rollen.

Lerntipp

Die folgende Übung ist eine Dolmetschübung. Dabei müsst ihr nicht wörtlich übersetzen. Wichtig ist nur, dass der Sinn gleich bleibt.

Víctor	Ines
¿Cómo te llamas?	Stell uns vor und sag, dass du meine Schwester bist.
Me llamo Víctor. ¿De dónde sois?	Sag ihm, dass wir aus Stadthagen kommen.
¡¿De dónde?!	Erklär ihm, dass Stadthagen ein kleiner Ort in (Nord-)Deutschland ist.
¡Ah!	Frag doch, woher Víctor kommt, ob er aus Roses ist.
No, no soy de Roses. Soy de Madrid.	Aus Madrid? Sag ihm, dass ich das toll finde.
Bah, la vida[1] en Madrid no siempre es un juego. ¡Hola, eh! Julio, Olivia. Stefanie, Ines, éste es Julio, ésta es Olivia.	Begrüße die beiden.
Ah, y el chico del helado es Sebastián. Y ahora, ¡a jugar![2]	

8 Playa y paella

Arbeitet in Gruppen und notiert weitere spanische Wörter, die ihr bereits kennt. Wenn jemand etwas vorschlägt, das ihr nicht kennt, fragt nach der Bedeutung.

Ejemplo: —¿Qué es «la ola» en alemán[3]?
—La ola, en alemán, es „die Welle".

[1] **la vida** das Leben – [2] **Y ahora, ¡a jugar!** Und jetzt los, spielen wir!
[3] **en alemán** auf Deutsch

Mario y los otros *(Mario und die anderen)*

Zeichnet Mario, Pablo, Cristina, Laura und Lukas auf ein Plakat. (Ihr könnt auch passende Fotos aus diesem Kapitel fotokopieren und vergrößern.) Schreibt zu jeder Person ihren Namen und notiert auf Spanisch, was ihr schon über sie wisst.

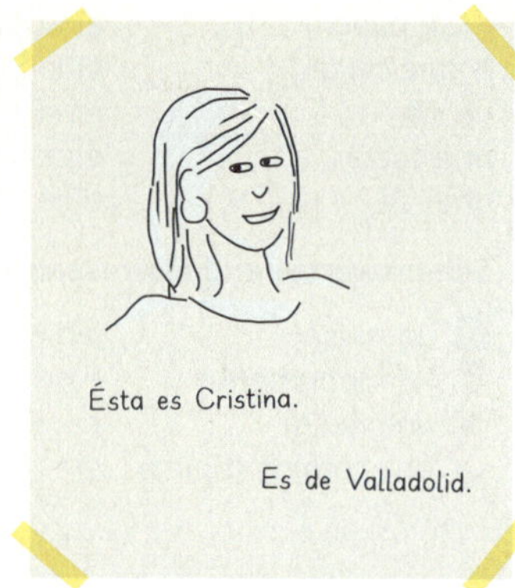

Cosas típicas de España y Latinoamérica

a Buscad fotos.

Sucht Fotos von bekannten Personen oder typischen Dingen aus Spanien und Lateinamerika und macht daraus eine Collage.

b Hängt die Collagen im Klassenzimmer auf. Schaut euch die Collagen der anderen Gruppen an und fragt nach, wenn ihr etwas nicht kennt. Sagt dabei so viel wie möglich auf Spanisch.

So kann ich auf Spanisch Kontakte pflegen ...

... Angaben über eine Person oder einen Ort machen

Verwandtschaft angeben
- Cristina es la hermana de Mario.

den Herkunftsort nennen
- Mario es de Valladolid.

eine Person oder einen Ort identifizieren
- El chico del helado es Pablo.
- Roses es un pueblo de la Costa Brava.

... persönliche Angaben erfragen und machen

nach dem Namen fragen
- ¿Cómo te llamas?
- ¿Eres María?

sich vorstellen
- Me llamo / soy Andrés.
- Soy el hermano de Antonio.

den Herkunftsort erfragen
- ¿De dónde eres?
- ¿Eres de Roses?

den Herkunftsort angeben
- Soy de Berlín.

¿Qué te gusta?

1 Fotos y palabras

¿Qué foto corresponde a qué palabra?

Ordnet die spanischen Ausdrücke den passenden Fotos zu.

Lerntipp

Auch Wörter, die man noch nicht gelernt hat, kann man oft verstehen, z. B. aus dem Deutschen oder anderen Fremdsprachen, mit Hilfe von Abbildungen oder aus dem Kontext. Hinweise zum Wörter-Erschließen findet ihr auf S. 123–124.

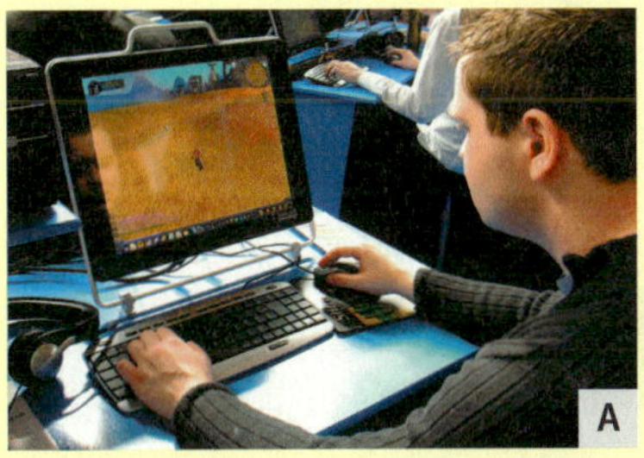
A

B

C

D

E

F

G

H

- escuchar música
- estudiar • un aguacate
- una discoteca • un bar
- un móvil • comprar ropa
- la playa y el mar
- tomar el sol en la playa
- nadar en el mar
- un juego de ordenador

I

J

K

2 ¿De qué hablan Pablo y Laura?

Fasst kurz zusammen, worüber Pablo und Laura sprechen und versucht, die Bedeutung von *me/te gusta(n)* zu erschließen.

3 Y a ti, ¿qué te gusta?

Sucht aus den folgenden Listen drei Aktivitäten oder Dinge aus, die ihr gerne mögt oder tut. Unterhaltet euch mit einigen Klassenkameraden und -kameradinnen über das, was euch gefällt. Findet ihr drei Personen mit den gleichen Interessen wie ihr?

me gusta	la paella la playa el mar el tenis el fútbol el surf nadar en el mar tomar el sol estudiar comprar ropa escuchar música

me gustan	los helados los aguacates los juegos de ordenador los bares las discotecas los chicos las chicas los móviles los museos los pueblos de la Costa Brava

- ¿Te gusta(n) ...?
- Sí, me gusta(n) ...
- A mí también me gusta(n) ...
- No, no me gusta(n) ...

¿Quién es Ana Lucía?

En la playa de Roses.

Pablo: Hola, ¿qué pasa?
Laura: Es el mensaje de una chica…
Pablo: A ver.

«Hola, soy Ana Lucía. ¿Habla Andrés con los aguacates? Espero una respuesta.»

Laura: ¿Qué significa «habla con los aguacates»?
Pablo: Ni idea… ni idea. ¿Quiénes son Ana Lucía y Andrés? ¿Son amigos?
Laura: No, no, no son amigos.
Pablo: No eres española, ¿verdad?
Laura: No, soy alemana. Yo soy Laura y él es Lukas.
Lukas: Sí, soy el hermano de Laura y hablo todavía poco español. Y tú, ¿cómo te llamas?
Pablo: Yo soy Pablo.
Cristina: …y nosotros somos Cristina y Mario.
Laura: Hola, somos Laura y Lukas, somos alemanes. ¿Vosotros sois de Roses?
Pablo: Yo sí, ellos no. Son de Valladolid y pasan las vacaciones en Roses. ¿Te gusta Roses?
Laura: Sí, me gustan mucho la playa y el mar.

Hablan un rato. Después los chicos nadan en el mar y las chicas hablan en la playa.

Cristina: Hablas muy bien.
Laura: No, no es verdad, pero el español me gusta y estudio mucho.
Cristina: ¿Estudias en las vacaciones? Yo, en las vacaciones, nado, escucho música, tomo el sol… También me gusta el deporte: el tenis, el surf… bueno, el surf y yo…
Laura: A mí también me gusta escuchar música.

Llegan los chicos.

Mario: ¿Tomamos un helado?
Laura: Mmmhhh, los helados me gustan mucho.
Cristina: A mí también.
Pablo: Bien, entonces… ¿compráis vosotras los helados?
Cristina: ¿Por qué nosotras?
Pablo: Ehh, porque…, porque…
Mario: Porque nosotros trabajamos.
Laura: ¿Trabajáis?
Mario: Sí, sí. Pablo y yo somos los profesores de español de Lukas. ¿Verdad, Lukas?
Lukas: Sí.
Cristina: ¡Qué morro!

Biiiip… biiiiip…
Laura busca el móvil.
Biiiip… biiiiip

Laura (con el móvil): ¡Es ella!
Cristina: ¿Quién?
Laura: Ana Lucía. Bueno, un mensaje de Ana Lucía: «¿Qué pasa? ¿Por qué no contestas? Ana Lucía.»

1 ¿Qué pasa en la playa?

Relacionad las partes de las frases.

Verbindet die Satzteile.

1. En la playa, Laura
2. Después Laura y Lukas
3. Mario y Cristina son de Valladolid y
4. Los chicos
5. y las chicas
6. En las vacaciones, Cristina
7. Los chicos no
8. porque
9. (Ellos)
10. Ana Lucía

A hablan un rato con Pablo, Cristina y Mario
B compran los helados
C espera una respuesta
D nadan en el mar
E pasan las vacaciones en Roses
F escucha un mensaje del móvil
G hablan en la playa
H nada, escucha música y toma el sol
I trabajan
K son los profesores de español de Lukas

2 Sospechas *(Vermutungen)*

¿Qué pensáis vosotros? Buscad la respuesta.

In einer Geschichte wird oft nicht alles genau erklärt. Überlegt, welche der folgenden Antworten am wahrscheinlichsten ist. (Antwort 3 findet ihr, wenn ihr „zwischen den Zeilen" lest. Die übrigen Lösungen erfahrt ihr in den nächsten Lektionen.)

1. ¿Qué significa «Andrés habla con los aguacates»?

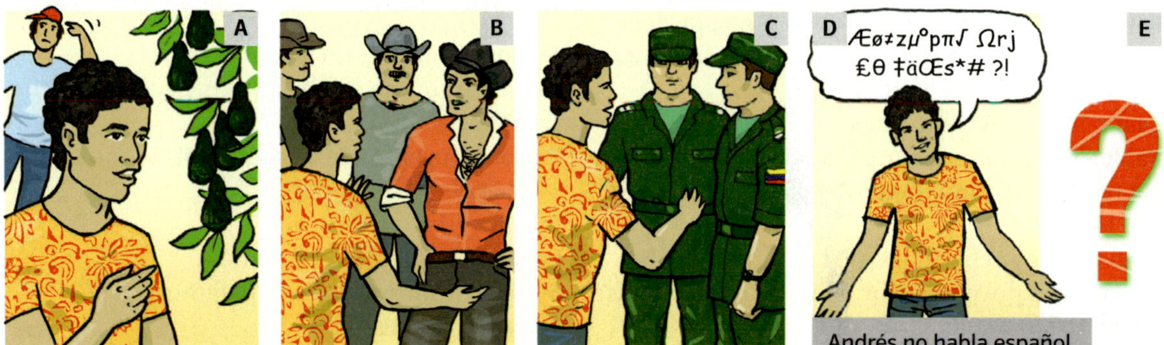

Andrés no habla español.

2. ¿Por qué no contesta Laura el mensaje de Ana Lucía?

A porque habla poco español.
B porque Ana Lucía no es una amiga.
C porque necesita ayuda con el mensaje.
D Ni idea.

3. ¿Por qué contesta Cristina «¡Qué morro!»?

A porque Cristina también es profesora de español.
B porque Mario, Pablo y Lukas no trabajan.
C porque Laura no toma un helado pero compra helados para Pablo, Mario y Lukas.
D porque Pablo y Mario no toman helados.

3 Deporte y comida

Buscad las palabras.

Die Wortschlange besteht aus je drei Wörtern zu den Themen Sport, Familie (*familia*) und Essen (*comida*).

Ordnet die Wörter den Themen zu. Wenn ihr weitere geeignete Wörter kennt (z. B. aus der Übung «Playa y paella» auf Seite 15), notiert auch diese.

Lerntipp

Wie ihr Wörter sinnvoll ordnen und lernen könnt, erfahrt ihr auf S. 124–126.

4 España me encanta

Contestad las preguntas como en el ejemplo.

Antwortet mit Hilfe der Zeichnungen oder eurer eigenen Ideen auf die Fragen. Um die Sätze zu variieren, könnt ihr statt *me gusta* auch *me encanta*[1] oder *me interesa* verwenden.

Ejemplo: Me gustan las vacaciones porque (no) me gusta(n) …

a ¿Por qué te gustan las vacaciones?

b ¿Por qué te gusta España?

[1] **me encanta** gefällt mir sehr, finde ich toll

5 Helados

Por fin Laura y sus amigos compran los helados.

a ¿Qué tipos de helado hay en la heladería?

Erklärt auf Deutsch, welche Eissorten man in dieser Eisdiele kaufen kann.

b Escuchad los diálogos del cedé: ¿Qué tipo de helado compran Laura, Mario y Lukas? ¿Cuántas bolas toman?

una bola	eine Kugel
dos bolas	zwei Kugeln
tres bolas	drei Kugeln
¿cuántas bolas?	wie viele Kugeln?
un euro	ein Euro
dos euros	zwei Euro
por favor	bitte
gracias	danke

c Cristina y Pablo también compran helados.

Spielt den Dialog in der Eisdiele weiter. Eine/r ist der Verkäufer, die anderen sind Cristina und Pablo. Verwendet die Dialoge der CD als Modell.

6 Batalla naval (§ 4)

Kopiert den Spielplan ohne die Schiffe in euer Heft oder auf ein kariertes Blatt. Zeichnet 4 eigene Schiffe ein (jeweils 1, 2, 3 und 4 Kästchen, waagrecht oder senkrecht, nicht diagonal, und sie dürfen einander nicht berühren).
Spielt zu zweit wie beim Schiffe-Versenken, aber um die Kästchen zu „treffen", bildet ihr Sätze wie im Beispiel.

Ejemplo:
¿Estudiáis mucho? → Tocado.
Laura trabaja. → Agua.
(yo) hablo con una amiga. → Hundido.

	trabajar	hablar con una amiga	estudiar mucho	tomar el sol	comprar un aguacate	escuchar un mensaje	no contestar	buscar un museo
yo		x						
los chicos								
vosotros, -as			x					
Laura			x					
nosotros, -as			x		x			
tú					x			
Mario y Pablo	x	x			x			
el profesor					x			

7 El profesor de Lukas (§ 4)

En parejas completad el diálogo: uno / una es Lukas, el otro / la otra es Mario.

Arbeitet zu zweit. „Mario" beginnt und vervollständigt den ersten Satz (in dem dunkleren Kästchen) mit den richtigen Verbformen. „Lukas" kontrolliert, ob der Satz richtig ist. Dann ist „Lukas" an der Reihe und „Mario" kontrolliert.

Mario
A ver, Lukas… ¿**(trabajar – nosotros)** un rato? Yo **(ser)** el profesor. Tú **(escuchar)** y **(contestar)**.
¡Genial! Pero yo todavía **hablo** muy poco.
Muy bien. Laura y tú, ¿**(estudiar)** español en Berlín?
Laura sí, pero yo no. Bueno, sí, yo **estudio** un poco con Laura.
Eh… ¿Te gustar nadar, Lukas? *Lukas no **(contestar)**.* ¿Lukas? **(Esperar)** una respuesta.
¿Cómo? ¿Qué **significa** nadar?
Ni idea. No **(hablar)** alemán.
¡Es un desastre! Tú no **hablas** alemán y yo no **hablo** español.
Y yo **(ser)** español, pero no **(ser)** profesor de español.
Y yo **soy** alemán y no **estudio** español en Roses, pero **paso** las vacaciones, **tomo** el sol y… eh…, ehh…
¿Qué **(pasar)**?
Busco el diccionario¹. A ver: «schwimmen» **significa** nadar. Sí, sí, me gusta mucho nadar.

Lukas
A ver, Lukas… ¿**Trabajamos** un rato? Yo **soy** el profesor. Tú **escuchas** y **contestas**.
¡Genial! Pero yo todavía **(hablar)** muy poco.
Muy bien. Laura y tú, ¿**estudiáis** español en Berlín?
Laura sí, pero yo no. Bueno, sí, yo **(estudiar)** un poco con Laura.
Eh… ¿Te gusta nadar, Lukas? *Lukas no **contesta**.* ¿Lukas? **Espero** una respuesta.
¿Cómo? ¿Qué **(significar)** nadar?
Ni idea. No **hablo** alemán.
¡Es un desastre! Tú no **(hablar)** alemán y yo no **(hablar)** español.
Y yo **soy** español, pero no **soy** profesor de español.
Y yo **(ser)** alemán y no **(estudiar)** español en Roses, pero **(pasar)** las vacaciones, **(tomar)** el sol y… eh…, ehh…
¿Qué **pasa**?
(buscar) el diccionario¹. A ver: «schwimmen» **(significar)** nadar. Sí, sí, me gusta mucho nadar.

8 Las actividades de Mario en las vacaciones (§ 4)

Mario escribe un e-mail.

Mario schreibt seinem Freund Julio eine E-Mail und berichtet von seinen Ferien. Schreibt mithilfe der Zeichnungen die E-Mail anstelle von Mario.

= desastre

¡Hola, Julio!:
Cristina y yo pasamos…

Mario

¹ **un diccionario** ein Wörterbuch

9 En Berlín

En parejas haced el diálogo.

Arbeitet zu zweit. Eine/r ist der spanische Junge, der / die andere er / sie selbst.
Überlegt euch, was ihr sagen wollt, übt den Dialog und spielt ihn dann möglichst frei.

Der spanische Junge	**Du**
Der Junge fragt, ob du Spanisch sprichst.	Du bejahst; du sprichst aber noch nicht viel. Du willst wissen, was los ist und fragst ihn, ob er Spanier ist.
Er bejaht. Er sucht das Pergamon-Museum (*Museo de Pérgamo*).	Du weißt auch nicht, wo es ist und fragst ihn, ob er gern ins Museum geht.
Er sagt, dass er Museen mag.	Du auch. Du sprichst noch weiter über deine Hobbies (*1 weiterer Satz*).
Er spricht noch weiter über seine Hobbies (*1 weiterer Satz*).	Ihr esst beide gern Eis und beschließt, zusammen ein Eis zu essen.
Der Junge fragt, ob du das Eis kaufst.	Du willst wissen, warum.
Er sagt, weil du Deutsche/r bist und Deutsch (*alemán*) sprichst.	Wie reagierst du?

10 Encuentro en la playa *(Begegnung am Strand)*

a ¿Qué pasa en la playa? Contad la historia.

Erzählt die Geschichte, die am Strand passiert. Verwendet die direkte Rede, wenn die Personen sprechen.

b ¿Qué pasa después? Inventad el final.

Erfindet ein Ende für die Geschichte.

Lerntipp

Überprüft eure Texte am Ende immer noch einmal auf Fehler. Mehr zum Erkennen von Fehlerschwerpunkten erfahrt ihr auf S. 129 – 130.

¿Dónde vive Cristina?

1 Actividades en Roses.

Mario und Cristina haben in den Ferien in Roses Freunde gefunden. Cristina tauscht nun am Ferienende Adressen mit ihnen aus.

a Escuchad el diálogo del cedé.

Findet heraus, welcher Name zu welcher Adresse gehört und notiert zu jedem Namen die passende Zahl.

b Hört euch den Text auf der CD noch einmal an und notiert die fehlenden Zahlen in den Telefonnummern.

1 Avenida Jerez, 15
41014 Sevilla
Tfno: 954 A 3394

2 Calle Magnolia, 19
27296 Lugo
Tfno: 982 7676 B

3 Avenida Gaudí, 17
08025 Barcelona
Tfno: 93488 47 C

4 Plaza Escuelas, 14
03011 Alicante
Tfno: 96531 D 49

5 Calle Rastrojo, 11
47014 Valladolid
Tfno: 98350 E 85

6 Calle Juan Montero, 12
28050 Madrid
Tfno: 91571 F G

7 Plaza Consistorio, 13
45002 Toledo
Tfno: 925 H 62 i

Los nombres de los amigos

Fernando
Raúl
Irene
Olga
Noelia
Cristina
Tomás

Los números de 0 a 20	
0 cero	11 once
1 uno	12 doce
2 dos	13 trece
3 tres	14 catorce
4 cuatro	15 quince
5 cinco	16 dieciséis
6 seis	17 diecisiete
7 siete	18 dieciocho
8 ocho	19 diecinueve
9 nueve	20 veinte
10 diez	

2 Uno, dos, tres

Escuchad y contad.

Hört euch die Übung auf der CD an und zählt und klatscht mit.

Terminan las vacaciones

Laura y Lukas hablan mucho de los mensajes. ¿Quién es Ana Lucía? ¿De dónde es? ¿Por qué llama? Ni idea. ¿Qué hacemos: contestamos o no contestamos sus mensajes? ¿Es sólo un juego o necesita ayuda?
Por eso los hermanos visitan a Pablo y a sus primos. La madre de Pablo abre la puerta.

Laura: Buenos días. ¿Viven aquí Pablo, Mario y Cristina?
Madre: Sí, hola, yo soy la madre de Pablo. Vosotros sois Laura y Lukas, ¿verdad?
Laura: Sí.

La madre llama a los chicos y poco después llegan Mario, Cristina y Pablo.

Cristina: ¡Hola, Laura! ¡Hola, Lukas! ¿Qué tal?
Laura: Bien, bien.
Lukas: Bueno, no muy bien. Ya sabéis: mañana terminan nuestras vacaciones.

Pablo abre la puerta de su habitación y los amigos entran.

Mario: ¿No coméis hoy con vuestros padres en un restaurante?
Laura: Sí..., pero... los mensajes de Ana Lucía... no sé, ella espera mi respuesta, pero yo no llamo porque hablo poco español y a lo mejor comprendo mal a Ana Lucía.
Mario: Claro, claro.
Laura: ¿Qué hago entonces? ¿Por qué no llamáis vosotros?
Cristina: Oye, ¿por qué no escribimos un mensaje?
Pablo: Vale. A ver, ¿qué escribo?
—¿Quién es Ana Lucía?
—¿Dónde vive?
—¿Por qué llama?
—No comprendemos su mensaje.
—¿Necesita ayuda?
Pablo: ¡Basta, basta!

Pablo y Mario escriben el mensaje.

Laura: A ver, ¿qué escribís? —Laura toma su móvil—. Ah, ¡muy bien! ... Bueno, entonces...
Mario: Oye, Laura, necesitamos vuestra dirección en Alemania.
Laura: Sí, claro.

Escribe su dirección en un papel.

Laura Marquart
Zimmerstraße 23
10969 Berlin

Mario Alonso Merino
C/ Rastrojo, 11
47014 Valladolid

Mario lee: Muy bien, vivís en la Zimmerstraße 23. ¿Y tu dirección de correo electrónico?
Laura: ¿Y nuestro teléfono? ¿La dirección de mis amigas y sus teléfonos? ¿El e-mail de mi abuela?
Mario: Vale, vale. ¿Escribes tú primero?
Lukas: ¡Qué morro! Mario, ¿por qué Laura primero?
Pablo: Oye, Lukas, tú aprendes español muy rápido, ¿sabes?
Laura: Venga, Lukas, nuestros padres esperan.

1 ¿Quién sabe?

a Preguntad a un compañero o una compañera.

Denkt euch drei Fragen zum Text «Terminan las vacaciones» aus, in denen jeweils eines der Fragewörter aus dem Kästchen vorkommt. Notiert auch die Antworten. Sucht euch dann einen Partner oder eine Partnerin, beantwortet gegenseitig eure Fragen und kontrolliert die Antworten.

- ¿Cómo?
- ¿Dónde?
- ¿Por qué?
- ¿Quién? / ¿Quiénes?
- ¿A quién? / ¿A quiénes?
- ¿Qué?

b Contestad las preguntas.

Um die Antworten zu finden müsst ihr manchmal „zwischen den Zeilen lesen".

1. ¿Qué tal Laura y Lukas y por qué?
2. Laura y Lukas visitan a Pablo y Mario. ¿Por qué?
3. ¿Por qué necesitan Pablo y Mario la dirección de Laura y Lukas?
4. Laura escribe su dirección. ¿Por qué necesita ella también la dirección de Mario?
5. ¿Por qué contesta Pablo: «Lukas, tú aprendes español muy rápido»?
6. ¿Por qué esperan los padres de Lukas y Laura?

2 Buenos días

a Laura ve *(sieht)* a la madre de Pablo en la calle.
Escribid y practicad el diálogo.

Laura	La madre de Pablo
grüßt + sagt guten Tag.	
	sagt ebenfalls guten Tag und fragt, wie es ihr geht.
Antwortet, dass es ihr gut geht. Fragt ebenfalls, wie es geht.	
	Nicht so gut. Verabschiedet sich mit „na dann, bis bald".
Verabschiedet sich ebenfalls.	

¿Qué tal?

Muy bien.
Bien.
Regular.
No muy bien.
Mal.
Muy mal.

Saludos

Buenos días.	04:00	14:00
Buenas tardes.	14:00	21:00
Buenas noches.	21:00	04:00

b Practicad con la conversación del ejercicio 2a como modelo. Usad las expresiones de la casilla.

Verwendet zur Begrüßung und um zu sagen, wie es euch geht, die Ausdrücke aus dem Kästchen.

Saludo y despedida

In Spanien und Lateinamerika begrüßt und verabschiedet man sich mit einem (manchmal nur angedeuteten) Küsschen *(beso)* auf die Wange. In Spanien sind es normalerweise zwei *besos*, in Lateinamerika in der Regel einer.

3 La familia de Pablo, Mario y Cristina (§ 9)

a ¿Qué significan las palabras en verde?

Findet mit Hilfe des Stammbaums heraus, was die grün gedruckten Wörter bedeuten.

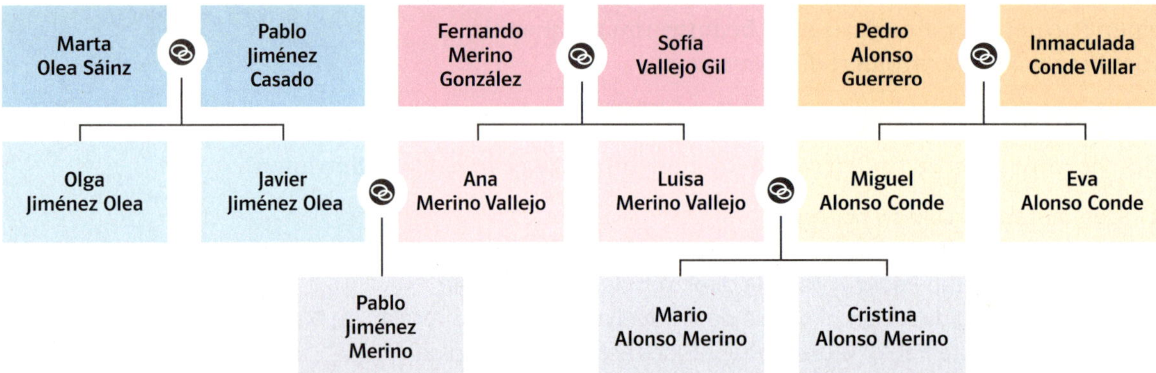

Miguel es el **hijo** de Inmaculada y Pedro.
Eva es la **hija** de Inmaculada y Pedro.
Luisa es la **tía** de Pablo y Miguel es su **tío**.
Pablo es el **sobrino** de Luisa y Miguel.
Cristina es la **sobrina** de Ana y Javier.

Fernando es el **abuelo** y Sofía es la **abuela** de Mario y Cristina.
Mario es el **nieto** de Fernando y Sofía y Cristina es su **nieta**.

b Laura y Mario hablan de la familia de Mario. Completad las frases con la forma correcta de los adjetivos posesivos (*mi, tu, …*)

Laura: Los padres de Pablo son **tus** tíos, ¿verdad?
Mario: Sí, sí, Ana, la madre de Pablo, es [1] tía y [2] padre Javier es [3] tío.
Laura: ¿Y quiénes son hermanos?: ¿ [4] padre y [5] madre?
Mario: No, [6] madres son hermanas. [7] padres, Fernando y Sofía, viven en Valladolid, como nosotros.
Laura: ¿Cómo? Pero [8] tíos viven aquí, en Roses…
Mario: Los padres de Pablo viven en Roses, pero yo hablo de [9] abuelos, los padres de [10] madre y [11] tía.
Laura: Ah, claro, tú hablas de [12] madres y [13] padres y no de Pablo y [14] padres. Fernando es [15] abuelo y no [16] tío…
Mario: …y Sofía es [17] abuela y no [18] tía.
Laura: [19] adjetivos posesivos en español son un desastre.

c En parejas, haced diálogos como en el ejemplo.

Ejemplo:
—¿Es Pablo el hermano de Mario?
—No, es ___ primo.

d Findet anhand der Namen im Stammbaum heraus, wie die spanischen Kinder zu ihren Familiennamen kommen.

Los apellidos españoles

Spanierinnen und Spanier haben zwei Familiennamen, die ihr ganzes Leben gleich bleiben und sich auch nicht ändern, wenn sie heiraten. Deshalb haben Ehepaare nicht den gleichen Familiennamen und Kinder nicht den gleichen wie ihre Eltern.

4 ¿El número uno? Ni idea.

Escribid en un papel qué sonidos oís.

Hört euch die Laute auf der CD genau an und versucht herauszufinden, worum es sich jeweils handelt. Notiert eure Vermutungen auf Spanisch und vergleicht dann mit einem Partner oder einer Partnerin.

—El número uno, a lo mejor es un / una… —Sí, es … / No, no es …, es …

5 Los números hasta 100

Escuchad otra vez *(noch einmal)* el texto del cedé y leed los números de teléfono de la página 25. ¿Cómo son los números de 21 a 100 en español?

6 Mi número de teléfono

a Haced una lista con vuestros números de teléfono en la pizarra.

Ejemplo:
Katharina: Mi teléfono es el veintiuno - cincuenta y tres - cero siete.

b Llamad como en el ejemplo.

Ejemplo:
Profesor: Llamo al cincuenta y cuatro - sesenta y siete - veintinueve.
Jonas: Hola, soy yo, Jonas.

7 Hablo, ¿hablas? (§ 8)

a Lest die folgenden Texte: Was drücken sie aus?

b Lest die Texte mit passender Betonung vor.

c Schreibt einen ähnlichen Text. Ihr könnt beliebig viele Verben verwenden, auch Satzzeichen, Pronomen, usw.

Niños[2] de Somalia

Yo como
Tú comes
Él come
Nosotros comemos
Vosotros coméis
¡Ellos no!

Gloria Fuertes, Mujer de verso en pecho. Madrid: Cátedra, 1996

El profesor

hablo
hablas
habla
hablamos
habláis
¿escuchan?

[1] **amar** lieben - [2] **un niño** ein Kind

8 Las vacaciones de Mario y Cristina terminan también (§§ 8, 10)

Completad el diálogo.

Setzt das Verb in die richtige Form und fügt die Präposition *a* an, wenn nötig.

Mario: Cristina, ¿(visitar – nosotros) Lukas y Laura en las próximas[1] vacaciones?
Cristina: Yo no, porque no (comprender) alemán.
Mario: Venga, tú (visitar) Berlín y yo (visitar) Laura y Lukas.
Cristina: Claro, tú (comprender) alemán y por eso (comprender) los alemanes. Oye, ¿qué (hacer – tú)? ¿(Pasar) algo?
Mario: (Buscar) un papel con una dirección. *(Bip, bip, bip. Es el móvil de Mario.)* Ah, mi móvil. (Esperar – yo) un mensaje.
Cristina: (Esperar – tú) Laura, ¿verdad? ¿Por qué no (contestar – tú) tu móvil?
Mario: Cristina, ¡por favor! No (contestar – yo), porque (buscar) mi móvil también… *(Tirili. Es el móvil de Cristina.)*
Cristina: Mario, es mamá. Te[2] busca. ¿(Contestar – tú) mamá, por favor?
Mario: No, ahora no. (Buscar – yo) mi móvil ahora y (llamar) mamá después, ¿vale?
Cristina: No (comprender – yo) los chicos.

9 ¿Qué pasa? (§ 8)

a ¿Qué pasa en estas situaciones?

Wählt eine der Situationen aus, schreibt dazu einen kurzen Dialog (2–4 Sätze) und spielt ihn dann in der Klasse vor. Arbeitet in Kleingruppen.

b Escribid una historia.

Schreibt eine Geschichte und verwendet dabei so viele Bilder wie möglich.

[1] **las próximas** die nächsten – [2] **te** dich

10 Los correos electrónicos de los amigos

Escuchad la conversación del cedé y escribid las direcciones de correo electrónico de los amigos.

Signos de las direcciones electrónicas

@ arroba
. punto
- guión

11 Mensajes electrónicos

a Bei SMS zählt jedes Zeichen, deshalb kürzen auch die Spanier möglichst viel ab. So wie in der Abbildung könnte z. B. ein Teil der Nachricht an Ana Lucía aussehen. Findet mit Hilfe des Lektionstextes heraus, was auf dem Handy-Display steht.

b Entziffert auch die folgenden Nachrichten.

HL, QTL? Y :-)

TMMS 1 HLD MÑN?

PSO VAKS EN SP A2

XQ NO LLMS?

c Schreibt eine Nachricht als SMS für einen Mitschüler oder eine Mitschülerin auf einen Zettel und gebt sie ihr / ihm mit der Bitte um Antwort.

12 Padres curiosos *(Neugierige Eltern)*

Pablos Vater sieht Laura und Lukas in Pablos Zimmer gehen und erkundigt sich bei seiner Frau nach ihnen. Schreibt den Dialog entsprechend den Angaben. Verwendet auch Füllwörter, die zu einem echten Gespräch dazugehören, z. B. *oye, venga, ¿sabes?*

Pablos Vater	Pablos Mutter
Will wissen, wer das ist.	(Laura + Lukas; Deutsche)
Fragt, was sie in ihrem Dorf machen.	(die Ferien verbringen)
Möchte wissen, weshalb Laura und Lukas ihren Sohn und ihren Neffen besuchen.	(weiß nicht)
Fragt, ob sie gut Spanisch sprechen.	(Mädchen lernt, Junge spricht sehr wenig)
Fragt sich, wie sie dann ihre Jungs verstehen. Diese sprechen schließlich kein Deutsch. Er schlägt vor, die Tür zu öffnen und den Jungs zuzuhören.	findet das frech; meint aber, dass die Jugendlichen vielleicht etwas brauchen. Und: die Jungs verstehen kein Deutsch, ihr Mann nicht, sie schon.

Die Eltern öffnen die Tür, gehen in Pablos Zimmer, grüßen und fragen, was die Jugendlichen machen und ob sie Hilfe brauchen.

¿Quién es Ana Lucía?

Schreibt (in Gruppen) auf Spanisch Fragen auf, die ihr Ana Lucía gerne stellen würdet. Gebt die Fragen an eine andere Gruppe weiter. Diese denkt sich Antworten aus und teilt euch ihre Vermutungen mit.

Hebt alle Ergebnisse auf: Im Laufe des Buches werdet ihr mehr über Ana Lucía erfahren. Vergleicht jeweils eure Vermutungen mit den neuen Informationen.

So kann ich auf Spanisch …

… persönliche Angaben erfragen und machen (siehe auch Seite 16)

Wohnort und Adresse
- ¿Dónde vives? Vivo en Valladolid.
- Mi dirección es Calle Rastrojo, 11.
- Mario vive en la calle Rastrojo, 11.

E-mail
- Mi (dirección de) correo electrónico es …

Telefonnummer
- Mi (número de) teléfono es el 290361.
- Necesito el teléfono de Pablo.

Nationalität
- Soy alemán.
- ¿Eres española?
- Laura es alemana.

Vorlieben und Abneigungen
- Me gustan los museos.
- No me gusta esperar.
- ¿Te gusta hacer deporte?

…Gründe, Vermutungen und Zweifel ausdrücken

Begründungen erfragen
- ¿Por qué llama Ana Lucía a Laura?

Begründungen angeben
- Paso las vacaciones en Roses porque la Costa Brava me gusta.

Vermutungen
- Eres Laura, ¿verdad? A lo mejor Ana Lucía necesita nuestra ayuda.

Zweifel, Unsicherheit
- ¿Hablo o no hablo con Mario? No sé… ¿Qué hago entonces?

Yo

Schreibt alles auf, was ihr bereits auf Spanisch über euch sagen könnt (Name, Wohn- bzw. Herkunftsort, Adresse, Hobbies, Sprachen, die ihr lernt usw.), z. B. für einen spanischen Brieffreund. In dem Kästchen findet ihr die spanischen Bezeichnungen für viele weitere Hobbies. Sucht euch diejenigen aus, die für euch zutreffen.

Me gusta/n…

practicar / hacer deporte	Sport treiben	dibujar / pintar	zeichnen / malen
bailar / el ballet	tanzen / Ballett	hacer fotos	fotografieren
ir al cine	ins Kino gehen	ver la televisión	fernsehen
ir a la discoteca	in die Disko gehen	navegar por Internet	im Internet surfen
coleccionar …	sammeln …	los videojuegos	Computerspiele
… monedas	… Münzen	los juegos de cartas	Kartenspiele
… sellos	… Briefmarken	tocar un instrumento	ein Instrument spielen
… muñecas	… Puppen	cantar	singen

Unidad 3A

¿Cómo es Valladolid?

1 Valladolid

Ya sabéis, Mario y Cristina son de Valladolid, una ciudad del norte de España. Valladolid es una ciudad bastante grande, pero poco conocida.

A – En el centro de Valladolid hay calles pequeñas y viejas.

B – También hay tiendas y restaurantes muy buenos.

C – En Valladolid hay museos interesantes,

D – monumentos importantes

E

F – y fiestas preciosas.

2 El barrio Huerta del Rey

Mario y Cristina viven en Huerta del Rey, un barrio moderno de Valladolid. Es un barrio normal, con calles grandes y casas altas. El barrio es tranquilo, no hay cines o discotecas, pero hay tiendas pequeñas y bares geniales.

3 Tu ciudad

a Y vuestro pueblo / ciudad / barrio, ¿cómo es? ¿Cómo son sus calles y plazas? ¿Hay monumentos conocidos o fiestas interesantes?
Escribid 4 ó 5 frases.

Ejemplo: En mi ciudad hay monumentos interesantes, por ejemplo, el «Brandenburger Tor». En mi barrio hay un bar muy bueno, es el …

en mi	ciudad pueblo barrio	hay … no hay …	gibt es gibt es nicht
es	muy bastante poco	*+ Adjektiv*	sehr ziemlich wenig

b ¿Qué más hay en Valladolid?

Lest nun den Text «Días normales» auf der folgenden Seite, um mehr über Valladolid und Marios Leben dort zu erfahren.

Días normales

Hola, Laura. ¿Qué tal? ¿Bien?
Gracias por tu e-mail y por las fotos de Roses. Me gustan mucho las fotos del pueblo y de la playa. La Costa Brava es preciosa, ¿verdad? Y la foto de Lukas es muy divertida.
Sí, Cristina y yo ya estamos en casa, en Valladolid, y mis días son ahora normales (días normales significa días con clases). Por la mañana, claro, voy al instituto, al Vega del Prado. Y por la tarde voy a una academia de informática (ya sabes, soy un fanático de los ordenadores). Está un poco lejos y es pequeña, pero es muy buena porque el profesor, José, es un tío genial, muy divertido. Después voy con mis amigos a un cíber o al cine. Aquí, en Valladolid, hay ahora un festival de cine. Es bastante pequeño – claro, no es el festival de Berlín – pero siempre hay películas interesantes. ¿Vas tú mucho al cine?
Bueno, Laura, por la noche estoy en casa y salgo ¡sólo! los fines de semana (¡mis padres!, ya sabes). Mi peña va a los bares La Tasquita o La Criolla: están cerca del centro, son modernos y grandes, la música es genial y... bueno, en el centro siempre hay marcha y el ambiente es fenomenal.
¿Y tú? ¿Qué haces los fines de semana? ¿Adónde vais tú y tus amigas? ¿Salís mucho? Por cierto, ¿hay noticias nuevas de Ana Lucía? ¿Dónde está?

Cristina: ¡Mario, Mario. ...!

Ya termino. No escribo sobre mi ciudad porque hay una página web (www.asomateavalladolid.com) con información y fotos muy interesantes.

Cristina: Mario, ¿dónde estás? ¿Qué haces? ¿Por qué no contestas?
Mario: Ya voy, Cristina, ya voy.

Bueno, chica, ¡ya está aquí Cristina! Ahora vamos al centro porque necesitamos algo para nuestra madre.

Besos
tu amigo Mario

1 Los días de Mario

a Buscad en el texto la información sobre los días de Mario. ¿Qué hace (y con quién)?

Übernehmt die folgende Tabelle in euer Heft und füllt sie mit den Informationen aus dem Text aus.

por la mañana	por la tarde	por la noche	sólo los fines de semana

b En la línea 23, Cristina le hace preguntas a Mario, pero Mario sólo contesta «Ya voy». Dad una respuesta de verdad a estas preguntas.

Versetzt euch in Marios Lage und gebt eine echte Antwort auf diese Fragen.

c ¿Qué pensáis *(meint ihr)*? ¿Por qué necesitan Cristina y Mario algo para la madre?

Lerntipp

Es gibt verschiedene Möglichkeiten, Informationen übersichtlich zu notieren, sodass man sie später gut wieder verwenden kann, z. B. zum Lernen und Wiederholen.
Mehr dazu auf S. 129.

Los bares

Bars sind in Spanien ein beliebter Treffpunkt für Jung und Alt. Es gibt Getränke und einfache Speisen zu günstigen Preisen. Die Atmosphäre ist weniger formell als in einem Restaurant.

2 Tus días

¿Qué hacéis vosotros después de las clases y los fines de semana? Escribid por lo menos 4 ó 5 frases.

Verwendet für die Auflistung eurer Freizeitbeschäftigungen auch das Wortschatzkästchen auf S. 32.

3 El museo Cristóbal Gabarrón (§ 11)

Completad el texto con la forma correcta del adjetivo.

En el barrio Huerta del Rey hay un museo muy [1] (interesante), pero no muy [2] (conocido). Es el Museo Fundación Cristóbal Gabarrón. Es bastante [3] (grande) y muy [4] (moderno), pero no muy [5] (alto). Está en la calle Barbecho, una calle [6] (pequeño) cerca del Vega del Prado. En el museo hay un planetario[1] [7] (fenomenal). En el museo hay clases muy [8] (bueno) para chicos y chicas. La página web del museo es [9] (precioso), con información [10] (interesante) y fotos [11] (divertido) de dibujos de niños[2]. ¿Visitamos la página web del museo? Siempre hay algo [12] (nuevo).

[1] **un planetario** ein Planetarium
[2] **dibujos de niños** Kinderzeichnungen

4 Gracias (§ 11)

a ¿Qué dice Mario para darle las gracias a Laura?

Lest noch einmal den Anfang von Marios Mail an Laura: Welche Wörter und Ausdrücke verwendet er, um sich bei ihr zu bedanken und ihre Fotos zu loben? Welche anderen Ausdrücke verwendet er, um Lob oder Begeisterung auszudrücken?

b Trabajad en parejas y daos las gracias.

Wählt abwechselnd etwas aus dem oberen der beiden Kästchen aus und stellt euch vor, dass ihr es von eurem Partner / eurer Partnerin bekommen habt. Bedankt euch dafür und sagt etwas Nettes darüber. Verwendet dazu passende Adjektive (in dem zweiten Kästchen stehen alle, die ihr bisher gelernt habt) und setzt sie in die richtige Form.

- fotos
- mensaje
- juego
- idea
- información
- noticias
- la (dirección de la) página web sobre…
- las películas de vídeo de…
- el número de teléfono de …

- bueno
- conocido
- divertido
- fenomenal
- genial
- grande
- importante
- interesante
- moderno
- normal
- nuevo
- pequeño
- precioso
- viejo

c Was sagt Mafalda in der letzten Sprechblase? Erfindet etwas. Ihr könnt dazu ein Wörterbuch benutzen. Tipps zur Arbeit mit dem Wörterbuch findet ihr auf S. 130–131.

5 ¿Dónde estás? Una adivinanza (§ 12)

Estáis en una ciudad de España o Latinoamérica. Vuestros compañeros intentan saber dónde.

Sucht euch aus der Spanien- oder Lateinamerika-Karte im vorderen oder hinteren Bucheinband eine Stadt aus und stellt euch vor, dass ihr gerade dort seid. Eure Mitschülerinnen und Mitschüler müssen durch Fragen herausfinden, wo ihr euch aufhaltet. Sie dürfen nur Fragen stellen, die mit ja oder nein beantwortet werden können.

Ejemplo:

—¿Estás en Latinoamérica?	—No.
—¿Estás en España?	—Sí.
—¿Estás en el norte?	—Sí.
—¿Estás en Cataluña?	—Sí.
—¿Estás en Barcelona?	—No.
—¿Estás cerca de Barcelona?	—Sí.
—¿Estás en Roses?	—Sí, estoy en Roses.

[1] **feliz día** herzlichen Glückwunsch
[2] **hermoso, -a** precioso, -a

6 Dos barrios (§ 13)

a ¿Qué hay en los barrios? ¿Dónde están las cosas? Describid los dos barrios.

Beschreibt, was es in den beiden Stadtvierteln gibt.

b ¿Te gusta el barrio Olivereta o prefieres el barrio Torrefiel? ¿Por qué?

Überlegt, welches der beiden Stadtviertel euch gefällt und warum. Bildet danach Paare oder Kleingruppen und erklärt jeweils den anderen eure Entscheidung.

- un polideportivo
- una piscina
- un parque
- una biblioteca
- una librería
- una farmacia
- un supermercado
- una charcutería
- una panadería

Ejemplo:
Me gusta el barrio Olivereta porque está cerca del mar y hay una playa. Me gusta porque hay …

7 Una presentación sobre Roses

a Laura prepara una presentación de sus vacaciones en Roses para la clase de español.

Completad el texto con el verbo correcto y un adjetivo adecuado *(passend)*.

(amarillo) = verbo (ser, estar, hay o ir)
(verde) = adjetivo (bueno, divertido, fenomenal, grande, interesante, moderno, normal, nuevo, pequeño, precioso)

Roses (1) un pueblo [2]. (3) en la Costa Brava. (4) lejos de Barcelona (160 km), pero cerca de Francia[1] (30 km). En Roses (5) una costa [6] con muchas playas [7]. Aquí (8) museos [9] y bares [10] con un ambiente [11]. Claro, también (12) restaurantes [13].

Ahora, unas fotos de mis vacaciones. Ellos (14) mis amigos de Roses: el chico [15] (16) mi hermano, Lukas. El chico [17] (18) Pablo. (19) de Roses. El chico del móvil (20) Mario y la chica (21) Cristina, su hermana. Ellos (22) de Valladolid, pero (23) en Roses de vacaciones con su primo.

Yo siempre (24) a Roses en las vacaciones. Mi hermano también (25). Y vosotros, ¿adónde (26) en vuestras vacaciones?

b Bringt ein Foto von einem Ort mit, der euch gut gefällt und beschreibt ihn für eure Klassenkameradinnen und -kameraden.

8 Estoy en casa, ¿y tú?

a Escuchad las llamadas. ¿Dónde están Mario, Laura, Cristina y su amiga Alba? ¿Adónde van? Haced una tabla *(Tabelle)* para vuestras notas *(Notizen)*.

b ¿Dónde estáis vosotros? Inventad algo.

Denkt euch aus, wo ihr gerade seid und wohin ihr später gehen möchtet. Dann sucht euch einen Partner / eine Partnerin und ruft ihn / sie an. Tauscht eure Pläne aus wie die Personen in den Dialogen auf der CD.

9 Correo electrónico de Laura a Mario

Laura contesta el e-mail de Mario de la página 35. Pero todavía no escribe muy bien en español. Ayudadla y escribid la respuesta.

Schreibt die Antwort anhand von Lauras Notizen.

Dank für seine E-mail
Aprender mucho.
Mario: sehr modernes Spanisch:
¿¿ ¿tío genial?, ¿cíber?, ¿marcha?, ¿peña? ??
meine Schule, mein "normales" Leben
Ana Lucía: nichts Neues
pág. web Valladolid: interesante — Websites Berlin nennen
¿¿algo para la madre?? ¿por qué?
Irgend etwas zum Schluss

[1] **Francia** Frankreich

10 Vallanoche

a Ésta es una página web con actividades para los jóvenes de Valladolid. Leed el texto y contestad las preguntas.

Das Jugend- und Sportreferat der Stadt Valladolid wirbt im Internet für ein Veranstaltungsprogramm, das sich speziell an Jugendliche richtet. Lest den Text der Website und versucht, die folgenden Fragen zu beantworten.

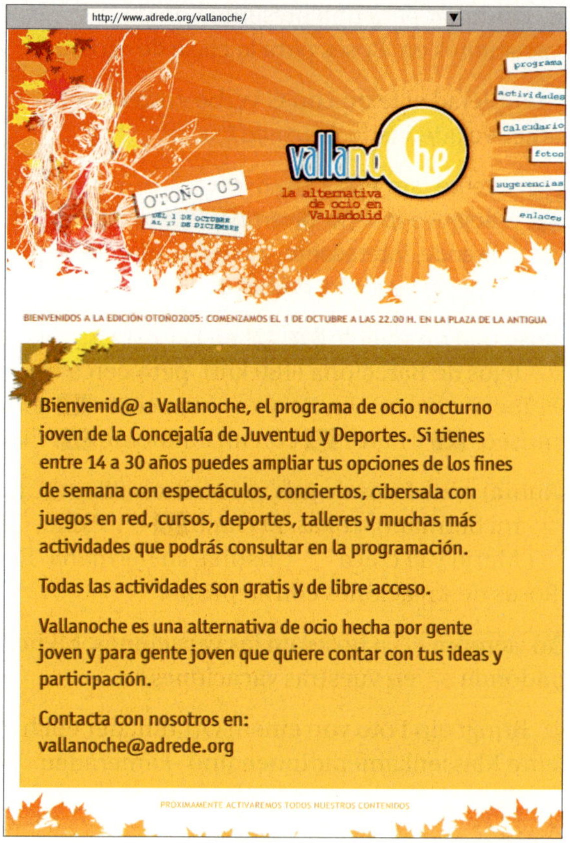

1. Wie alt muss man mindestens und darf man höchstens sein, um an den Veranstaltungen teilnehmen zu können?
2. An welchen Wochentagen finden die Veranstaltungen statt?
3. Wie lautet die E-Mail-Adresse der Veranstalter?
4. Wie viel kostet die Teilnahme an den Veranstaltungen?
   - 10 Euro?
   - unterschiedlich, je nach Veranstaltung?
   - gar nichts?
5. Welche Arten von Veranstaltungen gibt es? Nennt mindestens zwei.
6. Unter welcher Rubrik findet man genauere Informationen zu den Veranstaltungen?

b Apuntad palabras o expresiones importantes.

Notiert wichtige Wörter oder Ausdrücke, die ihr verstanden habt oder die euch beim Verstehen geholfen haben.

Markiert in euren Notizen
- mit einer Farbe Wörter, die ihr aus dem Deutschen erschließen könnt
- mit einer anderen Farbe Wörter, die ihr aus einer anderen Sprache kennt
- mit einem Smiley Wörter, die euch gefallen.

Vergleicht eure Ergebnisse.

Lerntipp

Um bestimmte Informationen in einem Text zu finden, muss man nicht den ganzen Text lesen und verstehen. Sucht zum Beispiel gezielt nach Stichwörtern, die in Zusammenhang mit den gewünschten Informationen stehen und seht euch nur diese Textstellen genau an. Mehr zu diesem Thema findet ihr auf S. 127–129.

Unidad 3B

¿Un fin de semana interesante?

Planes para el fin de semana

a ¿Qué vais a hacer el fin de semana que viene? Hablad con un compañero / una compañera sobre vuestros planes.

Sprecht anhand der Liste zu zweit über eure Pläne für das kommende Wochenende. (Mehrfachnennungen oder Ergänzungen der Liste sind möglich.) Merkt euch das, was euer Partner / eure Partnerin erzählt, oder macht euch Notizen.

Ejemplo: —¿Qué vas a hacer el fin de semana que viene?
—El fin de semana que viene quiero ir al cine.
Además, pienso escuchar música y dormir mucho.

Nach den Plänen fragen

¿Qué	vas a quieres piensas	hacer el fin de semana que viene?

Darauf antworten

El fin de semana que viene	voy a quiero pienso	*(+ Inf.)*

Über die Pläne einer anderen Person berichten

El fin de semana que viene X	va a quiere piensa	*(+ Inf.)*

- estudiar
- hacer los deberes
- dormir
- leer un libro
- escuchar música
- ver la televisión
- jugar al ordenador
- hacer deporte
- visitar a los abuelos
- salir con los amigos / las amigas
- ir al cine
- ir a la discoteca
- ir a un bar o restaurante
- ir a una fiesta
- ir a un concierto (¿de quién?, ¿de qué instrumento o tipo de música?)

b Explicad los planes de vuestro compañero / vuestra compañera.

Übt zu sagen, was euer Partner / eure Partnerin vorhat und erklärt es euren Mitschülerinnen und Mitschülern.

Ejemplo: El fin de semana Jonas quiere ir al cine.
Además, piensa escuchar música y dormir mucho.

Correos electrónicos

1

Von: Laura | An: Mario
Betreff: | Datum: Sábado, 28 de octubre

Mario, ¿qué tal?
¿Por qué necesitáis algo para vuestra madre? ¿Qué queréis hacer?
No tengo noticias nuevas de Ana Lucía. ¿Qué tal el festival de cine?
Tu amiga Laura :-)

2

Asunto: | Fecha:

Hola, Laura:
El festival es genial, como siempre. Muchas películas interesantes; mucha gente importante – y poco tiempo para los deberes. Termina mañana. ¡Qué lástima!
Un abrazo :-)

3

Von: Laura | An: Mario
Betreff: | Datum: Lunes, 30 de octubre

Mario,
a mí también me encanta el cine. Mis amigas prefieren ir a bares o a discotecas o a comprar ropa. Piensan sólo en eso. Bueno, a veces a mí también me gusta ir a una discoteca, pero prefiero una buena película.
¿Qué haces tú en tu tiempo libre ahora sin el festival? :-(
Hasta pronto
Laura

4

De: Mario | A: Laura
Asunto: | Fecha:

Una chica que prefiere el cine a las discotecas. ¡Guay, como yo!
¿En mi tiempo libre? Escribo e-mails a mi amiga alemana ;-), escucho música, y voy a la academia de informática. Todavía hace calor en Valladolid y puedo hacer deporte (juego al fútbol) y salir con mis amigos. A veces escribo artículos para la revista del instituto, tienen a poca gente y a mí me gusta escribir.
¿Qué pasa con Ana Lucía?
Tu amigo Mario

5

De: Mario | A: Laura
Asunto: | Fecha: Sábado, 4 de noviembre

Laura: ¿Por qué no contestas? :-(
Besos Mario

6

De: Mario | A: Laura
Asunto: | Fecha:

Una semana sin respuesta. :-c ¿Por qué no escribes?
Hasta pronto. Mario

7

Von Laura | An Mario
Betreff | Datum Jueves, 9 de noviembre

¿El señor no puede vivir una semana sin mis mensajes? ;-) Tenemos una semana de vacaciones y estoy en casa de mis abuelos, que no tienen ordenador. Hoy paso el día con mi prima y ahora veo tus e-mails. Contesto rápido. Las noticias que tengo de Ana Lucía no son muy buenas, pero vive en Valladolid. ¿Puedes llamar tú? No quiere hablar mucho, a lo mejor tú entiendes los problemas que tiene. Su teléfono es el 9 83 22 17 14.
Laura
PD: Una semana de vacaciones con mal tiempo, ¡qué desastre! Hace mucho frío aquí.

8

De Mario | A Laura
Asunto | Fecha

Laura, ¿estás ya en Berlín, en casa? Quiero hacer una tarta de manzana. ¿Tienes tú una receta? Según mi padre, los alemanes hacéis tartas muy buenas :-)
Ana Lucía no está en casa. Aquí todavía hace buen tiempo.
Muchos besos. Mario

9

Von Laura
Betreff | Datum Domingo, 12 de noviembre

Hola, Mario,
sí, estoy en Berlín. Aquí va la receta. ¿Te gusta cocinar? A mí no. Pero mi madre tiene muchas recetas. ¿Por qué quieres hacer una tarta?
Ahora no tengo mucho tiempo, viene una amiga porque queremos ir al cine. Vamos a ver una película española. Me gusta ver películas en español. No comprendo todo, pero así escucho español y aprendo muchas cosas.
Un abrazo
Laura

10

De Mario | A Laura
Asunto | Fecha

Laura:
Gracias por la receta. Es genial: fácil y rápida. La tarta es para mi madre: la semana que viene es su cumpleaños.
En tu tiempo libre aprendes español, ves películas en español... :-/
¿Hablas en serio?
Mario

11

Von Laura
Betreff

Sí, es que quiero perfeccionar mi español, porque pienso ir a España. Mi amiga Katharina va a ir también. Pensamos pasar 3 o a lo mejor 6 meses, no sabemos todavía. Pero tres meses es poco tiempo, ¿verdad?
Laura

12

A Laura
Fecha Miércoles, 15 de noviembre

Laura: ¡Qué bien! :-))
¿Cuándo vais a venir? ¿Podéis venir a Valladolid, a nuestro instituto?
¿Venís las dos? Podemos hacer muchas cosas juntos.
Voy a llamar a Ana Lucía mañana.

1 ¿Qué pasa con Ana Lucía?

a Buscad en los e-mails de Mario y Laura la información sobre Ana Lucía.

b No hay mucha información sobre Ana Lucía en los e-mails. ¿Por qué?

2 Preguntas y respuestas

a Mario y Laura se hacen muchas preguntas. Buscad las respuestas.

Mario und Laura stellen einander in ihren E-mails viele Fragen. Schreibt sie heraus und findet die Antworten. (Manchmal stehen sie nicht in der nächsten Mail, manchmal muss man für die Antwort „zwischen den Zeilen“ lesen.)

b ¿Qué pensáis vosotros?: ¿va a ir Laura de verdad a España? ¿Por qué (no)?

3 Uno de enero

a Ordenad los nombres de los meses según el año.

Ordnet die Monatsnamen in der Reihenfolge des Jahresablaufs. Überprüft ggf. die Reihenfolge der ersten Monate mit Hilfe des Liedes.

- abril
- agosto
- diciembre
- enero
- febrero
- julio
- junio
- marzo
- mayo
- noviembre
- octubre
- septiembre

b ¿Qué día es la fiesta de San Fermín?

4 Cumpleaños y otras fiestas

a Mirad el fragmento del calendario de al lado. ¿Cuáles son los días festivos en alemán?

Versucht, die deutsche Bedeutung der Feiertage zu finden: Wie viele der Feste erkennt ihr?

b Welche Feste feiert man in anderen Ländern und Kulturkreisen? Erkundigt euch bei Personen aus eurer Umgebung.

c Hablad con un compañero / una compañera y adivinad su cumpleaños.

Ejemplo:

Thomas:	Simone:
—Simone, ¿cuándo es tu cumpleaños? ¿En marzo?	—No, después.
—¿En diciembre?	—Antes.
…	…
—¿Es el 4 de octubre?	—Sí, es el 4 de octubre.

	1		2	3	4	5
6	7	8	9	10	11	12
13	14	15	16	17	18	19
20	21	22	23	24	25	26
27	28	29	30	31		

	1	2	3	4	5	6
7	8	9	10	11	12	13
14	15	16	17	18	19	20
21	22	23	24	25	26	27
28	29	30				

			1	2	3	4
5	6	7	8	9	10	11
12	13	14	15	16	17	18
19	20	21	22	23	24	25
26	27	28	29	30	31	

Días festivos

1.1.	Año Nuevo	15.8.	Asunción de la Virgen
6.1.	Reyes Magos	12.10.	Fiesta Nacional
9.4.	Viernes Santo	1.11.	Todos los Santos
11.4.	Pascua	6.12.	Día de la Constitución
1.5.	Fiesta del Trabajo	8.12.	Inmaculada Concepción
31.5.	Pentecostés	25.12.	Navidad

El día del Santo

In Spanien feiern viele Menschen auch ihren Namenstag. Man feiert ihn nicht so groß wie den Geburtstag, aber man bekommt auch Geschenke und es gibt Kuchen (aber ohne Kerzen).

5 El festival de cine de Valladolid (§ 17)

a Buscad en los textos «Días normales» y «Correos electrónicos» información sobre el festival de cine de Valladolid.

b Transformad el texto con oraciones relativas.

Die folgenden Sätze beschreiben einen Film, der 2003 beim Filmfestival in Valladolid lief. Verbindet immer die zwei Sätze, die in einer Zeile stehen, zu einem Satz mit Relativsatz. Wenn nur ein Satz in der Zeile steht, muss er nicht umgeformt werden.

Ejemplo:
Buscamos una película. Es una película alemana.
→ La película que buscamos es una película alemana. / Buscamos una película que es alemana.

1. Habla de una madre y sus hijos. Ellos viven en Berlín.
2. La madre tiene problemas de salud[1]. Los problemas son muy grandes.
3. Pasa una cosa importante. La madre no sabe eso.
4. Los hijos prefieren no hablar a su madre del ambiente. El ambiente es ahora muy diferente[2].
5. El hijo quiere comprar muchas cosas. Ya no[3] hay las cosas.
6. La madre no puede saber la verdad. (Ella) siempre está en la habitación.
7. Pero un día (la madre) sale.
8. (Ella) ve cosas. No entiende las cosas.
9. La película termina mal. Me encanta la película.

c ¿Qué película es? Mirad en Internet el programa del año 2003 del festival de cine de Valladolid y buscad la película.

6 Excusas *(Ausreden)*

a Mario quiere ir al cine, pero no quiere ir solo *(allein)*. Explicad por qué los otros no pueden ir. Formad frases con la forma correcta de *mucho* o *poco*.

Ejemplo: Su padre no quiere ir al cine porque tiene mucho trabajo.

su amigo Julio | sus compañeros | su padre | su madre | Cristina

mucho, -a | poco, -a

tiempo libre | clases | dinero[4] | deberes | trabajo[5] | correos electrónicos | problemas con sus padres

b Mario pregunta a sus compañeros. Pero todos *(alle)* tienen excusas. En grupos inventad más *(weitere)* excusas y haced diálogos como en el ejemplo.

Ejemplo:
Mario: ¿Por qué no vamos al cine hoy por la tarde? Hay una película interesante.
Sebastián: Hoy no puedo porque por la tarde estoy en casa de mis abuelos.

[1] **la salud** die Gesundheit – [2] **diferente** verändert, anders – [3] **ya no** nicht mehr – [4] **(el) dinero** (das) Geld – [5] **(el) trabajo** (die) Arbeit

7 El baile de la conjugación (§ 14)

Haced una lista de verbos. Formad un círculo en clase y bailad el baile de la conjugación.

Macht eine Liste mit Verben, die ihr bereits kennt. Bildet einen Kreis und konjugiert der Reihe nach die Verben. Bei jeder Form mit Diphthong *(-ie- / -ue-)* macht ihr einen Schritt nach links, bei allen anderen Formen einen Schritt nach rechts.

Wenn der Platz im Klassenzimmer für einen Tanz nicht ausreicht, denkt euch Bewegungen aus, die ihr im Sitzen machen könnt.

8 Cristina quiere hacer una fiesta (§ 14)

En los correos Mario habla del cumpleaños de su madre. Pero pronto es también el cumpleaños de Cristina y ella quiere hacer una fiesta.

a Cristina habla con sus padres. Trabajad en parejas: uno / una es Cristina, el otro / la otra toma el papel *(die Rolle)* de los padres. Completad el diálogo con las formas correctas de los verbos y controlad las respuestas.

Los padres
A ver, Cristina, el mes que (**venir**) es tu cumpleaños. ¿Qué (**pensar**) hacer?
Bueno, yo **quiero** hacer una fiesta.
Vale, muy bien. ¿Qué (**querer** – **tú**) hacer? ¿Qué (**querer** – **vosotros**) comer?
Pero… **¿pensáis** hacer la fiesta en casa? **Prefiero** ir a un «burger». Después **podemos** ir al cine. Mis amigas…
Cristina, (**entender** – **nosotros**) tu problema. Es que ir a un «burger» es muy caro[1], y además, el cine…, ¿(**entender** – **tú**)? Por cierto, ¿cuándo (**querer**) hacer la fiesta.
El miércoles, el día de mi cumpleaños, claro. ¿O es que no **tenéis** tiempo?
Bueno, la verdad, el miércoles ya (**venir**) los abuelos; no (**poder**) venir tus amigos. (**preferir** – **nosotros**) el viernes.
El viernes no **puede** venir mi amiga Alba porque **tiene** clases de música.
El miércoles no (**poder** – **vosotros**).
No **puedo** hacer la fiesta el día de mi cumpleaños, no **puedo** salir con mis amigos – entonces no **tengo** ganas[2] de hacer una fiesta…

Cristina
A ver, Cristina, el mes que **viene** es tu cumpleaños. ¿Qué **piensas** hacer?
Bueno, yo (**querer**) hacer una fiesta.
Vale, muy bien. ¿Qué **quieres** hacer? ¿Qué **queréis** comer?
Pero… ¿(**pensar** – **vosotros**) hacer la fiesta en casa? (**preferir** – **yo**) ir a un„burger«. Después (**poder** – **nosotros**) ir al cine. Mis amigas…
Cristina, **entendemos** tu problema. Es que ir a un «burger» es muy caro[1], y además, el cine…, **entiendes?** Por cierto, ¿cuándo **quieres** hacer la fiesta?
El miércoles, el día de mi cumpleaños, claro. ¿O es que no (**tener** – **vosotros**) tiempo?
Bueno, la verdad, el miércoles ya **vienen** los abuelos; no **pueden** venir tus amigos. **Preferimos** el viernes.
El viernes no (**poder**) venir mi amiga Alba porque (**tener**) clases de música.
El miércoles no **podéis**.
No (**poder**) hacer la fiesta el día de mi cumpleaños, no (**poder**) salir con mis amigos – entonces no (**tener**) ganas[2] de hacer una fiesta…

[1] **caro** teuer
[2] **tener ganas de** Lust haben zu

b Mario intenta proponer una solución a la discusión entre sus padres y Cristina.

Sammelt die strittigen Punkte und Argumente aus der Diskussion. Welche Lösung könnte Mario vorschlagen? Erfindet eine Fortsetzung des Gesprächs.

9 Llamada a Pablo

a Escuchad el diálogo del cedé y contestad.

1. ¿Cómo es Roses ahora?
2. ¿Qué hace Pablo los fines de semana?
3. ¿Con qué asignatura *(Fach)* tiene Pablo problemas?

b Continuad el diálogo entre Mario y Pablo y resumid *(fasst zusammen)* la información de los correos electrónicos sobre Laura y Ana Lucía.

Lerntipp

Um einen Dialog zu erstellen:
- Notiert eure Ideen und schreibt dann den Text.
- Markiert die Schlüsselwörter des Dialogs.
- Übt den Dialog, schaut dabei nur auf die Schlüsselwörter.
- Spielt den Dialog.

10 ¿Qué tiempo hace hoy?

Formad frases con la información de los dibujos.

A
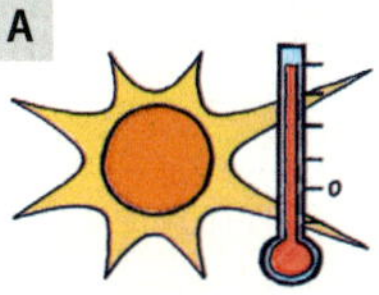

B

C
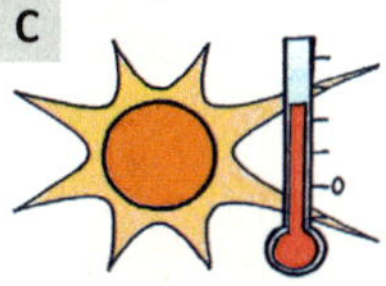

D

E
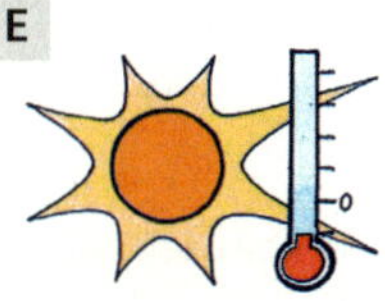

11 La semana que viene (§§ 15, 16)

a Aquí tenéis la agenda de Mario para la semana que viene. ¿Qué va a hacer qué día? Formad frases.

Ejemplo: El lunes va a ir a la academia de informática. Después piensa…
… quiere …

b Y vosotros, ¿qué vais a hacer la semana que viene? Apuntad vuestros planes – reales o ficticios – en una lista, como en una agenda.

Notiert eure – tatsächlichen oder erfundenen – Pläne für die kommende Woche wie für einen Terminkalender. Jeder Tag muss eine Eintragung haben.

L 17	academia de informática + cine con la peña
M 18	película «Abre los ojos» en tv, e-mail a Laura
M 19	academia de informática artículo revista del instituto
J 20	deporte, leer «The Canterbury Ghost» para la clase de inglés
V 21	academia de informática fiesta en casa de Ángel
S 22	salir con la peña: ¿bar?, ¿discoteca?, ¿concierto de «La oreja de Van Gogh»?
D 23	deberes de biología, visita abuelos con mamá, papá y Cristina, tarta para mamá

12 Quedar con los amigos *(Verabredung mit Freunden)*

a Queréis hacer algo con un compañero o una compañera. Trabajad en parejas y quedad para una tarde de la semana que viene. ¿Tenéis tiempo los dos? Mirad vuestro calendario del ejercicio 11b.

Verabredet euch mit einem Mitschüler oder einer Mitschülerin für einen Nachmittag in der kommenden Woche.

b Habéis quedado para cierto día. ¿Qué vais a hacer? ¿Qué actividades o espectáculos interesantes hay en vuestra ciudad o en vuestro pueblo?

Ihr habt euch auf einen Tag geeinigt. Vereinbart nun, was ihr unternehmen wollt. Bezieht die Veranstaltungsangebote in eurem Wohnort mit in die Überlegungen ein.

c ¿Quién tiene la cita más original?

Präsentiert die besten Dialoge oder originellsten Verabredungen in der Klasse.

So kann ich auf Spanisch ...

... Pläne machen
- ¿Adónde vamos?
- ¿Qué haces?
- ¿Qué vais a hacer mañana?
- Hoy quiero ir a la academia de informática.
- Laura piensa pasar tres o seis meses en España.

... über Veranstaltungen sprechen
- A ver, ¿que hay hoy por la tarde?
- En Valladolid hay ahora un festival de cine.
- En el polideportivo hay un concierto muy interesante.

... Möglichkeiten ausdrücken / Vorschläge machen
- ¿Por qué no vamos al cine?
- A lo mejor hay una película interesante.
- Podemos ir a un concierto.

... einen Vorschlag annehmen
- Vale.
- Muy bien.
- ¡Qué bien!
- Es una idea muy buena / fenomenal / genial / guay.
- La idea me gusta / me encanta.

... einen Vorschlag ablehnen
- Hoy no puedo. ¡Qué lástima!
- Bueno, no sé todavía...
- No me gusta el cine; prefiero el deporte.

... Ortsangaben erfragen und machen
- ¿Dónde está el parque?
- El polideportivo está en la calle Colón.
- El cine está cerca del centro de la ciudad.
- La piscina está un poco lejos.

... Zeiträume angeben
- ¿Cuándo? ¿Mañana?
- Los fines de semana siempre salgo.
- Los lunes tengo clases por la mañana y por la tarde.
- El viernes vamos a ir al concierto de Juanes.
- Por la noche estoy en casa.

Películas, música, deporte

A Mario y Laura les gusta mucho el cine. ¿A ti también? Entonces, ¿qué películas te gustan? ¿O prefieres la música, el deporte, ...? ¿Sabes quiénes son las personas de las fotos? ¿Conoces a otros españoles o latinoamericanos conocidos? ¿A quiénes?

Welche erfolgreichen Schauspieler, Sportler oder Musiker aus Spanien und Lateinamerika kennt ihr? Macht eine Liste und bearbeitet dann in Gruppen eine der folgenden Aufgaben. Schreibt so viel wie möglich auf Spanisch. Erklärt auch in geeigneter Weise wichtige unbekannte Vokabeln.

a Stellt eine Hitparade der spanischsprachigen Musiktitel zusammen, die euch am besten gefallen. Stellt auch die Interpreten kurz vor und / oder kommentiert die Lieder.

oder

b Stellt eine Fan-Zeitschrift oder den Inhalt einer Website für eine/n Schauspieler/in, Sänger/in, Sportler/in aus dem spanischen Sprachraum zusammen.

oder

c Stellt ein Programm (mit Programmheft) für eine spanische Kino-Nacht zusammen. Im Programmheft kommentiert ihr die Filme oder stellt die Schauspieler/innen oder Regisseure vor.

So kann ich auf Spanisch ...

... Angaben über Personen machen
- Siehe Seite 16 und Seite 32

Y después...

Leed los trabajos de los otros grupos y haced una adivinanza.

Tauscht eure Arbeiten aus und informiert euch darin über die Personen, die von den anderen Gruppen vorgestellt wurden. Sucht euch eine der Personen aus, über die ihr etwas erfahren habt, und beschreibt sie der Klasse. Gebt nach und nach immer mehr Informationen preis, so lange, bis die anderen erraten, um wen es sich handelt. Wer die gesuchte Person zuerst errät, darf der Klasse die nächste Aufgabe stellen.

Ejemplo: Mi personaje es un hombre que canta. Es un español que vive en EE.UU. Su padre también es un cantante muy famoso. Su nombre es Enrique.

España, sí

Es por la tarde y Laura está en su habitación con un libro sobre España. Va a ir a España en marzo porque quiere estudiar en un instituto español, pero … ¿adónde ir? Laura abre el libro, lee rápido y busca información.

1 España y Portugal son los dos países de la Península Ibérica. La Península Ibérica tiene mucha costa y muchos turistas van a España porque quieren nadar en el mar y tomar el sol en la playa.

2 ¡Pero en España no sólo hay mar y playa! También hay muchas montañas. En el sur (como en Sierra Nevada, cerca de Granada), en el centro del país o en el norte (en la foto, los Pirineos) los españoles pueden hacer esquí.

3 Los cinco ríos grandes: el Duero, el Tajo, el Guadiana y el Guadalquivir terminan en el océano Atlántico; sólo el río Ebro termina en el mar Mediterráneo. En la foto podemos ver el delta del río Ebro.

4 En España hay 17 comunidades autónomas. Hay comunidades grandes con ocho provincias, como Andalucía, o comunidades pequeñas, con una provincia, como Madrid.

5 Madrid es la capital. Es una ciudad moderna y grande que está en el centro del país.

6 En las ciudades de Andalucía, como Córdoba, Sevilla o Granada, hay monumentos árabes muy conocidos.

7 Muchos turistas quieren visitar Sevilla en abril porque hay una fiesta muy conocida, la Feria de abril.

8 El arquitecto Gaudí es genial. Muchos monumentos de Gaudí están en Barcelona, la capital de la comunidad autónoma de Cataluña. En Cataluña la gente habla catalán y español.

9 El Teide está en un parque nacional de la isla de Tenerife, en las Islas Canarias.

10 En las vacaciones mucha gente va a las Islas Canarias. Toman el sol en sus playas o visitan sus monumentos, como la ópera del arquitecto Calatrava, en Santa Cruz de Tenerife.

«En Tenerife puedo ir a la playa o hacer surf ya en febrero o marzo» piensa Laura. «Pero Barcelona también es guay». En las vacaciones va siempre un día a Barcelona y siempre ve algo interesante. En Madrid, según el libro, hay mucho ambiente, mucha marcha. Y según su profesora de español, las plazas y calles pequeñas en el centro de Sevilla son preciosas. Pero Madrid, Barcelona y Sevilla son bastante grandes y Tenerife está muy lejos.

Entonces piensa en Valladolid y en Mario y Cristina. Valladolid… ¿por qué no?

1 España

a En el texto de las páginas 50 y 51 hay algunas palabras que habéis entendido, pero que todavía no habéis aprendido. Apuntad el significado de estas palabras. Después comparad en parejas o grupos los resultados.

Notiert die Bedeutung der folgenden Wörter, die ihr sicher versteht, obwohl ihr sie noch nicht gelernt habt. (Die Zahlen in Klammern geben den Abschnitt an.)

- un país (parr. 1)
- la península Ibérica (parr. 1)
- un / una turista (parr. 1)
- una montaña (parr. 2)
- el esquí (parr. 2)
- un río (parr. 3)
- el océano Atlántico (parr. 3)
- el mar Mediterráneo (parr. 3)
- una comunidad autónoma (parr. 4)
- una provincia (parr. 4)
- la capital (parr. 5)
- árabe (parr. 6)
- un arquitecto (parr. 8)
- el catalán (parr. 8)
- un parque nacional (parr. 9)
- una isla (parr. 9)
- una ópera (parr. 10)

b Haced una red de vocabulario y de información sobre España. Hay más *(mehr)* información en el mapa de la página 14 que podéis añadir *(anfügen)*.

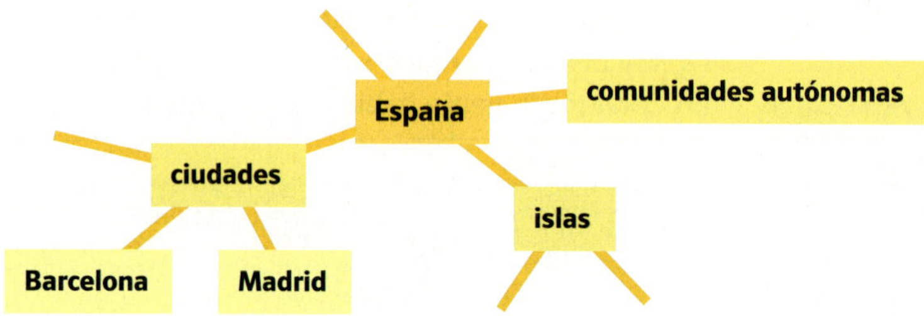

c Imagínate *(Stell dir vor)* que vas a ir a España tres o seis meses, como Laura. ¿Adónde te gusta ir? ¿Por qué te gusta la ciudad o región? Usa la información del texto «España, sí» o habla de una ciudad o región española que conoces *(die du kennst)*.

2 Me llamo Alicia

Tomad una identidad española (nombre, dirección, e-mail, teléfono, familia, hobbies / aficiones). En la academia de informática, el polideportivo de la ciudad, el instituto… conocéis *(lernt ihr kennen)* a un chico / una chica.

Trabajad en parejas y preparad un diálogo.

3 ¡¿Vas a venir a Alemania?!

Tenéis un amigo español / una amiga española que aprende alemán y quiere pasar tres meses en Alemania pero todavía no sabe dónde.

Schreibt eurem Freund / eurer Freundin eine E-mail. Erwähnt z. B., dass ihr euch freut, dass er / sie nach Deutschland kommen will und versucht ihn / sie zu überzeugen, in euren Wohnort zu kommen. Beschreibt dazu den Ort, die Schule und nennt Dinge, die ihr zusammen unternehmen könnt.

Un día normal de Ana Lucía

1 ¿Qué hace Ana Lucía a qué hora?

Escuchad el texto del cedé y ordenad *(ordnet)* los dibujos según los días de Ana Lucía.

tener clase

ducharse

empezar a trabajar

volver a casa

acostarse

desayunar

levantarse

irse / salir

ir en autobús

2 ¿Qué hora es?

a ¿Cuáles *(Welche)* de las horas están en el texto?

b ¿Qué hace Ana Lucía a esas *(diesen)* horas?

c Leed las horas que no están en el texto.

Infinitivo	**3ª persona**
acostarse	se acuesta
ducharse	se ducha
irse	se va
levantarse	se levanta

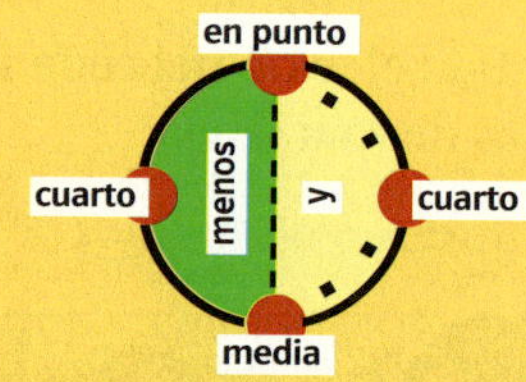

- a la / a las
- es la / son las
- y
- menos
- cuarto
- media

3 La vida de Ana Lucía

En el texto «Ana Lucía y los aguacates» de la página 55 hay más información sobre Ana Lucía.

a Buscad las respuestas a las preguntas.

1. ¿De dónde es Ana Lucía?
2. ¿Qué hace en España?
3. ¿Qué problemas tiene?
4. ¿Qué significa «aguacates»?
   (Mirad otra vez el ejercicio 2 de la página 20.
   ¿Quién tiene la respuesta correcta?)

Lerntipp

Um die Antworten auf die Fragen zu finden, müsst ihr nicht den gesamten Text lesen und verstehen.
Siehe S. 40 und S. 127–129.

b En grupos hablad de Ana Lucía y elegid *(sucht euch aus)* uno de estos ejercicios:

1. Comparad la información con los resultados del ejercicio 2 de la página 20.

o

2. Añadid *(fügt … an)* a Ana Lucía en el póster del ejercicio «Mario y los otros» de la página 16 y escribid la información sobre ella.

o

3. Escribid un pequeño texto sobre Ana Lucía con la información de los textos «Un día normal de Ana Lucía» y «Ana Lucía y los aguacates».

Ana Lucía y los aguacates

Ana Lucía se despierta porque suena el teléfono. Se levanta, va al teléfono y dice: ¡Aló!

Mario pregunta: ¿Ana Lucía?

Ana Lucía contesta: Sí. ¿Con quién hablo?

Mario: Sí, hola, me llamo Mario, soy un amigo de Laura…

Ana Lucía: ¿Cómo? ¿Cómo dices? ¿Amigo de quién?

Mario: De Laura, la chica alemana…

Ana Lucía: Laura… Ah, sí, la niña de los mensajes. Sí, sí. Perdón, pero trabajo por la noche y me acuesto muy tarde… ¿Qué hora es?

Mario: No sé, son las once y cuarto, once y veinte…

Ana Lucía: ¡Qué tarde! Pero, ¿qué quieres?, ¿por qué llamas?…

Mario: Llamo por los mensajes, porque, según Laura, necesitas ayuda. ¿Tienes algún problema?, ¿necesitas alguna cosa?

Ana Lucía: No, no, todo va bien… Gracias.

Mario: Ah, vale vale. Pero… hay otra cosa.

Ana Lucía: ¿¡Sí!?

Mario: Llamo yo porque Laura no entiende bien tus mensajes. Bueno…, no sólo Laura, yo tampoco, porque ¿qué significa «habla con los aguacates»? ¿Te acuerdas del mensaje?

Ana Lucía: Sí, sí. ¿Aguacates? Aguacates son policías.

Mario: ¿¿Policías??

Ana Lucía: Sí. Así decimos en Colombia porque llevan uniformes verdes.

Mario: Ah, claro, por eso. ¡Qué gracioso!

Ana Lucía: Sí, hablamos el mismo idioma, pero no siempre usamos las mismas palabras o tienen otro significado.

Mario: Sí. Ya veo. ¿Entonces eres colombiana? ¿Y qué haces aquí?

Ana Lucía: Sí, soy de Cali y estudio en la universidad.

Mario: ¿Y por qué tienes problemas con la policía?

Ana Lucía: Mira, Mario, eres muy amable, pero aquí no vivo yo sola. Conozco a mucha gente de mi país. Algunos son estudiantes como yo, otros no. Algunos tienen problemas y otros no. Pero preferimos ocuparnos nosotros mismos de nuestros problemas.

Mario: Sí, entiendo. ¿Entonces no os sentís bien aquí?

Ana Lucía: Sí, pero a veces es difícil, también con la gente…
Bueno, lo siento, Mario, pero es muy tarde y mis clases empiezan a la una menos cuarto. Tengo prisa. Me ducho, me visto y me voy.

Mario: Sí, mis clases también, estoy en el recreo. Pero, digo yo, ¿por qué no nos vemos y así nos conocemos…?

Ana Lucía: Ahora no tengo tiempo, trabajo mucho y, además, tengo exámenes y estudio mucho…

Mario: Bueno, vale, vale. Pero, ¿por qué no apuntas mi dirección y teléfono? A lo mejor puedes otro día…

Ana Lucía: Bueeeno, vamos a ver.

Apunta la dirección y se despiden.

1 Los problemas de Ana Lucía

a ¿Cuáles de las frases os parecen correctas? Buscad, además, en el texto «Ana Lucía y los aguacates» las frases que justifican vuestra opinión.

Wählt diejenigen Sätze aus, die eurer Meinung nach zutreffen und belegt eure Meinung mit Sätzen aus dem Lektionstext.

Ana Lucía no tiene problemas.	Ana Lucía tiene problemas, pero no quiere hablar de sus problemas.
La vida en España es difícil para Ana Lucía – porque no tiene dinero[1]. – porque no tiene amigos. – porque los españoles no son siempre amables con los colombianos.	La vida en España no es difícil para Ana Lucía.
Ana Lucía pronto va a llamar o venir a casa de Mario.	Ana Lucía no va a llamar o venir.
Ana Lucía es una persona amable.	Ana Lucía no es amable.

b En grupos, comparad vuestros resultados.

Wenn ihr zu unterschiedlichen Ergebnissen gekommen seid, vergleicht auch die Belegstellen. Wer hat die besseren Argumente?

Ser amable

Lateinamerikaner, Spanier und viele andere empfinden es als unhöflich, etwas direkt abzulehnen. Sie machen stattdessen vage Aussagen, die wie eine Zustimmung erscheinen.
Man muss oft sehr genau hinhören, um Missverständnisse zu vermeiden, und vorsichtig sein, was man selbst sagt, um nicht als unhöflich und unerzogen zu gelten.

2 Eres muy amable, pero …

a Ana Lucía es muy amable, pero no acepta las propuestas de ayuda de Mario. Mirad el texto: ¿qué dice?

Wie lehnt Ana Lucía Marios Vorschläge höflich ab?

b Elegid una de las situaciones. Inventad una excusa amable.

Denkt euch eine nette Ausrede aus.

Un amigo español / una amiga española …
1. … os invita *(lädt euch ein)* a comer en casa.
2. … quiere ir al cine con vosotros *(euch)*.
3. … os *(euch)* quiere dar un regalo *(Geschenk)* que no os gusta.

[1] **(el) dinero** (das) Geld – [2] **subir** einsteigen
[3] **sabe** wissen Sie

3 Palabras en pareja

a Buscad el antónimo *(Gegenteil)* de las palabras.

Ejemplo: mucho – poco

difícil	bien	empezar	levantarse	contestar
pequeño	irse	(yo) también	mismo	solos

b Buscad el sinónimo (= una palabra con el mismo significado) de las palabras o una palabra con un significado parecido *(ähnlich)*.

comprender	decir «adiós»	divertido	estudiar (un idioma)
apuntar	niña	genial	comer

Lerntipp

Vokabeln könnt ihr euch leichter merken, wenn ihr zusammen gehörende Wörter auch zusammen lernt, z. B. Wortpaare (Gegensätze, nahe Synonyme usw.) wie in dieser Übung.
Mehr zum Wortschatzlernen erfahrt ihr auf S. 124–126.

4 ¿Qué hora es? (§ 18)

Trabajad en parejas. Uno / una pregunta por la hora, el otro / la otra contesta con la información de los dibujos.

Fragt und antwortet abwechselnd.

5 Un día en la vida de Mario (§§ 19, 20, 21)

a Copiad la tabla en vuestro cuaderno. Buscad en el texto «Ana Lucía y los aguacates» los pronombres reflexivos y ponedlos en la columna de la izquierda *(die linke Spalte)*.

b Poned los verbos en la columna adecuada *(passend)* y conjugad por lo menos uno de cada columna.

- acordarse • acostarse • verse
- conocerse • despedirse • irse
- ocuparse • sentirse • vestirse
- despertarse • ducharse
- levantarse • llamarse

		verbos					
		regulares	e-ie	e-i	o-ue	-zco	irregulares
infinitivo →					acordarse …		
pron. reflexivos		me levanto					
	te			te despides			

c Escuchad los sonidos *(Geräusche)* del cedé y escribid las actividades de Mario.
Usad los verbos de la casilla y otros que ya conocéis.

cenar	zu Abend essen
dormirse (o-ue)	einschlafen
lavarse los dientes	sich die Zähne putzen

6 ¿Qué hace Yilton? (§§ 19, 20, 21)

Yilton es un chico colombiano que vive en el mismo piso *(Wohnung)* que Ana Lucía. Completad el texto con la forma correcta de los verbos.

Son las dos de la noche. Ana Lucía 1 (volver) a casa. Yilton está en el cuarto de baño[1] y 2 (ducharse).

Ana Lucía 3 (decir): Yilton, ¿por qué 4 (ducharse) tú hoy a las 2 de la mañana? 5 (sentirse – yo) muy cansada[2]. Yo también quiero 6 (ducharse) y después 7 (acostarse). Y tú, ¿ 8 (acostarse) o 9 (levantarse)?

Yilton 10 (salir) del cuarto de baño: Yo no 11 (acostarse). Va a venir un amigo y entonces 12 (irse – nosotros).

Ana Lucía pregunta: ¿Qué 13 (decir – tú)? ¿ 14 (irse – vosotros)? ¿Adónde? Yilton, ¿qué pasa?

Yilton: Tranquila, chica, tranquila. Vamos a trabajar.

Ana Lucía: ¿Un trabajo que 15 (empezar) a las 3 de la mañana?

Yilton: ¿Qué quieres decir? Yo 16 (conocer) muchos trabajos que 17 (empezar) muy de mañana. Tú también trabajas por la noche, ¿no? Es un trabajo normal, 18 (empezar) a las 5, pero está muy lejos. ¿Por qué no 19 (ocuparse – tú) de tus cosas? 20 (verse – nosotros) mañana.

Llega el amigo de Yilton y los dos chicos 21 (despedirse).

Ana Lucía no 22 (sentirse) tranquila, pero 23 (acostarse). 24 (despertarse) a las 9 de la mañana. Yilton todavía no está en casa.

7 ¿Cuándo se levantan los españoles?

a ¿Qué sabéis o pensáis?: ¿Qué hacen los españoles a qué hora? Escribid cinco frases sobre la vida normal de los jóvenes españoles *(den Alltag der spanischen Jugendlichen)*.

b Para escribir un texto sobre la vida de los españoles Laura le pide ayuda a Mario.

Laura muss in der Schule einen Text über die Lebensgewohnheiten der Spanier schreiben und bittet Mario um Hilfe. Wählt eine der folgenden Aufgaben und notiert die Angaben zum Tagesablauf wie im Beispiel.

1. Laura llama a Mario. Escuchad el diálogo del cedé y apuntad la información sobre la vida de Mario y Cristina.

o

2. Mario le manda a Laura el artículo que veis en la página 59. Buscad sólo la información sobre la vida de los españoles.

Versucht nicht, den gesamten Text zu verstehen, sondern sucht nur nach Aspekten, die den Tagesablauf in Spanien betreffen.

Ejemplo:

levantarse: 7:30
desayunar:
irse de casa:
...

Hablar por teléfono

Wie meldet man sich in Spanien am Telefon, wie in Kolumbien? Hört euch den Anfang des Telefonats an und vergleicht mit dem Lektionstext.

Manche Spanier sagen auch nur «Sí», «¿Qué hay?» oder – z. B. wenn sie wissen, dass gute Bekannte am Telefon sind – «Hola». In Lateinamerika sagt man z. B. auch «Bueno» (Mexiko).

[1] **un cuarto de baño** ein Badezimmer
[2] **cansado,-a** müde

El día a día de los españoles

Hemos pasado los buenos viejos tiempos en los que nos levantábamos tarde, dormíamos la siesta y nos acostábamos tarde. No es que la vida de entonces fuera fácil, el trabajo muchas veces era duro. Pero el ritmo, eso sí, era más lento, más humano. ¿Y qué pasa hoy? ¿Cómo vivimos los españoles?

En general nos levantamos a las 7:30h de la mañana. Nos duchamos y desayunamos rápido. El desayuno español todavía es pequeño: café, un poco de pan o una tostada con mantequilla o mermelada, o algunas galletas y ya está.

Después nos vamos de casa, a las 7:45h o a las 8:00h. En las grandes ciudades tomamos el metro o el tren para ir a nuestro empleo.

Empezamos el trabajo a las 8:30h o a las 9:00h. Los escolares y estudiantes también empiezan la escuela o la universidad a las 8:30 ó 9:00h.

A las 14:00 volvemos a casa a comer. Entonces tenemos un rato para descansar. Entre las 17:00 y las 20:00h de la tarde trabajamos otra vez. En muchos institutos también hay clases por la tarde. Los alumnos empiezan a las 15:00 y vuelven a las 17:00h a casa.

A esta hora todavía hay tiempo para salir a pasear o ir de compras. Las tiendas están abiertas generalmente hasta las 20:00h o las 21:00h. Los españoles cenamos a partir de las 21:00h con el telediario.

Después de la cena los peques se van a la cama. Los estudiantes se acuestan más tarde, a las 23:00h más o menos.

Los adultos quizá se quedan hasta el final de la serie o película. A muchos les gusta descansar cuando llegan a casa y no ver la televisión, ni escuchar la radio… Se duchan, cenan, leen, después preparan el posible trabajo para el siguiente día. Otros aprovechan la noche para llamar por teléfono a familiares y amigos y preguntarles cómo les va la vida. Aunque no es fácil hoy en día, porque cada vez vivimos más lejos de la familia, los contactos sociales siguen siendo un factor muy importante para todos los españoles.

c Comparad la información del ejercicio 7b con vuestras respuestas del ejercicio 7a.

Wie viele eurer Vermutungen sind richtig?

8 Por fin tengo noticias de Ana Lucía

Elegid una de las dos tareas *(Aufgaben)*. En la casilla de la página 60 encontráis expresiones útiles *(nützlich)*.

a En un e-mail Mario informa a Laura sobre Ana Lucía.

o

b Mario habla con Cristina sobre Ana Lucía. Cristina pregunta y Mario contesta.

Mis días

Escribe una carta *(Brief)* a un amigo español sobre tus días normales.

Den Text kannst du in deiner Portfolio-Mappe abheften.

So kann ich auf Spanisch Kontakte pflegen

Briefe und E-mails

Datumsangabe
- 5 de marzo

Anrede
- Hola, Laura:
- Mario:

zu einem neuen Thema überleiten
- también
- además
- a veces
- por cierto
- es que
- hay otra cosa

Sätze verbinden
- primero
- después
- entonces

Abschiedsgruß
- un abrazo
- un beso
- besos
- hasta luego
- hasta pronto
- adiós
- tu amigo *(+Name)*
- tu amiga (+Name)

Telefonieren

Sich am Telefon melden
- Diga.
- Dígame.
- Hola.

Anwort des Anrufers
- Hola, me llamo …
- Buenos días, soy …

nach dem Gesprächspartner fragen
- ¿Con quién hablo?
- ¿(Hablo con) Ana Lucía?
- Quiero hablar con …

Gespräche führen

nachfragen, wenn man etwas nicht verstanden hat
- ¿Cómo?
- ¿Cómo dices?
- ¿Qué significa …?

Fragen (freundlich) zurückweisen
- Eres muy amable, pero …
- Todo va bien, gracias.
- Lo siento, pero…

ein Gespräch in Gang halten
- Ya veo.
- Sí, entiendo.
- Bueno…
- ¿Te acuerdas de …?

Los días de …

En grupos de tres o cuatro, inventad el día de alguien *(jemand)* – ¿o algo? Puede ser una persona normal, pero también un animal, un extraterrestre *(Außerirdischer)*, un … (tenéis ideas originales, seguro).

Representad el día en clase así:

- Uno / una es la persona, el animal, el extraterrestre…
- Uno o dos del grupo son las personas que él ve en su día. Los dos o tres lo hacen de forma mímica, es decir, no dicen palabra.
- El último *(der letzte)* explica a la clase lo que pasa *(was passiert)*.

Auch diese Arbeit könnt ihr in der Portfolio-Mappe abheften, z. B. indem ihr bei der Aufführung Fotos macht, diese aufklebt und beschriftet.

¿Cómo eres?

1 ¿Cómo son?

a Mirad los dibujos: ¿Qué significan los adjetivos y expresiones?

b Pablo, el primo de Mario de Roses, está en Valladolid y sale con Mario. Los dos están en una discoteca. Escuchad el texto y mirad los dibujos. ¿De qué chica hablan Mario y Pablo?

El chico La chica	es lleva tiene

c Formad frases sobre las personas.

2 ¿Cómo está Pablo?

a Una hora después… Escuchad la continuación del diálogo entre Mario y Pablo. ¿Cómo se siente Pablo?

Wählt aus den folgenden Adjektiven diejenigen aus, die Pablos Stimmung entsprechen.

b Y tú, ¿cómo te sientes hoy? ¿Por qué?

Hay que compartir

Mario,
Acabo de recibir la noticia: Puedo hacer el intercambio e, imagínate, voy a ir a Valladolid. Todavía no conozco a "mi" familia española, pero no importa.
Laura

Mario: ¿Sabéis una cosa? Laura me acaba de mandar un correo electrónico y va a hacer un intercambio, aquí en Valladolid…

Madre: ¿Laura? ¿Qué Laura?

Mario: Sí, mamá…, la chica alemana de Roses, la de la tarta…

Madre: Ah, sí, sí. ¿Y va a hacer un intercambio? Ah, eso es bueno.

Mario: Sí, y ahora tiene que buscar una familia, así como nosotros…

Madre: No, Mario, ya te veo venir… Aquí no puede vivir. El piso es pequeño. ¿Dónde va a dormir? Ya nos falta una habitación. Y, además, yo estoy muy cansada: el trabajo, la casa, ¡y vuestras habitaciones que siempre están tan desordenadas!

Padre: Mamá tiene razón, Mario. Con una persona más tenéis que ayudar más. Pero, la verdad, la idea no es mala…

Mario: ¿Verdad, papá? Yo ayudo, mamá.

Madre: ¿Hablas en serio, Miguel?

Padre: Vivir con una persona de otro país es siempre muy interesante, ¿no te parece, Luisa?

Madre: Sí, claro, pero hay que ocuparse de la chica: hay que salir, hay que compartir, chicos… Además, vosotros conocéis a Laura sólo de cuatro días en la playa…

Cristina: A mí me gusta Laura y su hermano Lukas es gracioso.

Padre: Eso no dice mucho, la verdad. Tenemos que saber más, por ejemplo: ¿cómo es?, ¿qué hace?, ¿cuántos años tiene?, ¿de dónde es?, ¿qué hacen sus padres?

Mario: Es una chica muy simpática, guay, tiene 15 años, es de Berlín y va a un instituto como yo. ¿Qué más…? Es alta, morena, tiene los ojos marrones, no lleva gafas… Os voy a enseñar una foto… Le encanta el cine español y la paella y me escribe muchos correos. No te va a dar mucho trabajo, mamá. Es muy tranquila y le gusta estudiar. Su padre trabaja en…, no sé, hace algo con ordenadores y su madre también trabaja… es enfermera o algo así… Les encanta España.

Padre: Vale, vale, Mario. Ya veo: Tenemos que tener a Laura en casa porque es – ¿cómo decís? – «genial».

Mario: Gracias, papá.

Madre: Muy graciosos. ¿Y la habitación, qué? Laura tiene que tener una habitación.

Mario: Bueno, la habitación de Cristina es muy grande… Sólo hay que cambiar algunas cosas, ¿no os parece?

Cristina: Sí, claro. ¡Qué amable, Mario! ¿Y por qué no en tu habitación? Es tu amiga, ¿no?

Mario: Cristina, ¿ya estás enfadada? Tienes que compartir.

Padre: ¡Qué morro, Mario!

Laura: No tienes que buscar más. Acabamos de hablar de tu habitación. Puedes vivir en nuestra casa, mis padres están casi convencidos: estoy muy contento. Muchos besos. Mario.

1 Tenemos que tener a Laura en casa

a Mario, Cristina y sus padres hablan de Laura. ¿Puede vivir en su casa o no? Buscad en el texto los argumentos a favor y en contra y haced dos listas.

a favor (+)	en contra (–)

b ¿Cómo están Mario y su familia después de la discusión y por qué? Formad una frase para cada persona.

Mario Cristina la madre el padre	(no) está	contento cansado enfadado deprimido nervioso animado triste impresionado	porque …

2 Os voy a enseñar una foto

a Haced una red de vocabulario con las palabras y expresiones para describir *(um … zu beschreiben)* a personas que hay en el texto «Hay que compartir». Añadid otras palabras que conocéis.

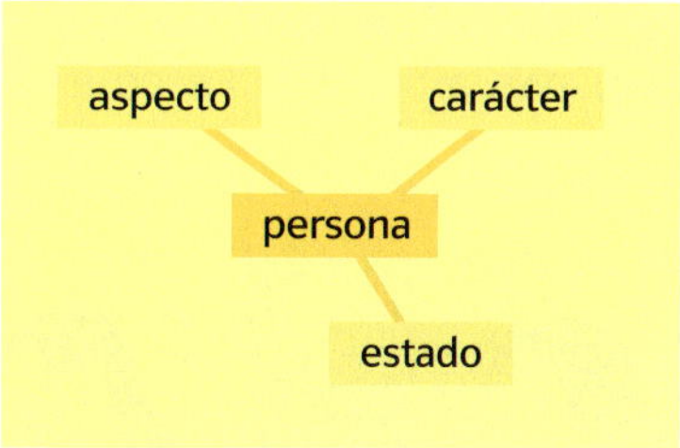

Ergänzt weitere Ausdrücke zum Aussehen, Charakter und zur Stimmung, die ihr kennt.

b Con la ayuda de las palabras y expresiones del ejercicio 2a describid a una persona de las fotos y los otros dicen quién es.

c Inventad la biografía de una de las personas de las fotos. Escribid, por ejemplo: ¿cómo se llama, dónde vive, qué hace en la vida *(im Leben)*, qué le gusta hacer en su tiempo libre?, etc.

Erfindet für eine der Personen eine Biografie.

3 ¿Cómo va a ser la vida sin Laura? (§ 23)

a Buscad en el texto «Hay que compartir» las frases con adjetivos y haced dos listas, una con *ser + adjetivo* y otra con *estar + adjetivo*. Formulad una regla para el uso de *ser* y *estar* con adjetivos.

b Completad el texto con la forma correcta de *ser* o *estar*.

Laura [1] una chica bastante tranquila. Pero ahora [2] nerviosa: pronto va a ir a España. Sólo conoce a Mario y Cristina. ¿Pero cómo [3] sus padres? ¿Cómo [4] la vida[1] en España? ¿El instituto [5] bueno? ¿Sus compañeros van a [6] amables? Los amigos de Laura [7] impresionados: Vivir en otro país no [8] fácil. También [9] un poco tristes: sin Laura las clases no van a [10] divertidas. Sus padres [11] un poco preocupados[2] porque su hija va a [12] sola en España. Sólo su hermano Lukas [13] contento: puede tener la habitación de Laura que [14] bastante grande …y que pronto va a [15] muy desordenada.

4 Acabamos de hablar (§ 24)

a En el texto «Hay que compartir» Mario usa dos veces la expresión «acabar de» (l. 7 y l. 66) ¿Qué significa (en alemán)?
Para ayudaros: mirad el contexto. ¿Qué pasa antes de las frases?

b ¿Qué acaban de hacer las personas en los dibujos?

c Formad dos grupos. Durante *(während)* un minuto las personas de un grupo realizan diferentes actividades. Los otros observan *(beobachten)* y después dicen lo que acaban de hacer.

Ejemplo: Simon acaba de abrir la puerta. Sonja acaba de hablar con Karin.

[1] **la vida** das Leben
[2] **preocupado** beunruhigt

5 Mario promete ayudar (§ 25)

Con Laura en casa la madre va a tener más trabajo. Mario promete *(verspricht)* ayudar. ¿Qué hay que hacer en casa?

a Con la ayuda de un diccionario español – alemán relacionad los dibujos y las expresiones *(ordnet … zu)*.

Lerntipp

Nehmt nicht einfach die erste Bedeutung, die bei einem Wort im Wörterbuch steht, sondern überlegt, ob sie in den Satz passt. Mehr zur Arbeit mit dem Wörterbuch erfahrt ihr auf S. 130 – 132.

- hacer la compra
- cocinar
- poner la mesa
- lavar los platos
- tirar la basura
- hacer la cama
- ordenar la habitación
- pasar la aspiradora
- limpiar el suelo
- quitar el polvo
- lavar la ropa
- planchar la ropa

b La madre dice los trabajos que hay que hacer y Mario y Cristina se los reparten *(teilen sie untereinander auf)*. Haced el diálogo y usad los verbos de la casilla.

Ejemplo:
La madre: Hay que cocinar.
Mario: Yo voy a cocinar.
Cristina: No, yo quiero cocinar. Tú tienes que …

hay que tener que ir a querer preferir pensar	+ infinitivo

c ¿Qué tenéis que hacer vosotros en casa?
¿Qué hacen vuestras hermanas y vuestros hermanos?

d Leed el trabalenguas y practicad.

Wer kann den Zungenbrecher am schnellsten ohne Fehler lesen?

Pancha plancha
ocho ponchos
con ocho planchas.

¿Con cuántas planchas
plancha Pancha
ocho ponchos?

6 Perfeccionar su español

Laura quiere ir a España y, por eso, quiere perfeccionar su español. Pero… ¿qué hay que hacer para aprender bien español? En grupos, reunid *(sammelt)* vuestras ideas en frases con *hay que*.

Para[1] aprender bien español

1.
2.
3.
…

[1] **para + *inf.*** um … zu

7 ¿Hay que compartir?

Cristina tiene que compartir su habitación con Laura. ¿Y vosotros? ¿Qué podéis (o tenéis que) compartir en familia, con vuestros amigos…? Escribid vuestras ideas. Después comparad vuestras listas y hablad en grupos.

habitación
amigos
deberes
libros

- Yo siempre comparto … con …, pero no con …
- (No) me gusta compartir …
- Sí, es una idea muy buena.
- Yo no quiero compartir …
- Tengo que compartir …, pero …

8 La familia discute sobre Laura (§ 26)

a Completad el texto con la forma correcta de pronombre de objeto indirecto.

1. Mario pregunta por la habitación de Laura y su madre [1] contesta: Aquí no puede vivir.
2. Según la madre, Laura no puede vivir en casa de Mario y sus padres porque ya [2] falta una habitación.
3. Pero el padre dice: La idea no es mala. ¿Qué pensáis vosotros? ¿[3] gusta (la idea) también?
4. La madre no piensa así: ¿Cómo es Laura? ¿Quiénes son sus padres? ¿Qué tenemos que hacer en el intercambio? [4] falta información.
5. Cristina dice: No [5] gusta tener a Laura en mi habitación.
6. Mario dice: Laura espera mi respuesta. [6] escribo un mensaje ahora.

b En parejas, completad el texto con la forma correcta del pronombre de objeto indirecto.

Madre
Miguel, a Cristina no [1] gusta compartir su cuarto con Laura.
¿Por qué no? ¡A mí **me** encanta la idea! Cristina tiene que aprender a compartir. Laura **le** va a enseñar muchas cosas nuevas. ¿No **te** parece?
Sí, pero [5] va a dar mucho trabajo. Mario [6] dice otra cosa, claro.
Mario conoce a la chica y **le** gusta.
Bueno, está bien. ¿Qué [8] falta en su cuarto?
Pues, no sé. **Les** voy a preguntar a los chicos y vamos a ver juntos. ¡Cristina, Mario! **Os** tengo que preguntar algo.

Padre
Miguel, a Cristina no **le** gusta compartir su cuarto con Laura.
¿Por qué no? ¡A mí [2] encanta la idea! Cristina tiene que aprender a compartir. Laura [3] va a enseñar muchas cosas nuevas. ¿No [4] parece?
Sí, pero **me / nos** va a dar mucho trabajo. Mario **nos** dice otra cosa, claro.
Mario conoce a la chica y [7] gusta.
Bueno, está bien. ¿Qué **le / les** falta en su cuarto?
Pues, no sé. [9] voy a preguntar a los chicos y vamos a ver juntos. ¡Cristina, Mario! [10] tengo que preguntar algo.

9 Cristina no está contenta

Cristina habla con su mejor amiga Alba de la visita de Laura y su habitación. En parejas, haced el diálogo con la ayuda de los apuntes en alemán.

Die Angaben müsst ihr nicht wörtlich übersetzen.

Alba	Cristina
Alba stellt fest, dass Cristina ihr Zimmer umgeräumt hat.	Cristina will wissen, ob es Alba gefällt. Sie selbst ist begeistert davon. Allerdings…
Alba fragt, was los ist, ob Cristina sich ärgert.	Cristina ärgert sich in der Tat, denn sie muss bald das Zimmer mit Laura teilen.
Alba will wissen, ob diese Laura die deutsche Freundin von Mario ist, was sie in Valladolid macht und weshalb sie bei ihnen zuhause wohnen muss.	Cristina erklärt ihr, dass Laura nach Valladolid kommt, weil sie an einem Schüleraustausch teilnimmt, und dass sie in ihrer Familie wohnen wird, weil sie Mario gefällt.
Alba wundert sich, was Cristinas Eltern dazu sagen. Mit einer Person mehr haben sie ja viel mehr Arbeit.	Cristina berichtet, dass die Eltern die Idee auch sehr gut finden. Sogar *(incluso)* ihre Mutter ist schon fast überzeugt.
Alba teilt auch das Zimmer mit ihrer Schwester und sagt Cristina, dass das gar nicht so einfach ist. Aber Laura ist doch schließlich Marios Freundin. Dann muss Mario auch etwas für sie tun (für dich = *por ti*).	Cristina ist begeistert: Alba ist genial. Sie werden sich jetzt gleich etwas ausdenken (= denken an etwas). Cristina will wissen, ob Alba irgend eine Idee hat.

10 Los argumentos de Luis

Cristina habla con Luis, un compañero. Escuchad el diálogo.

a Cristina y Luis hablan de la llegada de Laura. ¿Quién está a favor y quién en contra?

b Escribid los nuevos argumentos en las listas del ejercicio 1a.

c Escribid algunas palabras importantes de lo que dicen Luis o Cristina. Buscad a un compañero / una compañera que tiene notas de la otra persona. Reconstruid juntos el diálogo, practicadlo y representadlo en clase con la ayuda de vuestras notas.

Die Wiedergabe des Dialogs anhand der Notizen muss nicht wörtlich sein.

11 Escuchar y responder

a ¿Qué hacen Luis y Cristina en el texto del cedé para señalar *(um zu zeigen)* que escuchan al otro? Apuntad las palabras o expresiones que usan.

b Completad la lista con otras palabras y expresiones adecuadas.

Notiert weitere Wörter und Ausdrücke, mit denen man ebenfalls zeigen kann, dass man zuhört.

c Transformad un monólogo en diálogo con la ayuda de las palabras y expresiones de los ejercicios 11 a y b: uno cuenta algo, por ejemplo, sobre sus días, y otro / otra dice de vez en cuando una de las palabras y expresiones de la lista y muestra así su interés.

Eine/r erzählt etwas, der / die andere zeigt mit den erarbeiteten Ausdrücken, dass er / sie zuhört.

Participar en una conversación

Wer bei einer Unterhaltung nur stumm daneben sitzt, wirkt leicht arrogant oder unhöflich. Dass man zuhört, kann man auch durch kleine Gesten oder Wörter zeigen. Auch die Bitte, etwas zu erklären, das man nicht verstanden hat, ist ein Zeichen, dass man die Gesprächspartner ernst nimmt.

12 La respuesta de Laura

Mario quiere a Laura en casa. Pero… ¿qué quiere Laura?

a ¿Qué pensáis?: ¿a Laura le gusta la idea de Mario?, ¿quiere vivir en su casa?, ¿por qué (no)?

b Con vuestras ideas de la parte a) escribid la respuesta de Laura a Mario.

13 Estereotipos

¿Cómo son, según el estereotipo, los alemanes? ¿Y los españoles? Discutid en grupos: ¿son verdad los estereotipos?

Notiert vorgefasste Meinungen, die es über Deutsche und Spanier gibt.

Ejemplos:
Son verdad los estereotipos porque conozco a muchos … que (no) …
No son verdad los estereotipos porque hay … que (no) …

14 Quiero hacer un intercambio

Imaginaos que vais a ir a España para hacer un intercambio. Tenéis que escribir una carta de presentación a «vuestra» familia. Para las aficiones *(Hobbies)* podéis mirar la casilla de la página 32; para las profesiones *(Berufe)* de vuestros padres podéis mirar en un diccionario.

Schreibt eurer Gastfamilie einen Brief, in dem ihr euch bedankt, vorstellt und beschreibt.

Estimada familia …:

Un cordial saludo

Unterschrift

Für den Brief könnt ihr die Höflichkeitsform verwenden: *usted* (im Singular) und *ustedes* (im Plural). Das Verb steht dabei in der 3. Person (Singular oder Plural), sodass auch die Pronomen *(le, les)* und Possessivbegleiter *(su, sus)* der 3. Person verwendet werden müssen.

La habitación de Cristina

1 ¿Qué hay en la habitación?

Schaut euch das Bild von Cristinas Zimmer genau an und prägt euch auch die Bezeichnungen für die Möbel ein. Schließt das Buch und zählt auf, was alles in dem Zimmer zu sehen ist. Jede/r nennt einen Gegenstand, dann ist der / die nächste an der Reihe. Wer hat sich das Zimmer am besten eingeprägt?

2 ¿Qué hay que cambiar en la habitación de Cristina?

a Laura va a compartir la habitación con Cristina y por eso hay que cambiar algunas cosas. ¿Qué va a necesitar Laura (que no hay en la habitación)? Discutid en grupos o en clase y haced una lista.

b Macht eine Zeichnung, wie Cristinas Zimmer umgeräumt werden muss, damit auch die Möbel für Laura hineinpassen. Reicht der Platz aus? Wenn nicht: was ist nicht unbedingt nötig? Bereitet euch darauf vor, eure Ergebnisse auf Spanisch zu präsentieren.

Ejemplo:
Ponemos la mesa a la derecha del armario.

meter / poner (-g-) algo *(+ Ortsangabe)*	etwas stellen / legen *(+ Ortsangabe)*
quitar algo	etwas wegräumen, entfernen
(no) hay sitio para	es ist (kein) Platz für
en la esquina	in der Ecke
al lado de	neben

La habitación de Laura

Los Alonso preparan la habitación de Laura.

Madre: Bueno, Cristina, tenemos que hacer sitio para Laura. ¿Dónde quieres poner tus cosas?

Cristina: No sé. A mí me gusta así. Ponemos el escritorio y la silla de Laura en la esquina y la cama al lado de la silla. Eso es todo.

Padre: No, Cristina, Laura tiene que tener sitio para sus cosas. Le tienes que dejar parte de la estantería y del armario.

Madre: Además, así no hay sitio para la silla. Pon los escritorios delante de la ventana. Así tienen luz. Eh, ¡ten cuidado! ¡La ventana!

Mario: ¿Y dónde ponemos la cama? ¿Aquí?

Madre: Sí, ponedla debajo de los pósteres… Ahí, perfecto. Mario, por favor, quita las muñecas de la estantería y métetelas en una bolsa. Así Laura puede poner libros o cedés. Cristina, ¿no nos ayudas?

Cristina: Laura, Laura, siempre Laura… ¿Y yo y mis cosas? No. No la quiero en mi habitación.

Madre: Cristina, hija, escúchame, por favor, algo tenemos que quitar.

Cristina: No, no quiero escucharos: es mi habitación, y vosotros ponéis y quitáis como queréis…

Padre: Cristina, no es fácil compartir la habitación con otra persona. Te entendemos. Pero a ti también te gusta tener a Laura en casa, ¿no es verdad? Venga, por favor, di tú algo; propón, pero en serio. A ver, ¿dónde quieres poner las muñecas?

Cristina: Bueno, podéis guardar las muñecas. Ya no las necesito.

Madre: ¿Y los libros?

Cristina: No sé, los puedes poner encima de mi mesa. Los necesito, son los diccionarios.

Padre: ¿Te gusta el equipo de música aquí?

Cristina: No, lo prefiero allí, a la derecha del escritorio… No ahí no, papá, mejor a la izquierda.

Madre: Así no hay sitio para la cama de Laura… Lo podemos poner al lado de tu cama.

Padre: Mario, Cristina, levantaos de la cama y ayudadme, por favor.

Madre: Yo ayudo a papá. Mario, tú y Cristina meted parte de la ropa de Cristina en el armario del pasillo. Las camisetas, los vestidos y las camisas de verano, con el frío que hace no los necesitas ahora.

Drrrrrrrriiiinnnnngggggg…

Padre: Mario, ¿no oyes? Llaman. Abre la puerta, por favor.

Mario abre.

Ana Lucía: Hola, ¿Mario? Yo soy Ana Lucía…

Mario: ¡Sí, qué sorpresa! Hola…

Ana Lucía: Es urgente, ahora sí necesito tu ayuda.

1 Ana Lucía

¿Qué pensáis?: ¿por qué necesita Ana Lucía la ayuda de Mario? Explicad vuestra idea a vuestros compañeros y compañeras.

A lo mejor tiene problemas con …
A lo mejor (no) quiere *(+ inf.)* / va a … / tiene que …

2 ¿Una habitación para Laura?

a ¿Qué pasa en el texto «La habitación de Laura»? Escribid 3 ó 4 frases para resumir el texto.

Schreibt 3–4 zusammenfassende Sätze.

b ¿Qué cosas ponen los Alonso para Laura en la habitación de Cristina? ¿Qué más hacen o quieren hacer? Comparad con vuestros resultados del ejercicio 2b de la página 69.

c ¿Cómo se siente Cristina y por qué? Escribid por lo menos tres frases.

3 Esculturas *(Standbilder)*

Representad a la familia Alonso en grupos de cuatro. Los otros adivinan:

¿Quién es quién?
¿Qué piensan o sienten las personas en este momento?

Macht ein Standbild, das einen Ausschnitt aus dem Lektionstext zeigt. Bildet dazu Vierergruppen und verteilt die Rollen. Jeder nimmt (ohne sich dabei zu bewegen oder zu sprechen) eine typische Haltung für die jeweilige Person ein. Die anderen Gruppen raten.

4 Letras desordenadas

a ¿Qué palabras son? Ordenad las letras.
(Para ayudaros: todas son palabras que acabáis de aprender.)

ZUL
SÁDERT
NANETAV
NERAVO
PRORASES
DAUCIDO
QUIESAN
CINICOARIOD

b Haced un ejercicio parecido *(ähnlich)* para vuestros compañeros y compañeras.

Lerntipp

Findet heraus, welcher Lerntyp ihr seid. Auf den Seiten 124–126 findet ihr verschiedene Vorschläge zum Wortschatzlernen. Probiert alle aus und prüft, mit welcher Methode ihr euch die meisten Vokabeln merken könnt. Nutzt diese Methode dann besonders häufig.

5 Más preparativos *(Weitere Vorbereitungen)* (§ 29)

a Pronto Laura va a estar con los Alonso. Los padres les dan muchas recomendaciones a Mario y Cristina. Formad frases como en el ejemplo.

Bildet Sätze mit Verhaltensregeln für Mario und Cristina wie im Beispiel.

Ejemplo: ayudar a Laura con los deberes → Ayudad a Laura con los deberes.

- enseñar el piso y su habitación a Laura
- hablar despacio[1]
- contestar sus preguntas
- comprender: la vida aquí no es fácil para Laura
- proponer vuestra ayuda
- ir al instituto con Laura
- hacer los deberes con Laura
- compartir los diccionarios y otros libros
- salir con Laura

b Todavía hay que hacer muchas cosas. La madre le da órdenes a Mario. ¿Qué dice? Escribid las frases.

Schreibt die Aufgaben auf, die die Mutter Mario aufträgt.

algunas formas irregulares más
- ve; vete
- haz
- ven
- sal

Ejemplo: Llama a Laura.

- llamar a Laura o escribir un correo para saber cuándo llega
- apuntar la hora
- ir a su cuarto y buscar la información sobre el intercambio
- leer la información sobre el intercambio
- venir puntual[2] a casa el sábado que viene porque tenemos que ir a buscar a Laura
- pasar la aspiradora
- hacer la compra
- poner la mesa

c Mirad los dibujos y contestad las preguntas.

1. ¿Qué tiene que hacer Gus? ¿Le gusta hacer eso?
2. ¿Cómo os imagináis su habitación? ¿Dónde están sus cosas?
3. ¿Qué pensáis?: ¿qué puede significar la última frase *(der letzte Satz)*?

d En grupos o en clase dad órdenes uno a uno a vuestros compañeros. Ellos realizan la acción.

Ejemplos:
Claudia, abre la ventana, por favor.
Abrid los libros.

[1] **despacio** langsam – [2] **puntual** pünktlich – [3] **lo** es – [4] **he hecho** ich habe gemacht – [5] **antes de** bevor – [6] **deber** tener que

6 El armario del pasillo

a Mario y Cristina ponen parte de la ropa de Cristina en el armario del pasillo. ¿Qué más hay en el armario? Formad frases.

b En grupos ordenad la ropa que conocéis (no sólo las palabras que están en el dibujo) según diferentes criterios, por ejemplo: ¿qué es para hombres, qué para mujeres *(Männer … Frauen)*, qué para el invierno, qué para el verano, qué para ir al teatro, qué para una excursión a las montañas? Presentad los resultados en clase.

7 Hacer la maleta *(Koffer packen)*

a Pronto Laura va a ir a España. ¿Qué pone en su maleta?

b Haced vuestra maleta como en el ejemplo.

Ejemplo:
Alumno 1: En mi maleta hay un jersey.
Alumno 2: En mi maleta hay un jersey y una camisa.
Alumno 3: En mi maleta hay un jersey, una camisa y un libro.

8 Los pronombres (§§ 28, 30)

a Haced una tabla *(Tabelle)* con una columna *(Spalte)* para los pronombres de objeto indirecto (y un verbo) y otra para los pronombres de objeto directo (y un verbo).

Markiert die Unterschiede zwischen den Pronomen in Farbe.

b En el texto «La habitación de Laura», buscad los imperativos con pronombres. ¿Dónde se ponen?

Wo stehen die Pronomen beim Imperativ? Formuliert eine Regel.

9 Laura tiene muchas preguntas (§ 29)

a Antes de salir para España, Laura tiene muchas preguntas. Por eso llama a Mario. Completad las frases con la forma correcta del pronombre.

Laura
Hola, Mario, soy yo, Laura. [1] llamo porque estoy muy nerviosa con el intercambio.
¿Pero por qué estás tan nerviosa? **Nos** conoces a Cristina y a mí[1].
Sí, [2] conozco, pero a tus padres no [3] conozco. Tú crees que [4] van a entender?
Claro, ellos **te** van a entender sin problema. Tu español es muy bueno.
Gracias, pero todavía tengo que perfeccionar [5] mucho.
Venga, aquí **te** esperamos con la habitación preparada.
Oye, necesito bastantes cosas para el instituto, ¿no?
No sé, a lo mejor sí. Pero no importa, **las** compras aquí.
Una cosa más, ¿quién prepara la comida?
Pues, **la** prepara mi madre, ¿por qué preguntas?
¿Tengo que ayudar [6] ? Porque entonces me llevo[2] algunas recetas de aquí.
No **las** necesitas, ella cocina muy bien.
Gracias, Mario. Entonces [7] veo la semana que viene.
Hasta la semana que viene, Laura. **Te** esperamos en el aeropuerto[3].

Mario
Hola, Mario, soy yo, Laura. **Te** llamo porque estoy muy nerviosa con el intercambio.
¿Pero por qué estás tan nerviosa? [8] conoces a Cristina y a mí[1].
Sí, **os** conozco, pero a tus padres no **los / les** conozco. Tú crees que **me** van a entender?
Claro, ellos [9] van a entender sin problema. Tu español es muy bueno.
Gracias, pero todavía tengo que perfeccionar**lo** mucho.
Venga, aquí [10] esperamos con la habitación preparada.
Oye, necesito bastantes cosas para el instituto, ¿no?
No sé, a lo mejor sí. Pero no importa, [11] compras aquí.
Una cosa más, ¿quién prepara la comida?
Pues, [12] prepara mi madre, ¿por qué preguntas?
¿Tengo que ayudar**la**? Porque entonces me llevo[2] algunas recetas de aquí.
No [13] necesitas, ella cocina muy bien.
Gracias, Mario. Entonces **te** veo la semana que viene.
Hasta la semana que viene, Laura. [14] esperamos en el aeropuerto[3].

b Leed el diálogo con la entonación adecuada *(mit passender Betonung)*. Practicad en parejas y después leedlo en clase. (¿Qué más pueden decir Laura y Mario? Podéis añadir frases si queréis.)

10 La tía de Mario

Eva, la tía de Mario, va a vivir en un apartamento nuevo en Valladolid. Mario y otras tres personas la ayudan. ¿Dónde quiere poner Eva los muebles?

a Escuchad el texto del cedé y tomad nota o copiad el plano del piso de la página 75 (sin los símbolos de los muebles) en un papel o en vuestro cuaderno y dibujad las cosas en su sitio.

Las viviendas

Wohnungen werden in Spanien oft gekauft, nicht gemietet. Deshalb wohnen junge Erwachsene oft bei ihren Eltern. Auch Wohngemeinschaften – zum Beispiel von Studenten – sind seltener als in Deutschland.

[1] **mí** mich – [2] **llevarse algo** etwas mitnehmen – [3] **un aeropuerto** ein Flughafen

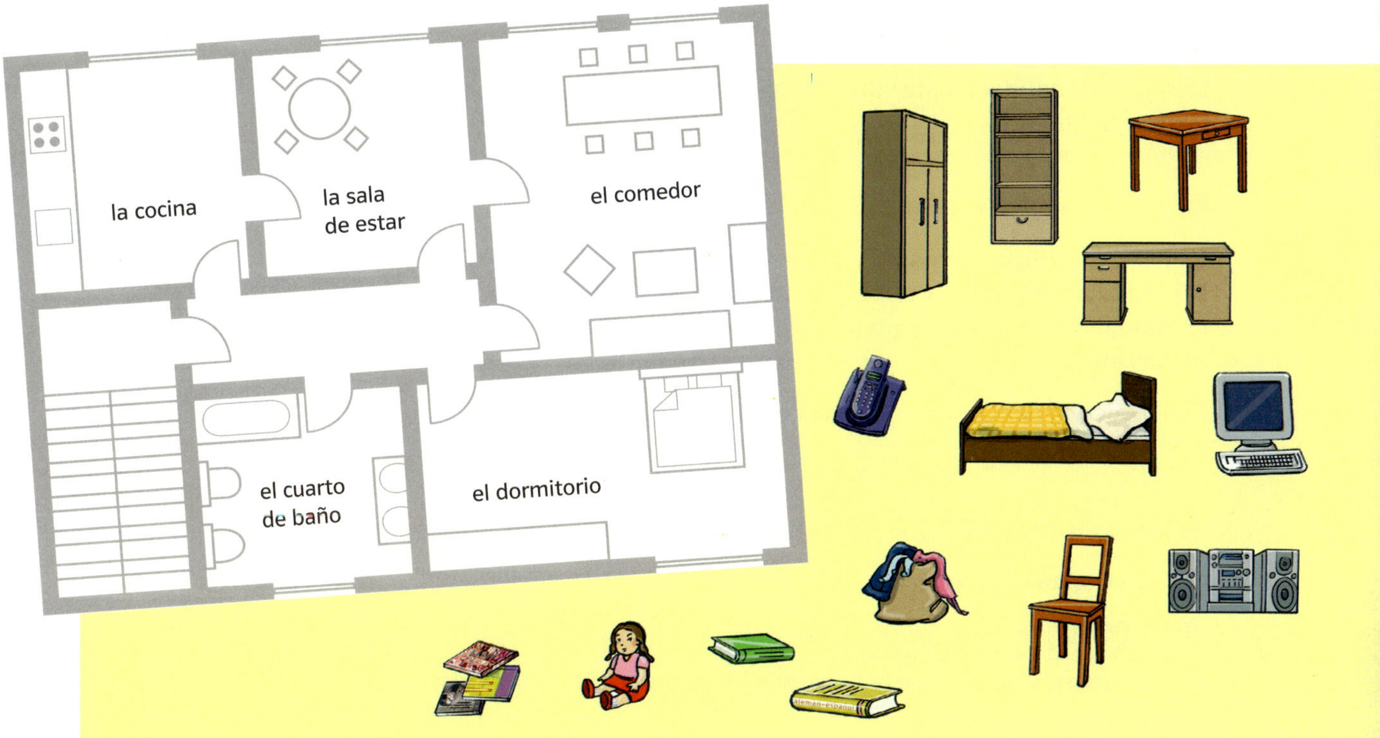

b ¿Dónde pone Eva el resto de los muebles? En parejas continuad el diálogo.

11 La vecina *(Die Nachbarin)*

La madre de Mario habla con una vecina que ha oído el ruido de los muebles. Poned los pronombres de objeto PO correctos y conjugad los verbos.

Eine Nachbarin hat den Lärm gehört, als die Alonsos das Zimmer für Laura umräumen. Erstellt den Dialog anhand der Vorgaben.

Vecina: ¿Entonces 1 (ir) a llegar la chica alemana? ¿Cómo 2 (llamarse)?
Madre: Laura. Sí, PO 3 (esperar – nosotros) la semana que viene.
Vecina: ¿Ya 4 (conocer) a la chica?
Madre: Los chicos 5 (conocerse) de las vacaciones y desde[1] entonces Mario PO 6 (escribir) muchos correos. Pero Miguel y yo todavía no PO 7 (conocer).
Vecina: ¿Qué habitación PO 8 (dar – vosotros)?
Madre: Ella 9 (ir) a compartir la habitación con Cristina. Como 10 (poder imaginarse – tú) Cristina no 11 (estar) contenta.
Vecina: PO 12 (entender – yo). No 13 (ir) a ser fácil.
Madre: Y tú, ¿qué tal 14 (estar) la familia?
Vecina: Bueno, 15 (tener que ocuparse – yo) de mis padres que 16 (vivir) bastante lejos. Siempre PO 17 (decir – yo): 18 (venir – imperativo) algunos días. Pero no, PO 19 (tener que visitar) nosotros. A mí no PO 20 (importar), pero los chicos ya no 21 (querer). Y, además, mi hija 22 (tener) problemas con los idiomas, pero su hermana no 23 (querer ayudar) PO con los deberes. Y eso que PO 24 (encantar) los idiomas. ¡Los hijos son un desastre!
Madre: Sí, 25 (tener) razón. Mario y Cristina también …

[1] **desde** seit

La habitación de mis sueños *(Mein Traumzimmer)*

Describid la habitación de vuestros sueños. (Podéis ilustrar el texto con dibujos.)

Un aula genial *(Ein tolles Klassenzimmer)*

En parejas o grupos inventad vuestra aula ideal. Discutid vuestras ideas y poneos de acuerdo. Después haced un dibujo o un «collage» y preparad explicaciones. Trabajad con un diccionario.

Einigt euch in der Gruppe, wie euer erfundenes Klassenzimmer aussehen soll.

Lerntipp

Versucht unbekannte Begriffe auch zu umschreiben oder mit Gesten zu verdeutlichen.

So kann ich auf Spanisch …

… einen Ort beschreiben

vorhandene Dinge
- En Valladolid hay muchos parques.
- La casa tiene una cocina, una sala de estar y tres habitaciones / dormitorios.

Eigenschaften und Zustände
- La calle es larga / corta.
- Nuestra sala es grande / pequeña.
- Mi habitación está desordenada.

Ortsangaben
- El instituto está cerca / lejos de mi casa.
- La cama está delante de / al lado de / a la izquierda de / a la derecha de la ventana.
- Encima de / debajo de la mesa hay un libro.

Wünsche und Idealvorstellungen
- La habitación tiene que ser … / tiene que tener …
- En la sala hay que poner …
- En una esquina pienso poner …
- Queremos tener sitio para …
- Prefiero …
- Necesitamos sobre todo algunos, -as / muchos, -as …
- Es importante poner …

… Sätze verbinden und zu einem neuen Thema überleiten

- primero
- después
- entonces
- también
- además
- a veces
- por cierto
- es que
- hay otra cosa

Irse

1 Un viaje imaginario *(Eine Fantasiereise)*

Escuchad el cedé. Cerrad los ojos *(schließt die Augen)* e imaginaos: ¿dónde estáis?, ¿qué veis?, ¿cómo os sentís? Después hablad con un compañero o una compañera sobre vuestras impresiones.

2 Vivir en otro país

Mucha gente va a otros países, por ejemplo turistas o estudiantes como Ana Lucía y Laura.

a ¿Qué sueños *(Träume)* tienen los que van a otros países? Buscad argumentos e ideas.

b ¿Os podéis imaginar vivir para siempre en el extranjero *(im Ausland)*? ¿Dónde? ¿Para hacer qué?

3 Yilton

Ana Lucía comparte el piso con Yilton, que también es de Colombia. Yilton está en España porque la situación de su familia en su país es muy difícil.
Mirad los dibujos y hablad sobre la vida de la gente. En la casilla hay palabras que, a lo mejor, vais a necesitar.

pobre	arm
rico	reich
el dinero	das Geld
ganar	verdienen
un inmigrante	ein Einwanderer
un extranjero	ein Ausländer
duro	hart
el hambre *(f.)*	der Hunger
tener suerte	Glück haben
quejarse	sich beklagen
la vida	das Leben
la miseria	das Elend, die Not

¿Qué le ha pasado a Yilton?

Ana Lucía, Mario y su madre van en coche a la comisaría central de Policía de Valladolid. Ana Lucía cree que la policía ha detenido a su amigo Yilton. En el coche escuchan la radio.

«…Y para terminar una noticia local: Esta mañana la policía ha detenido a varios inmigrantes después de quitarles los cedés y la ropa que venden en las calles del centro. Los vecinos se han quejado varias veces porque no hay sitio para pasar. Son las 5 y 5. Escuchan ustedes Radio Valladolid.»

Madre: ¿Habéis escuchado?

Ana Lucía: Sí, sí, otra vez la noticia.

Mario: Y has pensado en tu amigo Yilton, claro.

Ana Lucía: Sí, muchísimas gracias por su ayuda un sábado por la tarde… Saben, hasta ahora no he tenido problemas con la policía y prefiero no tenerlos, sobre todo como extranjera…

Madre: Nada, nada, no te preocupes.

Mario: ¿Pero, por qué hace Yilton eso? ¿No ha intentado conseguir otro trabajo?

Ana Lucía: Sí, pero es dificilísimo. Para conseguir un trabajo necesitas el permiso de residencia, y para conseguir el permiso de residencia tienes que tener un trabajo. Después de buscar trabajo durante mucho tiempo, vendes cedés o ropa en la calle…

Madre: Sí, sí, la situación de los ilegales es malísima. ¿Sabes algo de su familia?

Ana Lucía: Pienso que sus padres son muy pobres y él está en España para ganar dinero y ayudarlos. Trabaja muchísimo, pero gana poco. Sé que sueña con un trabajo legal, pero hasta ahora no ha tenido suerte.

Madre: Bueno, ya hemos llegado, pero antes de entrar una cosa: Ana Lucía, primero hablo yo; tú estás nerviosísima…

Ana Lucía: Está bien.

Mario: Venga, vamos.

Policía: Buenas tardes. ¿Qué desea?

Madre: Hola, buenas tardes. Buscamos información sobre un chico colombiano. Creemos que se encuentra entre los extranjeros que ustedes han detenido esta mañana en el centro de la ciudad.

Policía: Sí, por favor, ¿cómo se llama su amigo?

Ana Lucía: Yilton, Yilton Bacca.

Policía: ¿Cómo?

Ana Lucía: Y – i – l – t – o – n. Y Bacca, con b y dos ces.

Policía: Un momento, por favor… Pues sí, Yilton Bacca es uno de los extranjeros…

Mario: Sí, pero ¿qué ha hecho? Ustedes no pueden…

Policía: Yilton Bacca es ilegal, es uno de los extranjeros ilegales. Además, ha vendido cedés piratas…

Madre: Sí, pero…, ¿podemos hacer algo?… No sé…

Policía: Me parece que es demasiado tarde. Ya han salido hacia el aeropuerto de Madrid: para volver a su país mañana mismo.

Todos: ¿Quééé?

1 ¿Qué ha pasado?

Aquí tenéis un resumen *(Zusammenfassung)* del texto «¿Qué le ha pasado a Yilton?». Pero la persona que lo ha escrito no ha leído bien el texto. Corregid los errores y escribid de nuevo el resumen.

El texto «¿Qué le ha pasado a Yilton?» habla de un chico peruano que tiene problemas con la policía.

Es domingo por la tarde. Cristina, Mario y la señora Alonso van a la comisaría central de Polícia de Valencia para preguntar por Yilton, el primo de Ana Lucía. Ella cree que él puede estar entre los fanáticos del fútbol que la policía ha detenido por la tarde. Ana Lucía ya ha tenido muchos problemas con la policía, por eso necesita la ayuda de los Alonso. Pero la situación de Yilton es buena. Él está en España para estudiar en la universidad. Lo ayudan sus padres que tienen mucho dinero. Yilton trabaja poco, pero gana mucho porque tiene un trabajo fenomenal y no necesita permiso de residencia. En el cíber un amigo les da la mala noticia: la policía ha detenido al chico porque es ilegal y ha vendido ropa. Yilton se encuentra en la comisaría de Madrid para volver a su país. Ana Lucía y los Alonso ya no quieren ayudarlo.

Lerntipp

Wie man wichtige Textaussagen findet und einen Text zusammenfasst, könnt ihr auf S. 127 – 128 sowie S. 133 nachschlagen.

2 De camino hacia la comisaría (§ 32)

Mario, su madre y Ana Lucía están en el coche para ir a la comisaría y piensan en Yilton.

Escribid frases con *creer / pensar / parecer que*.

Ejemplo:
A Mario le parece que a Yilton le pasa / le ha pasado algo malo.

3 Los sueños de los inmigrantes

¿Qué sueños tienen los inmigrantes? Buscad información en el texto «¿Qué le ha pasado a Yilton?» y en las fotos de la página 77. Escribid por lo menos cinco frases, entre ellas por lo menos tres con *creer / pensar / parecer que*.

4 Cuatro palabras

Uno de vosotros explica con gestos y mímica, perífrasis *(Umschreibungen)* o un dibujo una de las palabras que acabáis de aprender y los otros adivinan qué es.

Ejemplo:
una persona que viene de otro país → un extranjero

Lerntipp

Mit Gesten kann man sich behelfen, wenn man beim Sprechen mit Spaniern ein Wort nicht kennt.

5 La opinión de los vecinos (§ 31)

a Leed el texto y apuntad en vuestro cuaderno los participios irregulares del texto con sus infinitivos.

Después de ir a la comisaría Ana Lucía ha **vuelto** a casa. En la calle ha **visto** a una vecina, pero no ha **dicho** palabra. Ha **abierto** la puerta y ha entrado en el piso. ¡Por fin sola! Ha **puesto** sus cosas en el armario y ha ido a la cocina para tomar un café. Después ha **hecho** sus deberes para las clases de la universidad. Bueno, ha intentado hacerlos: ha leído un texto, pero no lo ha entendido. Ha **escrito** cosas absurdas y por eso ha dejado los deberes. Ha **puesto** la radio sólo para escuchar otra vez algo sobre los ilegales que la policía ha detenido.

- abrir
- decir
- escribir
- hacer
- poner
- ver
- volver

b Completad el texto con la forma adecuada del pretérito perfecto.

Aquí está Radio Valladolid. Ustedes ya lo **1** (oír): esta mañana la policía **2** (detener) a varios inmigrantes en el centro de la ciudad. **3** (ir - nosotros) al centro para hablar con los vecinos. Les **4** (preguntar - nosotros): ¿**5** (hablar - vosotros) con los chicos que venden cosas en vuestra calle? ¿**6** (ver) algo? ¿Qué **7** (pensar) cuando[1] **8** (llegar) la policía? Aquí tienen algunas de las opiniones:

«Es verdad que los chicos siempre **9** (vender) cosas en nuestra calle. Pero **10** (ser) amables y **11** (trabajar) muchísimo. A veces **12** (ser) difícil porque no **13** (poder pasar - nosotros).»

«**16** (ver - yo) todo. **16** (llegar) varios policías. **17** (preguntar) por los permisos de residencia. Uno de los extranjeros les **18** (enseñar) varios papeles, pero los otros no. Uno de los policías **19** (llamar) a la comisaría y **20** (escribir) algo en un papel. **21** (decir) algo que no **22** (poder oír - yo). **23** (detener) a todos.»

«Nosotros **14** (comprar) varias veces cedés porque son más[2] baratos que en las tiendas. ¿**15** (Hacer) algo malo?»

«Yo **24** (hablar) varias veces con uno de los chicos. Él no **25** (tener) suerte. ¡**26** (tener que) dormir en la calle!»

«Sí, pero ¿**27** (pensar - tú) en los españoles? Esta mañana no **28** (poder pasar - yo) por la calle. No **29** (sentirse) bien con los extranjeros cerca. No, yo no **30** (llamar) a la policía, pero la persona que **31** (quejarse) tiene razón.»

[1] **cuando** als – [2] **más barato que** billiger als

6 Mario cuenta (§ 31)

a Elegid el ejercicio 1 o el ejercicio 2:

1. Cristina no ha ido a la comisaría. Cuando Mario y la madre vuelven a casa, Mario le cuenta todo. Haced el diálogo.

Empezad así:
—Dime, ¿qué habéis hecho? ¿Habéis conseguido algo?
—Como ya sabes, mamá y yo hemos ido con Ana Lucía a la comisaría. En el coche…

2. Por la noche, Mario le escribe un mail a Laura y le cuenta todo. ¿Qué escribe?

Empezad así:
Hola, Laura:
Imagínate, esta tarde Ana Lucía ha venido a casa …

b ¿Qué habéis hecho hoy o este fin de semana? Haced una lista de vuestras actividades. Preparaos durante algunos minutos y después contadlas *(erzählt sie)* a vuestros compañeros. Pensad también en los participios irregulares *(ver ejercicio 5a)*.

7 Una noticia en la radio

Inmigrantes a bordo de una patera

a Hablad de la foto de al lado. ¿Dónde están las personas? ¿Quiénes pueden ser? ¿Qué les pasa?

b Escuchad el texto del cedé. En grupos o en clase apuntad la información y las palabras que habéis entendido.

c Escuchad el texto otra vez e intentad entender más. Completad vuestros apuntes del ejercicio 7b con la ayuda de las preguntas *¿Quién(es)?, ¿Qué?, ¿Dónde/Adónde?, ¿Cuándo?*

Lerntipp

Auch bei einem gesprochenen Text muss man oft nicht alles verstehen, um zu wissen, worum es geht. Tipps zum Verstehen von Hörtexten findet ihr auf S. 128.

8 La vida es dura (§ 34)

a Completad las frases con *para + infinitivo*. Usad la información del texto «¿Qué le ha pasado a Yilton?».

1. Mario, su madre y Ana Lucía van a la comisaría
2. Ana Lucía no quiere ir sola a la comisaría
3. Los colombianos necesitan un permiso de residencia
4. Yilton necesita un trabajo
5. Quiere ganar dinero
6. Los padres de Yilton necesitan ayuda
7. Yilton ha ido al centro de Valladolid
8. La policía ha venido

b ¿Qué hace Ana Lucía antes y después de oír la noticia en la radio? Formad frases con *antes de + infinitivo* y *después de + infinitivo*.

Ejemplo: Antes de ir a casa de los Alonso, (Ana Lucía) espera bastante tiempo…

Ana Lucía se despierta. → Oye la noticia sobre los ilegales en la radio. → Piensa en Yilton. → Mira en su habitación, pero no lo encuentra. ↔ Desayuna rápido. ↔ Llama a sus amigos. ↔ Pregunta a los vecinos. ↔ Lo busca en la ciudad. → Vuelve a casa. → Espera bastante tiempo, pero su amigo no viene. ↔ Va a casa de los Alonso.

9 En la comisaría

La policía ha detenido a Yilton y él ahora está en la comisaría. Ahí hay también otras personas, entre ellas una señora alemana que habla poco español.
Imaginaos que estáis en la comisaría y hacéis de intérprete *(Dolmetscher)*.

Ejemplo: Buenas tardes. ¿Qué desea?
→ Der Polizist grüßt und will wissen, was Sie möchten.

¿Tú o usted?

Die Verwendung von *tú* ist in Spanien viel üblicher als im Deutschen. *Usted* wird vor allem in formellen Situationen, gegenüber hochgestellten oder sehr viel älteren Personen gebraucht. In Lateinamerika wird *ustedes* anstelle von *vosotros* verwendet, in vielen Ländern auch *usted* statt *tú*.

El policía: Buenas tardes. ¿Qué desea?

La señora alemana: Ich glaube, ich habe meinen Pass *(el pasaporte)* verloren *(perder)*.

El policía: ¿Cómo ha pasado? ¿Dónde lo ha perdido?

La señora alemana: Keine Ahnung. Ich bin mit einigen Freunden hier und heute Nachmittag haben wir zuerst die Stadt besichtigt *(= besucht)*, danach sind wir ins Museum gegangen. Ich habe mich nicht wohl gefühlt, deshalb bin ich ins Hotel *(el hotel)* zurückgegangen, um ein wenig zu schlafen.

El policía: Sí, sí, y ¿ha buscado bien antes de venir aquí?

La señora alemana: Natürlich habe ich gesucht! Was mache ich denn nun? Ich brauche meinen Pass doch, er ist unheimlich wichtig!

El policía: Tranquila, señora, tranquila. No se preocupe. Voy a apuntar su nombre, dirección, etc. y en tres o cuatro días…

La señora alemana: In drei oder vier Tagen? Aber wir reisen doch schon morgen ab!

El policía: Sí, entiendo, su situación es dificilísima. Me deja su teléfono. Voy a intentar tener su pasaporte para mañana.

La señora alemana: Herzlichen Dank!

Sueños y realidad

Escuchad las canciones del cedé y elegid una.

a En grupos hablad de la canción que habéis elegido. ¿Qué le importa al «yo» de la canción? ¿Qué desea? ¿Con que sueña? ¿Qué critica?

Después preparad para vuestros compañeros y compañeras
- explicaciones de vocabulario. (Explicad sólo las palabras importantes.) Acordaos que podéis también usar dibujos o gestos para explicarlas. *(ver p. 80 y 125–126)*
- un ejercicio, por ejemplo preguntas sobre el texto, un ejercicio de «verdadero / falso» o uno de huecos *(Lücken)*.
- información sobre el grupo o cantante.

So kann ich auf Spanisch über Texte oder Abbildungen sprechen

den Inhalt wiedergeben und erklären
- El texto / La canción habla de …
- El «yo» de la canción quiere / desea / sueña con / propone / intenta / se queja de *(+ inf. / subst.)*
- Según el autor la situación es …

… eine Meinung äußern
- Creo / pienso que …
- Me parece que …
- Me imagino que …
- Sé que …

ein (Geschmacks-)Urteil abgeben
- … (no) me gusta / … me encanta / … (no) me interesa
- … me parece importante / interesante / precioso / divertido / aburrido.

Wörter oder Sachverhalte erklären
- … significa …
- La palabra « …» tiene varios significados.

eine Abbildung beschreiben
- En la foto / en el dibujo vemos …
- En la parte izquierda / derecha hay …
- En el centro podéis ver …

Stimmungen beschreiben
- siehe Seite 61.

b Escuchad la otra canción con la ayuda de las explicaciones de vuestros compañeros y haced el ejercicio que os han preparado.

c Elegid una de las tres tareas:

1. Haced un dibujo sobre una de las canciones o una estrofa o línea que os parece interesante o importante. Preparaos para dar explicaciones sobre el contenido *(Inhalt)* o el significado de vuestro dibujo.

o

2. Poneos en lugar del «yo» de la canción y escribid una página de su diario *(Tagebuch)*.

o

3. Buscad información sobre la situación de los inmigrantes en España o en Alemania y preparad una presentación de los aspectos más importantes *(die wichtigsten)*.

eine Auswahl rechtfertigen
- he elegido la canción / estrofa / línea porque …
- la línea «…» me ha llamado la atención porque …

eine Abbildung erläutern
- en mi dibujo quiero enseñar / mostrar …

Hispanoamérica antes y hoy

Mario y su madre acaban de dejar a Ana Lucía en su casa. No está tranquila, pero quiere estar sola. Mario no se siente muy bien después de conocer los problemas de Ana Lucía y Yilton y quiere saber más sobre Hispanoamérica. Busca en Internet:

1

HISPANOAMÉRICA ANTES Y HOY

Hispanoamérica es un conjunto de PAISAJES, PERSONAS, CULTURAS y PAÍSES muy diferentes.

Desde México hasta la Tierra del Fuego en Chile encontramos selvas tropicales, como las de Guatemala o Ecuador; grandes cordilleras, como la de los Andes; glaciares en Argentina e islas paradisíacas en el Caribe.

2

En Hispanoamérica viven 350 millones de habitantes. Además de indígenas y blancos – de origen europeo en general – hay también negros y orientales. Con el tiempo se han mezclado y forman hoy una población muy variada.

Viven en grandes ciudades como Ciudad de México con sus más de 20 mio. de habitantes, pero también en ciudades y pueblos pequeños. En algunas regiones hay sólo 2 ó 3 habitantes por km².

3

4

Aquí han vivido pueblos como los aztecas y mayas en el México y Guatemala de hoy, y los incas en el Ecuador, Perú y Chile actuales. Los aztecas y mayas nos han dejado sus pirámides y los incas sus misteriosas ciudades que todavía hoy nos dan una idea de sus grandes culturas.

La lengua que hoy tienen en común los países de Hispanoamérica es el castellano o español, que han heredado de los conquistadores españoles. Pero las lenguas indígenas no han desaparecido. Todavía hoy las hablan muchos latinoamericanos de origen indígena. Y, además, hay palabras que han entrado en el español – y de ahí en muchas lenguas más – como tomate, maíz o chocolate.

5

Los europeos creemos a veces que todos los latinoamericanos son pobres. Pero la situación social es tan variada como la población: hay gente que vive bien (algunos con más, otros con menos problemas), hay gente riquísima y – es verdad – también hay muchos pobres, sobre todo entre los indígenas. Su situación no ha cambiado en los últimos años: son pobres y sus hijos no pueden ir a la escuela porque tienen que trabajar y sin formación no pueden mejorar. Sin embargo, a veces cambia algo: hoy un hombre de origen indígena puede ser presidente de un país.

- Historia
- Geografía y clima
- Gobierno
- Economía
- Población

Así que la situación económica de muchas familias colombianas es muy mala y muchos jóvenes se van a otros países para ayudar a sus padres y hermanos. Van sobre todo a EE.UU. y a países de habla hispana como España. Muy pocos llegan con trabajo y, muchas veces, no encuentran una vida mejor…

6

1 Hispanoamérica

a Leed el texto sobre Hispanoamérica. Intentad comprenderlo, también las palabras que todavía no habéis aprendido pero que podéis entender por el contexto, las fotos, palabras parecidas *(ähnlich)* en otros idiomas… Usad un diccionario para buscar sólo las palabras que no conseguís comprender.

b Buscad en el texto la información sobre Hispanoamérica y resumidla en una tabla.

A geografía (paisajes, ciudades, pueblos)	**B** población (número, origen, repartición geográfica…)	**C** lengua y cultura	**D** situación social

c Buscad más información sobre uno de los temas, por ejemplo en vuestro libro de geografía o historia, en Internet… También podéis encontrar información sobre los países y sus capitales en el mapa al final del libro. Formad un grupo para cada tema *(für jedes Thema)*. Vosotros vais a ser los expertos en este tema.

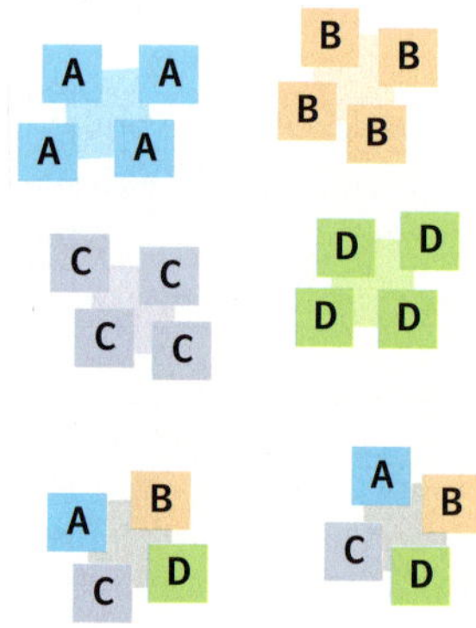

Después formad nuevos grupos. En cada grupo tiene que haber un experto para cada tema. Presentad a vuestros compañeros del nuevo grupo la información que tenéis y escuchad la información que os dan los otros. Usad la forma verbal del presente.

d Preparad un «quiz» sobre la información que acabáis de intercambiar y dadlo a los otros grupos. Escribid 5 preguntas, frases a completar… Cada grupo contesta las preguntas de los otros grupos. ¿Qué grupo conoce mejor Hispanoamérica?

2 Una excursión

Habéis ido de excursión. Por la noche describís el día a un amigo / una amiga o en vuestro diario *(Tagebuch)*. Escribid un texto de por lo menos 15 frases y contad *(erzählt)*:
– ¿Adónde habéis ido y con quién?
– ¿Qué habéis hecho o visto? ¿Cuándo?
– ¿Cómo ha sido (el día, otros detalles)?

In den Texten von «Un paso más» findet ihr Beispiele für viele grammatische Strukturen, die ihr in den letzten Lektionen gelernt habt, z. B.
- Uhrzeit
- *Pretérito perfecto*
- Adjektive auf *-ísimo*
- Präposition + Infinitiv
- Dativ- und Akkusativpronomen
- reflexive Verben
- *ser / estar* + Adjektiv
- *hay que, tener que, (no) poder*
- bejahter Imperativ

Verwendet möglichst viele an passender Stelle in den Übungen, um zu sehen, ob ihr sie noch beherrscht.

3 Preparar un intercambio

Un grupo de alumnos *(Schüler)* españoles va a llegar a vuestro instituto. Para ellos todo va a ser nuevo: el idioma, la ciudad / el pueblo, el instituto, … Ayudadlos y preparad explicaciones y normas de comportamiento *(Verhaltensregeln)*.
Usad el diccionario si es necesario.

Ejemplo: Tenemos que estar en el instituto a las 7:45h. Hablad …

El horario de Laura

1 ¿Qué asignaturas tenemos el lunes?

Laura está en Valladolid y va a ir al Vega del Prado. Ya ha apuntado su horario. Pero… ¿es todo correcto? Escuchad la conversación entre Laura y uno de sus compañeros y apuntad los errores de Laura.

	lunes	martes	miércoles	jueves	viernes
8:15–9:05	lengua y literatura	geografía e historia	matemáticas	inglés	inglés
9:10–10:00	matemáticas	física y química	lengua y literatura	tutoría	tutoría
10:05–10:55	música	optativa: alemán	optativa: alemán	geografía e historia	lengua y literatura
11:25–12:15	inglés	música	tecnología	física y química	matemáticas
12:20–13:10	deporte	inglés	optativa: alemán	música	educación plástica y visual
13:15–14:05	deporte	biología	geografía e historia	religión	educación plástica y visual

2 Mi horario

a Comparad el horario de la clase de Laura con vuestro horario.

Ejemplos:
Tenemos más horas de … que los alumnos españoles y tantas horas de … como ellos.
Los españoles tienen …
En el Vega del Prado las clases …

Comparaciones
- más … que >
- menos … que <
- tanto,-a … como =

b ¿Cuál es vuestra asignatura preferida? Explicad por qué os gusta.

Nennt euer Lieblingsfach und begründet eure Wahl.

El sistema escolar en España

0–6 años y/o	Educación Infantil (guardería)
3–6 años	Educación Infantil (colegio)
6–11 años	Educación Primaria (colegio)
11–16 años	Enseñanza Secundaria Obligatoria = ESO (instituto)
16–18 años	Bachillerato (instituto) o Formación Profesional (instituto de formación profesional)
La Selectividad	examen que hay que hacer después del Bachillerato para poder estudiar en la universidad

La Educación Primaria y la ESO son obligatorias, el resto es opcional.

Mal comienzo en el instituto

Hoy es el segundo día de Laura en España, el primero en el instituto. Ahora son las once y los alumnos de 3ºA están saliendo de clase porque tienen media hora de recreo. Laura ve a Mario, que está hablando por el móvil. Él también la ve, se despide y va hacia Laura.

Mario: Hola, ¿qué tal tu primer día? ¿Has tenido un buen comienzo o todavía estás nerviosa?

Laura: ¡No, qué va! Todo es guay, también los profes.

Mario no está convencido.

Laura: ¡Sí, de verdad! Toda la clase los tutea y, cuando empieza la primera clase, casi todos los alumnos todavía están durmiendo. ¡Y al profesor no le importa!

Mario: Sí, los lunes son siempre así. Oye, acabo de llamar a Ana Lucía y quiere conocerte. Hemos quedado el miércoles a las seis en el bar La Criolla para tomar algo juntos.

Entonces Laura le pregunta por Yilton. Es muy raro: Yilton no ha escrito y ahora Ana Lucía está preocupada. Ha llamado a Cali, a casa de los padres de Yilton, pero ellos saben todavía menos que ella. ¡Los padres creen que su hijo todavía está en España!

Mario está todavía hablando de Yilton cuando Juan, un compañero de clase, llama a Laura.

Laura: Bueno, Mario, me voy. Te veo después en casa, ¿vale?

Mario: ¿No vamos juntos a casa?

Laura: No sé, Mario, ahora me están esperando. Adiós.

Va hacia el grupo de chicos y chicas: algunos están escribiendo algo y los otros están hablando y comiendo sus bocadillos. Cuando llega, le preguntan por Mario.

Laura: Mario va a cuarto y estoy viviendo en su casa.

Juan: Está mirándote todo el tiempo. ¿Le gustas?

Beatriz: Venga, Juan, ella acaba de llegar y ya estás buscándole novio.

Juan: Vale, vale.

Los chicos hablan después sobre otras cosas, pero Laura no está escuchando porque Beatriz tiene un bocadillo enorme y, con el desayuno español, ahora tiene mucha hambre. «¿Dónde puedo comprar algo?», se pregunta. En el Vega del Prado no hay cafetería. Y aquí es como en su instituto de Alemania: no puede salir a la calle.

Beatriz, que es muy simpática, le da medio bocadillo. Laura compra entonces dos refrescos en una máquina y le da uno a Beatriz. Mientras come, mira a Juan y a otro chico, alguien que no conoce.

Laura: ¿Qué estáis escribiendo?

Raúl: Los deberes de inglés, como todos los días.

«¿Voy a tener aquí tantos deberes como en Alemania?», piensa.

Raúl continúa: Arturo no es mal profe, pero tenemos que hacer más deberes que en otras asignaturas, pronto vas a verlo.

Poco después Laura termina su bocadillo y saca chicles.

Laura: ¿Quiere alguien un chicle?

Juan la mira de un modo raro.

Juan: ¿En qué estás pensando? ¿Ahora? Ya son casi las once y media.

Laura no entiende su respuesta, pero no pregunta más. Con un chicle en la boca vuelve a clase. Sus compañeros están sacando los libros y cuadernos de inglés; ella pone su refresco, un bolígrafo y un cuaderno nuevo encima de la mesa. Entonces ve que Beatriz la está mirando con la boca abierta.

Beatriz: Pero, Laura… ¿qué estás haciendo? El profesor de inglés te va a echar una bronca…

1 En el instituto

Dad un título a las partes del texto.

Unterteilt den Text in Sinnabschnitte und gebt jedem Abschnitt eine Überschrift.

2 Las experiencias de Laura

a ¿Qué piensa Laura del Vega del Prado?

b ¿Qué hace Laura cuando termina el recreo? ¿Cómo reaccionan sus compañeros?

c ¿Por qué reaccionan los compañeros así? Resumid la situación.

Ejemplo: Los compañeros saben que los alumnos …
Pero Laura piensa que … porque …

3 Mario habla con Ana Lucía

Con la información de las líneas 14–17, reconstruid la llamada telefónica de Mario a Ana Lucía.

4 Cuenta ovejas *(Zähle Schäfchen)* (§ 39)

a La noche antes de su primer día de clase en el Vega del Prado Laura no puede dormir. Habla con Cristina con la que comparte la habitación.
Completad el texto según las expresiones en alemán.

Laura
No voy a dormir en *(die ganze Nacht)*.
¿Estás nerviosa? Vas a ver, **todo** va a ir bien.
No sé… *(alle Fächer)* son nuevas para mí…
Y también **todos los profesores**… pero no importa, Laura.
¿Conoces a *(jemand)* de mi clase?
Creo que no, pero no te preocupes. Pronto vas a conocer a **todos tus compañeros**.
Tienes razón. *(jeden Tag)* conoces a *(jemand)* nuevo, ¿verdad?
Sí, y ahora tienes que dormir, Laura, o mañana te vas a dormir **todo el día** en clase.

Cristina
No voy a dormir en **toda la noche**.
¿Estás nerviosa? Vas a ver, *(alles)* va a ir bien.
No sé… **Todas las asignaturas** son nuevas para mí…
Y también *(alle Lehrer)*… pero no importa, Laura.
¿Conoces a **alguien** de mi clase?
Creo que no, pero no te preocupes. Pronto vas a conocer a *(alle deine Klassenkameraden)*.
Tienes razón. **Todos los días** conoces a **alguien** nuevo, ¿verdad?
Sí, y ahora tienes que dormir, Laura, o mañana te vas a dormir *(den ganzen Tag)* en clase.

b Imaginaos que vosotros también estáis en España para un intercambio y mañana es vuestro primer día en el instituto. ¿Qué preguntas os hacéis?

c Haced vuestras preguntas del ejercicio 4b a un compañero o una compañera.
Él / ella inventa *(erfindet)* respuestas. Después él / ella pregunta y vosotros contestáis.

5 Instituto y comida

Haced una red de vocabulario sobre el tema «el instituto» o «comer / la comida». Después comparadla con un compañero o una compañera que la ha hecho del mismo tema. Añadid a vuestra red las palabras que sólo tiene el otro / la otra.

Ergänzt euer Vokabelnetz um Begriffe, die nur euer Partner / eure Partnerin notiert hat.

Los horarios de comidas

Los españoles comen, en general, más tarde que los alemanes:

desayuno:	≈ 8:00
comida / almuerzo:	≈ 14:00 / 15:00
cena:	≈ 21:00 / 22:00

6 Después del recreo (§§ 37, 38)

a Con la ayuda de las traducciones al inglés o francés explicad el significado de *estar + gerundio.*

Mario está hablando.	Los alumnos están comiendo sus bocadillos.
Mario is speaking.	The pupils are eating their sandwiches.
Mario est en train de parler.	Les élèves sont en train de manger leurs sandwichs.

b Formad las formas de *estar + gerundio* según las caras del dado. Usad primero los verbos de la segunda columna, después los de la tercera columna.

Spielt einen ersten Durchgang mit den Verben der zweiten Spalte und einen zweiten mit denen der dritten Spalte.

⚀ = yo	⚀ = hablar	⚀ = lavarse
⚁ = tú	⚁ = estudiar	⚁ = despedirse
⚂ = él / ella	⚂ = poner la mesa	⚂ = dormir
⚃ = nosotros, -as	⚃ = escribir	⚃ = leer
⚄ = vosotros, -as	⚄ = comer	⚄ = ir a *(+ lugar)*
⚅ = ellos / ellas	⚅ = soñar	⚅ = vestirse

c Es el final del recreo. Laura y sus compañeros ya están en clase, pero el profesor todavía no ha llegado. ¿Qué están haciendo? Formad frases.
El signo «——» en la tercera columna significa que hay verbos sin complemento.

Laura	mirar	
Beatriz	abrir	su libro de matemáticas
dos chicos	escribir	un mensaje en su / del móvil
Patricia	soñar	chicle
Luis	terminar	con su novia
Ricardo	leer	en su cuaderno
Maite y Jorge	sacar	la puerta
Fernando	hablar	a Laura
Montse y Carmen	escuchar	los textos para el examen
el profe	mandar	——
el recreo	comer	

d Y vosotros, ¿qué estáis haciendo en clase cuando entra el profesor / la profesora?

7 Los vecinos (§§ 37, 38)

Los Alonso viven en una casa bastante alta, de seis pisos.

a ¿Quién vive en los pisos? Usad los números ordinales.

b ¿Qué están haciendo las personas?

c Elegid uno de los pisos y escribid un diálogo o una pequeña historia.

El panel de timbres

Auf den Klingelschildern steht in spanischen Mehrfamilienhäusern meist nur das Stockwerk sowie – wenn es mehrere Wohnungen auf einem Stock gibt – eine Angabe zur Unterscheidung, z. B. 5° C oder 8° izq.

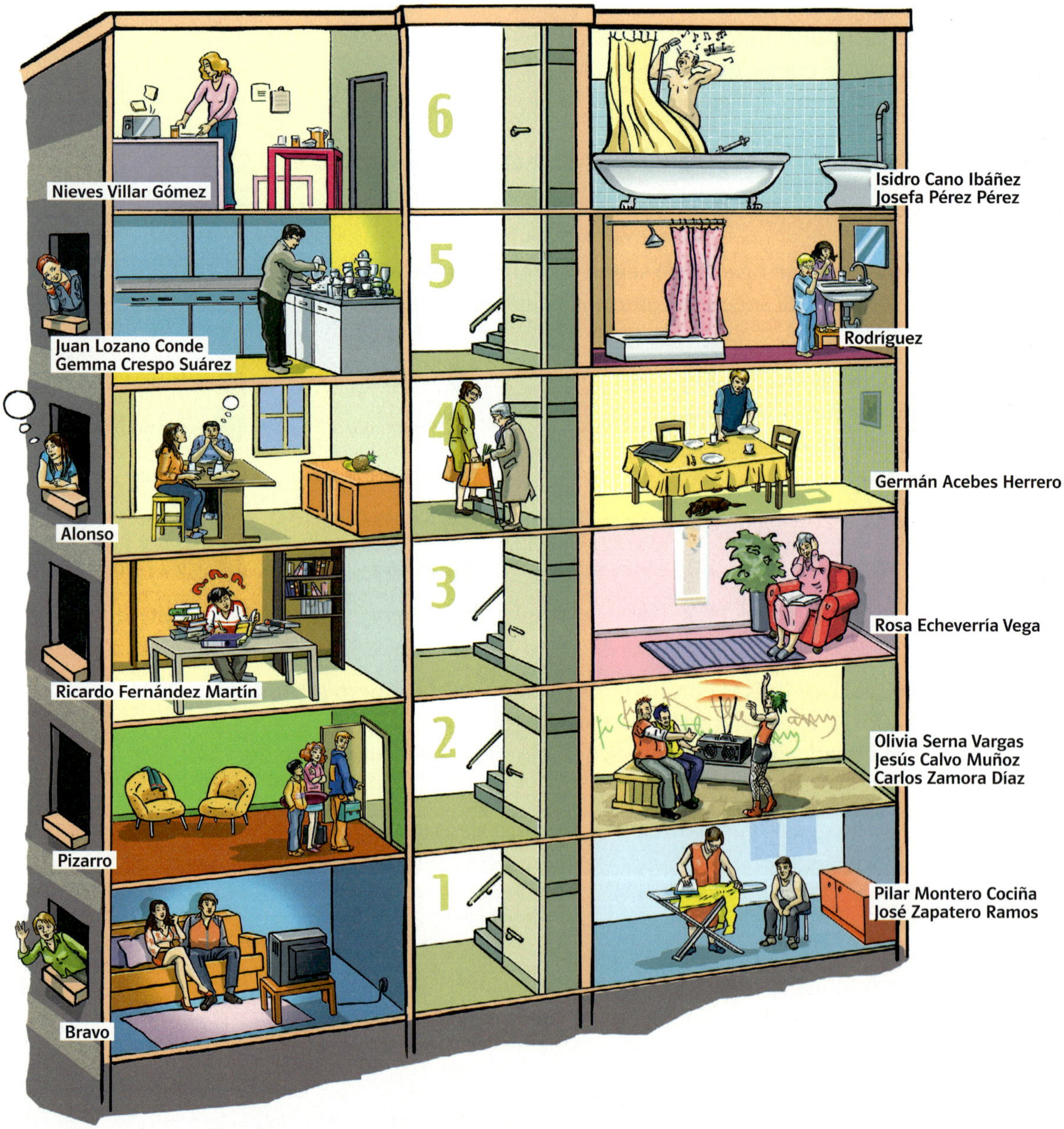

d Imaginaos que estáis haciendo algo. Entonces suena vuestro móvil. En parejas haced el diálogo.

—Oye … voy a … / X y yo vamos a … / ¿Vienes tú también …?
—Lo siento, no puedo.
—¿No puedes? ¿Qué estás haciendo?
—Estoy …
—Ah, ya veo.
—A lo mejor mañana.
—Está bien. Te llamo mañana.

El tuteo de los profesores

En general, los alumnos españoles tutean a los profesores. Pero si el profesor no quiere o si es muy mayor *(älter)*, sus alumnos le hablan de usted.

8 Los primeros días en Valladolid (§ 36)

Completad el texto con el adjetivo en la forma correcta.

- (verde) primer, primero, -a
- (amarillo) tercer, tercero, -a
- (gris) buen, bueno, -a
- (azul) mal, malo, -a

Hoy Laura ha ido por 1 vez al Vega del Prado. En la 2 hora la profe de lengua le ha deseado un 3 comienzo, y después las clases han empezado. La clase de lengua no ha sido 4, pero muy difícil para Laura. Además, en pocos días tiene que leer su 5 libro en español. Sus compañeros ya lo han leído y según Juan es un 6 libro. ¡Pero es muy largo! Pero Juan la va a ayudar. Siempre hace bromas[1], pero no es un 7 chico. En su 8 recreo en el instituto Laura ha conocido a algunos de sus compañeros y ha comprado un 9 refresco que ha bebido en clase de inglés. Por eso el profesor le ha echado una bronca. Es un 10 profesor, pero les da muchos deberes. Laura tiene un 11 inglés: ha sido su 12 idioma; el segundo es el español y el 13, el francés, pero sólo lo ha estudiado medio año antes de venir a España.
El 14 día le parece raro tutear a los profes, pero el 15 día ya lo consigue sin problemas.

9 ¿Qué tal el día? (§ 36)

Por la noche, Laura piensa en su primer día en el instituto. Formad frases con *buen(o)* y *mal(o)*. Usad los sustantivos y verbos de las casillas.

Ejemplo:
El Vega del Prado no es un … instituto.
El comienzo (no) ha sido …
Tengo … compañeros.

el intercambio · el profesor de … · el comienzo · los profesores · una amiga · ser · tomar · un bocadillo · un instituto · hay · un libro · la sala de clase · la clase de … · los / las compañeros, -as · un diccionario · leer · el día · tener · el ambiente · las clases · necesitar

[1] **una broma** ein Scherz

10 ¿Quedamos?

Laura, Beatriz y Juan quieren quedar y salir juntos, pero no es fácil.

a Escuchad los diálogos del cedé y apuntad los planes de los jóvenes en una tabla.

b ¿Qué día y a qué hora pueden quedar?

11 ¿Qué os parece la nueva?

Escribid el diálogo con la ayuda de las frases en alemán.

Elena	Juan
beklagt sich: Laura, immer wieder Laura!	will wissen, was los ist, was Laura getan hat
erzählt, dass Laura gerade mit der Spanischlehrerin spricht. „Frau Martínez, können Sie mir sagen …" Sie regt sich darüber auf, dass Laura „Frau" und „Sie" sagt, dass sie die Lehrer siezt *(= hablar de usted a alguien)*.	meint, dass Laura eben nett sein will, und dass die Schüler in Deutschland die Lehrer vielleicht nicht duzen.
Nett? Duzen die Lehrer nicht, aber essen im Unterricht? Sie will wissen, ob Juan glaubt, dass deutsche Schüler im Unterricht essen und trinken dürfen?	weiß das natürlich auch nicht, aber er meint, dass Laura ja gerade erst angekommen sei; es sei doch ihr erster Tag und sie könne nicht alles über ihre Schule wissen.
stimmt ihm zu, aber fragt sich, warum Laura dann nicht gefragt hat. Im Unterricht frage sie doch auch die ganze Zeit. Sie allein habe mehr Fragen gestellt *(hacer)* als die ganze Klasse.	stimmt ihr etwas widerwillig zu, dass Laura viel rede und ein wenig direkt *(directo, -a)* sei. Aber er findet sie sehr sympathisch.
Regt sich auf: Sympathisch soll Laura sein? Elena argwöhnt, dass Laura Juan wohl gefalle. Er sei verliebt! Und sie gehe jetzt nach Hause.	will wissen, weshalb Elena sich ärgert; er versteht sie nicht; aber sie solle doch warten.

12 ¿Qué pasa después?

Elegid uno de los tres temas:

a Después de las clases, Mario espera a Laura delante del instituto. ¿Qué pasa? Escribid la historia o el diálogo entre Laura y Mario.

o

b Cuando ha vuelto a casa, Laura le cuenta a Cristina (o al padre o a la madre) su día. Escribid el diálogo.

o

c Después del recreo entra el profesor de inglés y ve a Laura con su refresco y su chicle. Escribid el diálogo entre el profesor y Laura.

Ir de compras

1 En la tienda de ropa

a ¿Qué hay en el escaparate? Describid la ropa.

Beschreibt die Kleidung im Schaufenster.

b En parejas hablad de la ropa del escaparate como en el ejemplo.

Ejemplo:
—A mí me gusta la falda marrón.
—A mí no, prefiero la camisa naranja.
—¿Qué piensas de …?

Los colores

amarillo, -a	negro, -a
blanco, -a	naranja
rojo, -a	rosa
azul	marrón
gris	verde

2 Regalos para los Alonso

Laura está muy agradecida *(dankbar)* a los padres de Mario y Cristina porque puede vivir en su casa. Por eso va a comprarles un regalo. ¿Qué pensáis que les va a comprar?

De compras por Valladolid

La primera semana de Laura en Valladolid está terminando. Los amigos, el instituto, el idioma, la familia… todo ha sido nuevo. El sábado ella y Cristina van en autobús al centro de la ciudad. Laura necesita un abrigo.

Laura: Los alemanes creemos que en España siempre hace buen tiempo, pero aquí hace tanto frío como en Alemania.
Cristina: Sí, porque estamos en marzo y es invierno. Pero tienes razón, este año el tiempo es malísimo: llueve mucho, hace viento y hay niebla casi todos los días. Ven, en esa calle hay una tienda de ropa... Mira, es aquélla. No he entrado nunca, pero parece bastante buena.

Las dos chicas entran en la tienda y ven que hay pocos abrigos. Laura se pone un abrigo. A Cristina no le gusta mucho y a Laura tampoco.

Laura: No me gusta este abrigo, ni ése… y esos otros son todavía peores.

Cristina: Mira ahí, esas cazadoras. ¡Son preciosas! ¿Cuánto cuestan?

Miran los precios: ciento cuarenta y cinco euros, trescientos diez euros… Muy caras.

Cristina: Éstas son más baratas. La negra me encanta y sólo cuesta 48 euros.
Laura: Sí, mucho mejor. Es menos caliente que el abrigo, claro, pero…
Cristina: Nada, nada, mejor, así la puedes llevar en primavera. ¿Ves? Estás mucho más guapa.

Laura: Vale. ¿Buscamos ahora algo para ti?
Cristina: No, yo no compro nada. Además no le he pedido dinero a mi madre. ¿Vamos a pagar?

Después de pagar, salen de la tienda. Laura quiere comprar ahora un buen regalo para los padres de Cristina.

Laura: Son tan amables conmigo. ¿Tienes alguna idea?
Cristina: No, ninguna… con ellos nunca es fácil.
Laura: ¿Qué le gusta a tu padre?
Cristina: A él… el jamón ibérico, por ejemplo. ¡Le encanta! Y a mi madre también.

Entran en un supermercado y van a la charcutería. Hay bastantes personas delante de ellas y primero tienen que esperar unos minutos. Cuando les toca, **Laura** dice: Por favor, me da aquel jamón.

Cristina: ¿Estás loca? Nadie compra todo un jamón, es carísimo. Mira, aquéllos valen unos doscientos euros.
Laura: ¡Ah!
Cristina: Nos pone doscientos cincuenta gramos… no, quinientos gramos de jamón ibérico. ¿Y cuánto cuesta el chorizo?
Dependiente: Es más barato que el jamón, claro: dieciséis euros con noventa céntimos el kilo. Pero también es ibérico, y está tan rico como el jamón.
Cristina: Pues me pone medio kilo.

Laura cree que es poco. Por eso después van a una tienda más pequeña, que es de un amigo de la familia de Cristina, y compran un buen vino de la provincia de Valladolid.

Cuando salen, dice **Laura**: Me encanta ir de compras contigo. ¡Conoces tantas tiendas!
Cristina: Sí, no te puedes quejar de mí. Oye, ¿y a Mario no le vas a hacer ningún regalo? Gracias a él estás con nosotros. Creo que quiere ir a un concierto de Celtas Cortos. ¿Por qué no le regalas la entrada?
Laura: No sé…
Cristina: ¿No sabes?
Laura: Es que creo que… con un regalo Mario a lo mejor piensa que…
Cristina: ¿Qué, qué piensa? ¿Que estás enamorada de él? A ver, ¿qué está pasando entre vosotros?

1 Laura y Cristina van de compras

✎ **a** Resumid el texto en cinco frases. Después comparad vuestro resumen con un compañero o una compañera y presentad el resultado.

Verbessert euch gegenseitig und präsentiert dann eine gemeinsame Zusammenfassung.

b Completad las frases con la ayuda del texto.

1. Laura necesita un abrigo porque
2. En la tienda tienen abrigos que
3. La cazadora es menos caliente pero
4. Laura quiere comprar un regalo para los padres de Cristina porque
5. En la charcutería
6. Después del supermercado las chicas
7. A Laura le encanta ir de compras con Cristina porque
8. Cristina le propone a Laura hacer

2 Mario y Laura

a Cristina pregunta al final del texto: «¿Qué está pasando entre vosotros?». Mirad otra vez los textos 7A, 5A y 3B y dad una respuesta a esta pregunta.

b ¿Creéis que Laura va a comprar la entrada de Celtas Cortos para Mario? Justificad *(begründet)* vuestra opinión.

- creo que
- pienso que
- me parece que
- me imagino que

3 Intruso *(Eindringling)*

Buscad la palabra de cada grupo que no va con las otras (y justificad vuestra selección).

marzo	ponerse algo	loco	dinero	supermercado
noviembre	vestirse	rico	regalo	restaurante
enero	llevar algo	caliente	euro	charcutería
primavera	encontrarse	bueno	pagar	tienda de ropa

4 ¿Qué tiempo hace?

En el texto Laura dice: «Aquí hace tanto frío como en Alemania». Y Cristina contesta: «Estamos en marzo y es invierno.» Mirad la previsión del tiempo para el 5 de marzo. ¿Para qué región o regiones de España son verdad estas afirmaciones *(Behauptungen)*? ¿Qué tiempo hace en otras partes del país?

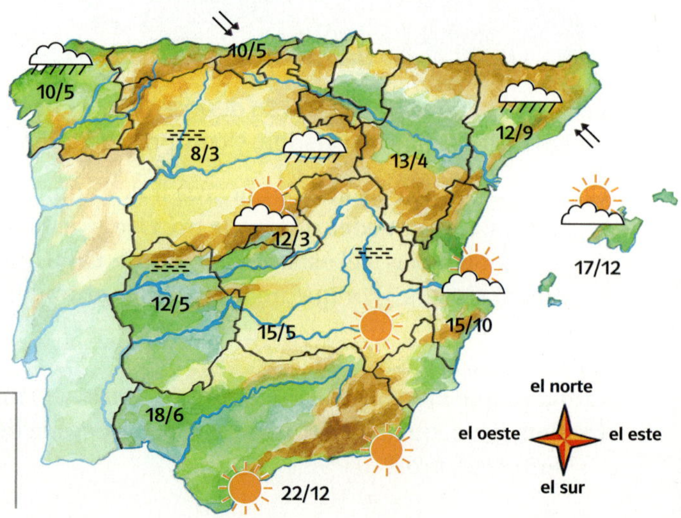

5 Todo lo contrario (§ 41)

a Ya sabéis muchas cosas sobre Laura, por ejemplo:

Laura ha estado muchas veces en España. Conoce a mucha gente allí. Va muchas veces al cine para ver películas españolas. Tiene muchos cedés de música española y de música latinoamericana. También tiene libros en español. La lengua española le gusta mucho y sabe mucho sobre España.

Jennifer, una compañera de Laura en Alemania, es todo lo contrario de Laura. Transformad las frases como en el ejemplo. Usad *nada, nadie, ni, ningún, nunca, tampoco*.

Ejemplo:
Jennifer no ha estado nunca en España.

Tipp

Ningún und *ninguna* werden nie im Plural gebraucht.

b ¿Y vosotros? Preparad preguntas que hacéis después a un compañero o una compañera. Podéis usar las ideas del ejercicio 5a, pero añadid por lo menos tres ideas más. Él / ella contesta. Apuntad las respuestas.

Ejemplo:
—¿Has estado alguna vez en España?
—Sí, he estado alguna vez en España.

—¿Conoces a algunos españoles?
—No, no conozco…

	sí	no
¿Has estado alguna vez en España?	X	
¿Conoces a algunos españoles?		X

6 Invitación al cine (§ 45)

Completad las frases con la forma correcta del pronombre.

Mario: Laura, ¿quieres ir al cine con **1** mañana?
Laura: Lo siento, mañana por la tarde voy al cine con Cristina. ¿Por qué no vienes con **2**?
Mario: No, mejor vais sin **3**. Vais a ver una película que sólo os gusta a **4**, las chicas.
Laura: Pues no, es una película sobre la vida de los pingüinos. El profe de biología nos ha hablado de **5**. Según **6** es muy buena e interesante.
Mario: Mañana por la tarde no puedo. Tengo que hablar con mis amigos porque he quedado con **7**.
Laura: Podemos ir hoy.
Mario: Creo que viene una compañera que tiene problemas con sus deberes. Yo quiero ayudarla con **8**.
Laura: Me invitas al cine, te quejas de **9** porque yo no salgo con **10**, o porque también está Cristina o qué sé yo, pero tú eres el que no tiene tiempo. ¿Qué te pasa a **11**?
Mario: Pues… es que prefiero ir solo con **12**.

7 ¿Dónde están las compras? (§ 42)

Cristina y Laura han hecho también la compra para ayudar a la madre de Cristina. Ahora vuelven a casa con muchas bolsas.

Completad el diálogo. Usad la forma correcta de los demostrativos.

8 La ropa del escaparate (§§ 42, 43)

a Mirad el dibujo de la página 95. ¿Cuánto cuesta la ropa?

b Comparad las diferentes cosas como en el ejemplo. Usad *más / menos / tan* y los adjetivos de la casilla.

- caro – barato
- malo – bueno
- largo – corto
- feo – precioso, bonito
- viejo – moderno
- caliente

Ejemplo: La camisa azul es tan cara como la (camisa) blanca.

c Queréis comprar algo que habéis visto en el escaparate. Ahora estáis con un dependiente delante del escaparate. Explicadle lo que buscáis y usad los demostrativos.

Ejemplo: —Quiero ese pantalón. —¿Este rojo del segundo maniquí[1] de la derecha?

9 Las ofertas de la semana *(Sonderangebote)*

Escuchad en el cedé las ofertas de un supermercado y apuntad los precios en una tabla. Cuidado: no todos los productos están en el folleto *(Prospekt)*.

[1] **un maniquí** eine Schaufensterpuppe

10 En el mercado

a Haced un típico diálogo español de compras según las indicaciones.

El vendedor / La vendedora	El cliente / La clienta
Fragt, wer an der Reihe ist.	Sagt, dass er / sie an der Reihe ist.
Will wissen, was der Kunde / die Kundin möchte.	Möchte ein halbes Kilo Paprikawurst. Außerdem will er / sie wissen, was der Schinken kostet.
Nennt den Preis (25 Euro das Kilo)	Will 200 Gramm.
Will wissen, ob er / sie noch etwas *(wörtlich: etwas mehr)* möchte.	Verneint, bedankt sich und fragt, was er / sie zu zahlen hat *(wörtlich: wieviel ist es?)*.
Nennt den Preis (14,75 Euro).	Zahlt und verabschiedet sich.

b En grupos de 4 ó 5 preparad los productos de un mercado. Dibujad o escribid cada producto y su precio en un pequeño papel. Usad los productos del ejercicio 9 y otros que conocéis. (Encontráis más fruta, además, en el ejercicio 5 de la página 22.)

Después, uno es el vendedor, los otros van de compras. (Podéis comprar en el mercado de los otros grupos.) Usad el diálogo del ejercicio 10 a como modelo.

El dinero de los jóvenes

Spanische Jugendliche bekommen in der Regel nur wenig Taschengeld von dem sie kleinere Anschaffungen (CDs, Ausgehen) bezahlen. Wenn sie sich z. B. Kleidung kaufen wollen, müssen sie ihre Eltern um Geld dafür bitten.

11 Poder de convencimiento *(Überzeugungskraft)*

a ¿Qué pasa en los dibujos?

b Imaginaos: ¿Qué dice la hija a la madre?

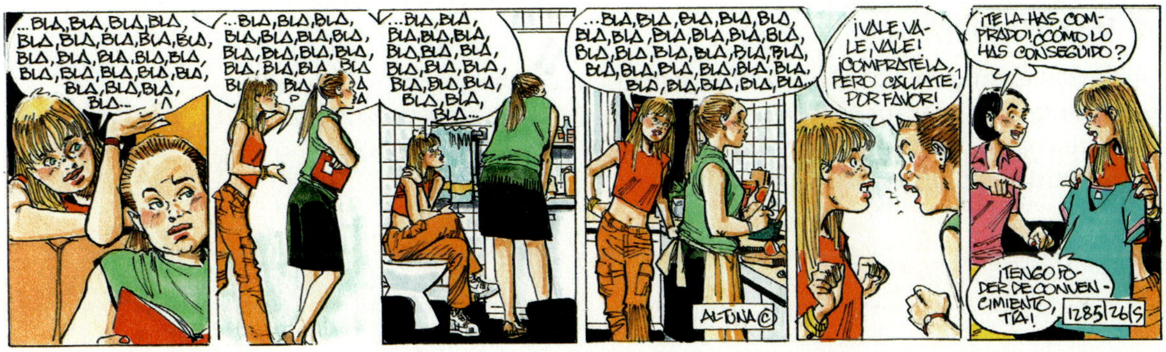

[1] **callarse** schweigen, ruhig sein

Dos chicos de compras

Preparad un diálogo entre dos chicos que van de compras (como Laura y Cristina en el texto «De compras por Valladolid»). Trabajad en parejas de chicos o chicas. Comparad vuestros diálogos: ¿qué diferencias hay entre los diálogos que han escrito los chicos y los que han escrito las chicas? Representad los diálogos en clase.

Nuestra casa de moda

Abrid *(Eröffnet)* una casa de moda. Poneos de acuerdo *(einigt euch)* sobre el estilo de vuestra casa. Buscad, por ejemplo en revistas, los modelos de ropa que queréis presentar o fabricadlos con recortes *(Ausschnitte)* y dibujos. Escribid los textos para la presentación de los modelos.

So kann ich auf Spanisch diskutieren

Meinung äußern
- Creo / pienso que …
- Me parece que …
- Me imagino que …
- Sé que …

Meinung erfragen oder Zustimmung einfordern
- ¿Qué pensáis de …?
- ¿No os parece?
- ¿Verdad?
- ¿Qué te parece?

Aufforderungen
- Escúchame, por favor.
- Venga, di tú algo.
- A ver, ¿qué propones?

Vorschläge
- Podemos hacer un póster.
- ¿Por qué no le pones una bufanda?
- ¿Qué os parece el pantalón verde?

zustimmen
- Tienes razón.
- Es verdad.
- Claro.
- Yo también pienso así.
- La idea / respuesta es muy buena / no es mala.
- Eso sí puede ser un problema.
- Ya veo.

ablehnen
- Bueno, pero …
- Creo que no tienes razón.
- Pienso que eso no es así.
- Eso no es verdad.
- Yo no pienso así.
- No me gusta la idea que propones.
- No veo las cosas como tú.

Unsicherheit oder Gleichgültigkeit ausdrücken
- No sé.
- Ni idea.
- Todavía no estoy convencido.
- No (me) importa.

Un mercadillo

Organizad un mercadillo *(Flohmarkt)* con pequeñas cosas que ya no necesitáis para venderlas a vuestros compañeros. (Pedid la autorización a vuestros padres.) Podéis enviar el dinero que habéis recogido a una asociación de ayuda humanitaria *(Hilfsorganisation)*.

Unidad 8A

Siempre tarde

1 La música de Celtas Cortos

a Mario quiere ir a un concierto de Celtas Cortos. Mirad esta foto del grupo.

¿Qué pensáis?:
¿Qué tipo de música hacen?
¿rock?
¿pop?
¿música clásica?
¿folk?
¿tecno?
¿otro?

b Escuchad la canción e intentad identificar los instrumentos que hay.

c ¿Cómo es la música de la canción?

Hablar de canciones

La canción es
- alegre *(fröhlich)*
- triste
- melancólica
- sentimental
- monótona
- cursi *(kitschig)*
- anticuada *(altmodisch)*

El ritmo es
- lento *(langsam)*
- animado
- regular
- irregular
- rápido
- agresivo
- complicado
- sencillo *(einfach)*

Las voces *(Stimmen)* son
- graves *(tief)*
- agudas *(hoch)*
- sonoras *(wohlklingend)*
- fuertes *(kräftig)*
- roncas *(rau, heiser)*
- melodiosas
- sensuales *(sinnlich)*

2 La canción «Siempre tarde»

Escuchad la canción otra vez y contestad las preguntas.

a ¿De qué tipo de canción se trata?

¿una canción de protesta?
¿una canción popular *(Volkslied)*?
¿una canción de amor?
¿una canción de guerra *(Krieg)*?

b Ordenad las frases clave según la canción.

1. Y ya ves, otra vez he llegado tarde a mi deber[1].
2. Oigo campanas[2] y nunca me entero[3] dónde
3. Solo a la puerta o mirando en la ventana
4. Nunca llego a la hora apropiada[4],
5. Voy a buscarte al otro lado del cielo[5].
6. para amarte[6]

c Intentad saber qué respuesta es correcta.

1. El «yo» de la canción …
   a) nunca tiene tiempo.
   b) ha quedado con alguien (que no viene).
   c) siempre llega tarde.
   d) quiere saber qué hora es.
2. ¿Quién es el «tú» de la canción?
   a) la madre del «yo»
   b) un amigo
   c) la novia
   d) otra persona de la familia
3. ¿Cómo se siente el «yo»?
   a) contento
   b) solo y triste
   c) enamorado
4. ¿Por qué se siente así?
   a) porque su novia lo ha dejado.
   b) porque su novia va a venir por primera vez a su casa.
   c) porque acaba de conocer a una mujer fenomenal en una fiesta.
   d) porque hoy ha llegado a tiempo al trabajo.
5. Por eso va a…
   a) buscar a su novia y estar otra vez con ella.
   b) irse del país.
   c) hacer la compra.
   d) dejar a su novia y vivir con la mujer que acaba de conocer.

d Buscad más información sobre el grupo, por ejemplo en Internet en la página web www.celtascortos.com

[1] **el deber** die Pflicht – [2] **una campana** eine Glocke – [3] **enterarse de algo** etwas bemerken – [4] **apropiado, -a** correcto, bueno – [5] **el cielo** der Himmel – [6] **amar** lieben

Todo empezó en un instituto

Laura lee la revista del instituto.

concierto 23

Todo empezó en un instituto – una entrevista a CELTAS CORTOS

Texto: Mario Alonso, 4ºA

La semana pasada vi un concierto de Celtas Cortos en la Plaza de Toros de Valladolid. La gente bailó y escuchó su música durante dos horas.

Después del concierto hablé con dos de ellos: Goyo y Nacho. Charlamos tranquilamente casi media hora y me contaron muchas cosas sobre sus años en el instituto. Al final respondieron mis preguntas:

—¿Cuándo empezasteis?

Goyo: Bueno, empezamos algunos amigos hace mucho tiempo, en el Instituto Delicias de aquí, de Valladolid. Fue en 1984, creo...

—¿Y después?

Goyo: Después tocamos en otro grupo y en 1986 nació Celtas Cortos como grupo de música *folk*. El nombre fue idea de Nacho.

Nacho: Sí, el nombre fue mi idea. Celtas Cortos es el nombre de unos cigarrillos, entonces muy conocidos.

Goyo: Y en 1987 salió nuestro primer disco con solamente tres canciones.

—Después grabasteis más discos, y el éxito llegó para vosotros rápidamente con vuestro cuarto disco, en 1990. Ese año disteis unos cien conciertos. ¿Cuántos discos vendisteis?

Goyo: Realmente ya no lo sé, pero vendimos muchos.

—¿Y salisteis a otros países?

Nacho: Sí, claro, cuando nos hicimos famosos salimos a Europa: estuvimos en Francia, fuimos a Alemania y grabamos allí un disco...

—En los años noventa cambió vuestra música, más moderna, con más influencia del *rap* o del *rock*. ¿También cambiasteis vosotros?

Nacho: Sí, escribimos sobre todo textos sociales y políticos. Después del año 2000, más cambios: influencia de la música latina y electrónica, algunas personas se fueron del grupo y llegaron otros...

—...pero el éxito continúa. ¿Cuántas personas sois ahora en Celtas Cortos? ¿Qué hacéis?

Goyo: Ahora somos diez. Y estamos otra vez aquí, en Valladolid, con nuestro público. Para mí, trabajar como músico es eso: divertirme, tocar delante del público...

Les di las gracias y salí de allí. En casa, metí un disco de Celtas Cortos en el ordenador y pensé en ellos: todo nació en un instituto... y ahora son un grupo famoso.

Laura se levanta y busca a Mario. Lo encuentra en la sala de estar.

Laura: Mario, acabo de leer tu artículo. Me encanta.

Mario: Me alegro. ¿Sabes que te vi en el concierto?

Laura: ¿Me viste y no me llamaste ni hablaste conmigo?

Mario: No lo hice porque te vi con un chico.

Laura: ¿Y?

Mario: Ya sabes, normalmente no me gusta molestar. Bueno, ahora tengo que estudiar. Nos vemos en la cena, ¿vale?

Mario sale del cuarto y cierra la puerta.

1 El concierto, el artículo y después

Contestad estas preguntas:

1. ¿Quién escribió el artículo de la revista del instituto?
2. ¿Qué piensa Laura del artículo?
3. ¿Por qué no habla Mario con Laura en el concierto?
4. ¿Qué piensa Mario de la relación entre Laura y el chico con el que la vio en el concierto?

2 Información sobre Celtas Cortos

Copiad el gráfico en vuestro cuaderno. Buscad en el texto «Todo empezó en un instituto» la información sobre el grupo y añadidla al gráfico.

Escribid en presente y sólo las palabras importantes.

la semana pasada:	concierto en Valladolid
…	
…	
en los años 90	
…	
…	
…	
en 1984	

Lerntipp

Netze (und andere graphische Darstellungen) könnt ihr nicht nur für Vokabeln nutzen, sondern auch um Informationen zu sammeln und sie euch einzuprägen.

3 Un cedé de Celtas Cortos (§ 46)

a Ordenad estas formas de verbos: primero la 1ª, 2ª, 3ª persona del singular de los verbos en *-ar*, después el plural; entonces los verbos en *-er* y al final los en *-ir*. En el orden correcto, las letras delante de las formas dan el título de un cedé de Celtas Cortos.

O	quedaste
L	entendisteis
O	vendí
S	recibí
E	regalasteis
S	abrieron
A	vivió
S	volviste
N	soñé
R	compartimos
O	comieron
E	metió
N	aprendimos
V	intentamos
B	saliste
M	ganaron
S	pasó
E	escribisteis

b En una de sus canciones del mismo cedé Celtas Cortos cuentan su carrera. Completad los siguientes versos con la primera persona del plural del indefinido.

(nacer) hace unos años
en Pucela[1] capital
(llamarse) Celtas Cortos
y (empezar) a tocar.

c Transformad la entrevista en un texto informativo sobre Celtas Cortos.

Empezad así:
Celtas Cortos empezaron en 1984 en el Instituto Delicias de Valladolid. Después los jóvenes tocaron …

[1] **Pucela capital** Valladolid

4 Todo empezó en Roses (§§ 46, 47)

Laura habla con su amiga Beatriz sobre Mario.

a Completad el texto con la forma correcta del verbo en indefinido.

Ejemplo:
Mario y yo nos conocimos en Roses. Creo que ya le gusté …

Mario y yo **1** (conocerse) en Roses. Creo que ya le **2** (gustar) cuando me **3** (ver) por primera vez. Pero cuando **4** (terminar) las vacaciones, yo **5** (volver) a Berlín y él a Valladolid. Después **6** (escribirse – nosotros) muchos correos electrónicos. **7** (Contarse) muchas cosas. Una vez no le **8** (escribir – yo) durante una semana y él me **9** (preguntar) tres veces por qué no.

Cuando **10** (buscar) una familia para el intercambio, él y sus padres me **11** (recibir). Todos **12** (ocuparse) de mí, **13** (responder) mis preguntas, me **14** (ayudar) y su hermana **15** (compartir) la habitación conmigo. Pero sobre todo me **16** (ayudar) Mario. Me **17** (enseñar) la ciudad y me **18** (ayudar) con los deberes. Los primeros días **19** (pasar – nosotros) mucho tiempo juntos, **20** (charlar) y **21** (entenderse) bastante bien.

Pero poco a poco todo **22** (cambiar). Te **23** (conocer – yo) a ti y a los otros compañeros. Entonces vosotros me **24** (ayudar) con los deberes, tú me **25** (enseñar) el instituto y **26** (salir – nosotros) juntos. Él está un poco decepcionado, claro, pero ¿por qué está tan raro ahora? ¿Por qué no me **27** (llamar) cuando me **28** (ver) en el concierto? Él no puede creer que yo salgo[1] con Juan, ¿no?

b Completad la tabla en vuestro cuaderno.

ir/ser	fui				fuisteis	
hacer		hiciste		hicimos		
estar	estuve					estuvieron

c En parejas completad el diálogo.

Beatriz
¿Y por qué no? Mira: tú **1** (ir) al concierto con Juan, ¿no?
Sí, **fuimos** al concierto, ¿y qué?
¿Y qué **3** (**hacer – vosotros**)?
¿Que qué **hicimos**? Nada. **Estuvimos** en el concierto, **escuchamos** música, **bailamos** …
¿Y Juan a lo mejor no te **8** (**dar**) un beso?
¡Qué piensas! Juan y yo… No, espera, tienes razón, Juan me **dio** un beso cuando se **fue**. Pero **fue** sólo un beso de despedida.
¿Y si[2] Mario **12** (**llegar**) en ese momento y os **13** (**ver**) juntos?

Laura
¿Y por qué no? Mira: tú **fuiste** al concierto con Juan, ¿no?
Sí, **2** (**ir – nosotros**) al concierto, ¿y qué?
¿Y qué **hicisteis**?
¿Que qué **4** (**hacer – nosotros**)? Nada. **5** (**Estar**) en el concierto, **6** (**escuchar**) música, **7** (**bailar**) …
¿Y Juan a lo mejor no te **dio** un beso?
¡Qué piensas! Juan y yo… No, espera, tienes razón, Juan me **9** (**dar**) un beso cuando **10** (**irse – él**). Pero **11** (**ser**) sólo un beso de despedida.
¿Y si[2] Mario **llegó** en ese momento y os **vio** juntos?

[1] **salir con alguien** mit jemandem gehen, einen festen Freund haben – [2] **si** wenn, falls

5 Cristina también quiere saberlo todo (§ 48)

Haced el diálogo como en el ejemplo. Usad el pronombre *lo*.

Cristina: ¿Es verdad que Mario no habló contigo cuando te vio en el concierto?
Laura: (no, hacer – yo) → No, no lo hizo.

1. ¿Sabes por qué no te habló? (sí, saber – yo)
2. ¿Piensas que Mario está enamorado de tí? (no, pensar – yo; saber – yo)
3. ¿Pero tú no estás enamorada de él? (no, estar – yo)
4. ¿Sabe Mario que no estás enamorada de él? (poder saber – él ; pero no, querer saber – él)
5. Entonces tienes que hablar con él. (sí, ir a hacer – yo)

6 Biografías (§§ 46, 47)

- desde … hasta …
- de … a …
- hace … años
- durante …
- en (el año) …
- después (de …) años

a Con estos datos escribid el currículum vítae *(Lebenslauf)* de Miguel. Usad el indefinido.

Nombre y apellidos: Miguel Lasierra Salamanca
Lugar y fecha de nacimiento: Huesca, 25 - IX - 1963
1969–1975: va a la escuela primaria en Huesca
1975–1981: estudia en el instituto «Ramón y Cajal» de Huesca
1975: empieza a tener clases de flauta en una escuela privada de Huesca

Estudios:
1981–1983: estudia arquitectura en la Universidad de Zaragoza
1983: cambia Arquitectura por Música (flauta)
1988: termina sus estudios con el título de «músico profesional»

Empleos:
1985–1988: trabaja en diferentes bandas de música durante sus estudios
1990–1993: toca la flauta en la banda de música «El Politécnico»
1993–1995: está en la banda municipal[1] «El Tomillo» de Alcobendas (Madrid)
desde 2001: trabaja como músico en la Orquesta Filarmónica de Madrid

5 discos y cedés con la Orquesta Filarmónica de Madrid
año pasado: 32 conciertos, 10 en el extranjero (Alemania, Francia y Colombia)

Tiempo libre:
escuchar música, ir a conciertos de música pop, cocinar, hacer deporte

b Escribid vuestro currículum vítae.

[1] **municipal** städtisch, Stadt-

7 Los 40 principales

Escuchad el texto del cedé: ¿qué programa es «Los 40 principales»? Tomad nota y, con la ayuda de vuestras notas, escribid un resumen (máximo: 2 frases) como para una revista de radio *(Programmzeitschrift)*.

8 ¡Qué mala suerte! *(Was für ein Pech!)* (§§ 46, 47)

Contad la historia de Gus y la chica:
¿Qué pasó antes?
¿Qué pasó cuando Gus acompañó *(begleiten)* a la chica a casa?
¿Qué pasó después?

Usad (por ejemplo) los verbos de la casilla. Hablad sólo de las acciones, no del ambiente ni de los sentimientos *(Gefühle)* de las personas.

- abrir
- bailar
- charlar
- conocer
- contestar
- dar
- desear
- hablar
- ir
- irse
- llegar
- pensar
- saludar *(grüßen)*
- ver

Empezad así:
Hace algunos días Gus conoció …

9 La madre también (§ 49)

a Buscad en el texto de la lección las palabras en *-mente*. Mirad las frases de cerca y decid: ¿qué función tienen esas palabras?, ¿cómo se forman?

b La madre de Mario y Cristina está pensando…
Completad el texto con el adverbio o la forma correcta del adjetivo.

Mario tiene el **1** (nuevo) cedé de Celtas Cortos. Parece que es muy **2** (bueno). Ahora me voy **3** (rápido) al supermercado y después voy a escuchar **4** (tranquilo) el cedé. Mis hijos siempre creen que **5** (solo) a ellos le gusta esa música, pero no es verdad. Tengo **6** (bastante) cedés de música pop y rock. Celtas Cortos siempre me han gustado **7** (mucho) desde hace **8** (mucho) años porque tocan muy **9** (bueno). En los años 80 fui **10** (regular) a sus conciertos. Incluso[4] conocí a César, Goyo y Óscar en el instituto Delicias. A algunos su música les parece **11** (bastante) **12** (triste) porque no es muy **13** (rápido), pero a mí no. La música **14** (tranquilo) también me gusta. Son músicos **15** (fenomenal).

---

[1] **besar** küssen – [2] **llamarás** vas a llamar
[3] **caer fatal a alguien** jdn. nicht mögen –
[4] **incluso** sogar

10 Un fanático de la música (§ 49)

Julio, el amigo de Mario, es un fanático de la música.
Poned adverbios con el mismo significado en lugar de las palabras en color. Usad los adjetivos de la casilla para formar los adverbios.

• abierto • amable • fácil • loco • normal • perfecto • rápido • real • urgente

La música pop me gusta muchísimo. Me levanto **todos los días** a las 7 y pongo la radio. Escucho música en casa o con mis amigos, pero nunca he ido a un concierto.
Mi amigo Mario siempre me dice **de forma abierta**: «**De verdad**, eso no es normal. Tenemos que cambiarlo, **no podemos esperar ni un momento más.**»
La semana pasada Celtas Cortos tocaron en Valladolid. **Como[1] es muy amable**, Mario compró también una entrada para mí y fuimos los dos al concierto. ¡Fue genial! Nos divertimos **como locos**. Bueno, yo me divertí, pero el humor[2] de Mario cambió **de un momento a otro**. Es una lástima porque Celtas Cortos tocaron muy bien. Él no se queja **sin una buena razón**. Parece que es por una chica. Yo lo entiendo **muy bien**.

11 Todo empezó en un instituto

Elegid uno de estos ejercicios:

a En el ejercicio «Películas, música, deporte» de la página 49 ya habéis buscado información sobre una persona famosa o un grupo de España o Latinoamérica.

En parejas o grupos hacedle una entrevista a esta persona o este grupo:
- Preparad preguntas sobre su vida y su obra *(Werk)* o sus actividades.
- Preparad también las respuestas.
- Apuntad las palabras clave *(Schlüsselwörter)* de las preguntas y respuestas.
- Representad la entrevista en clase, sólo con la ayuda de vuestros apuntes: uno / una es el reportero / la reportera y hace las preguntas, el otro / la otra (o los otros) son la persona famosa o miembros *(Mitglieder)* del grupo famoso y da / dan las respuestas.
- Preparad un ejercicio o preguntas para vuestros compañeros que han escuchado la entrevista.

b Inventad una historia que empezó en un instituto y contad lo que pasó. Usad el indefinido.

[1] **como** da, weil
[2] **el humor** die Stimmung

Una visita a Ana Lucía

1 A casa de Ana Lucía

Laura va a casa de Ana Lucía. Está en la Plaza Mayor, pero no sabe cómo continuar. Por eso llama a Ana Lucía.

Escuchad el diálogo y seguid el camino.

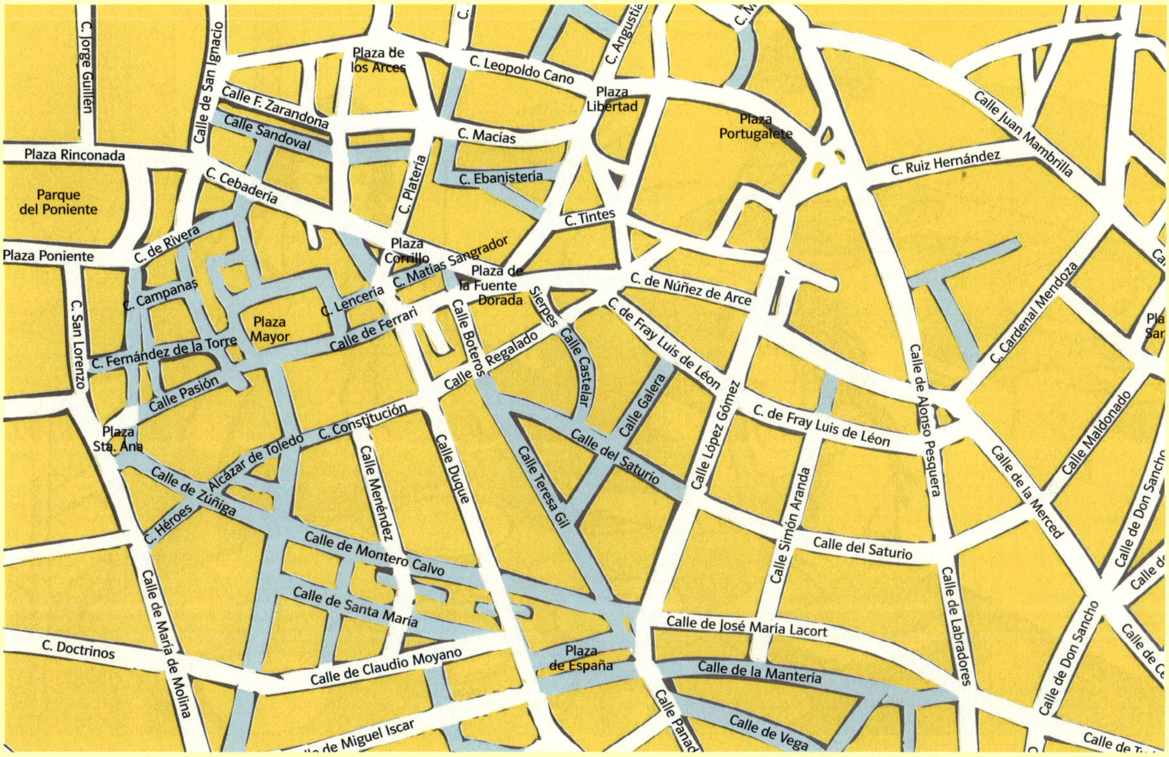

2 ¿Dónde está la Plaza Mayor?

a En parejas, haced diálogos para preguntar por el camino *(Weg)*. Decid primero dónde estáis. Después uno / una pregunta por una calle y el otro / la otra contesta.

Intercambiad los papeles *(tauscht die Rollen)* y haced otro diálogo.

b Describid a un compañero / una compañera el camino del instituto a vuestra casa.

- girar a la derecha
- girar a la izquierda
- tomar la primera / segunda / … calle a la derecha / izquierda
- seguir todo recto
- pasar por
- cruzar una calle / una plaza
- entrar en una calle
- llegar a una plaza

Una carta de Yilton

Esta semana ha sido para Laura la más difícil en España. El miércoles tuvo un examen de lengua y ayer, jueves, otro de inglés. También ayer recibió una carta muy larga de su mejor amiga. Normalmente piensa poco en su familia y en sus amigos, pero por la carta vio que los echa de menos.

Hoy Laura está más animada porque ella y Mario han quedado con Ana Lucía. Van a cenar en su casa. Laura va en autobús al centro de Valladolid. Llama a Ana Lucía para saber el camino. A pie, va por una calle, cruza una plaza y después llega a la calle Castelar. Allí ve a Mario, que está esperándola delante del número 6. Los dos suben al piso 4ºB. Ana Lucía les abre y van a la cocina.

Laura: Te hemos traído una tarta para el postre.
Ana Lucía: Gracias. Dámela, la pongo aquí para después.

Mario mira en la sartén. Ana Lucía le dice que está cocinando fríjoles y arroz, una comida típica de Colombia. Les explica que ellos comen mucho fríjol, maíz, plátanos, papas, arroz…

Laura: ¿Papás?
Mario: No, el papá es el padre y la papa es la patata.

Ana Lucía: Papa,
te llamas
papa
y no patata,
no naciste castellana:
eres oscura
como
nuestra piel,
somos americanos,
papa,
somos indios.

Mario: ¿Y eso?

Ana Lucía: Es un poema de Pablo Neruda. … Bueno, la comida está casi lista. ¿Me ayudan con la mesa?

Ana Lucía va a su cuarto, vuelve con una silla y se la da a Laura. Después busca los cubiertos, platos y vasos; se los pasa a Mario y Laura, y ellos ponen la mesa. Cuando la comida está lista, se sientan.

Ana Lucía: ¿Me pasas tu plato?

Laura: Sí, toma.

Mario: Por teléfono me has dicho que tienes una buena noticia. ¿Nos la cuentas ahora?

Ana Lucía: Sí, Yilton me escribió una carta.

Mario: ¡Qué bien! ¿Qué escribe?

Ana Lucía: Cuenta que está trabajando con un amigo en un hotel de Panamá, como camarero, y que está bien.

Mario: ¿Te dice por qué no volvió a Cali y por qué no ha escrito a sus padres?

Ana Lucía: No, no dice nada, pero yo me lo imagino. En Latinoamérica compartes todo, sobre todo con la familia: todos te ayudan y tú también tienes que ayudarlos. A Yilton lo detuvo aquí la policía y, sin trabajo, casi sin dinero, sin nada, prefirió no volver a Cali. Primero quiere trabajar para poder devolver el dinero del viaje a sus padres.

Laura: ¿De verdad son tan pobres? ¿No se lo pueden pagar ellos?

Ana Lucía: Bueno, un viaje a Europa es caro, también para mí. En la carta Yilton me pregunta si quiero visitarlo y yo no sé si voy a ir. Es que no sé si puedo pagármelo.

Mario: ¿Me dais la botella de agua?

Ana Lucía se la pasa y sigue hablando sobre Yilton: También está jugando al fútbol en un equipo pequeño de Panamá, y sueña con el éxito algún día. Y ahora tiene novia, una panameña.

Mario: Vamos, todo bien.

Ana Lucía: Sí, irse de España fue una suerte para él.

Laura: ¿Y tú? ¿Cómo te sientes aquí, en Valladolid?

Ana Lucía: No puedo quejarme. Al principio todo fue difícil, pero ahora conozco bien la ciudad y tengo más amigos.

Mario: A todo el mundo le va bien.

Ana Lucía: ¿Por qué dices eso? ¿A ti no?

Mario: Sí, claro, claro.

Los tres siguen comiendo, pero Ana Lucía no está tranquila. Mario, que es el chico más simpático del mundo, hoy parece deprimido y nunca mira a Laura. Sin duda pasa algo entre los dos y Ana Lucía ya se lo imagina.

1 En casa de Ana Lucía

a Con estas palabras clave *(Stichwörtern)* formad preguntas sobre el texto y contestadlas.

Ejemplo: Mario y Laura hoy por la tarde (¿qué?) → ¿Qué hacen Mario y Laura hoy por la tarde?

1. ir a casa de Ana Lucía (¿cómo?)
2. traer algo para el postre (¿qué?)
3. estar cocinando (¿qué?)
4. poner la mesa (¿con qué?)
5. escribir una carta (¿quién?)

b Con la información del texto…

1. resumid la información sobre Yilton. o 2. escribid la carta de Yilton a Ana Lucía.

2 La semana difícil de Laura

La madre de Mario ve que Laura está triste y habla con ella. Contestad en lugar de Laura.

Ejemplo: —Laura, pareces triste. ¿Te pasa algo? —No, no me pasa nada.

1. ¿Te sientes bien en nuestra casa?
2. ¿Cuándo tuviste el examen de lengua?
3. ¿Piensas que vas a tener una mala nota?
4. ¿Ya has leído la carta de tu amiga?
5. ¿Piensas mucho en tu familia?
6. ¿Echas de menos a tus amigos de Berlín?
7. Pero hoy tú y Mario vais a visitar a Ana Lucía, ¿no?
8. ¿Ya le habéis comprado un pequeño regalo?

3 Laura hace muchas cosas (§ 52)

a Mirad el primer párrafo del texto y explicad el uso de los tiempos del verbo.

b Aquí tenéis una lista de las actividades de Laura. Formad frases con el pretérito perfecto y el indefinido. Usad las expresiones de la casilla. (Hoy es sábado el 27 de mayo.)

- la semana pasada
- el *(+ día de la semana)* pasado
- ayer

- esta semana
- este *(+ día de la semana)*
- hoy

15	lunes	aprender el poema para la clase de lengua
16	martes	deporte con Cristina
17	miércoles	deberes con Beatriz
18	jueves	película «El viaje de Carol» en la televisión
19	viernes	discoteca con la peña
20	sábado	ir con la sra. Merino al mercado y al supermercado; ayudarla con la compra
21	domingo	llamada a su familia; visita a los abuelos de Mario con la familia Alonso

22	lunes	estudiar para los exámenes de lengua y de inglés
23	martes	
24	miércoles	examen de lengua
25	jueves	examen de inglés
26	viernes	visita a Ana Lucía
27	sábado	carta a su amiga; ¡¡¡hablar con Mario!!!
28	domingo	

c Haced una lista de diferentes actividades y preguntad a vuestros compañeros como en el ejemplo.

Ejemplo: ¿Cuándo pusiste la última[1] vez la mesa?
¿Has mandado ya un mensaje esta mañana?

[1] **último** letzte, -r, -s

4 La leyenda de la papa (§ 52)

Ana Lucía les cuenta a Mario y Laura una leyenda *(Sage)* latinoamericana sobre las patatas. Completad el texto con la forma correcta del verbo. Usad el pretérito perfecto o el indefinido.

Hace mucho tiempo un pueblo[1] de hombres malos en los Andes les 1 (quitar) toda la comida a sus vecinos. Entonces los pobres 3 (pedir) ayuda a su dios[2]. Su dios los 4 (escuchar) y les 5 (dar) unas semillas[3] marrones, gordas y feas. Los pobres 6 (alegrarse) mucho, las 7 (meter) en la tierra[4] y, después de algunos meses, 8 (nacer) de las semillas plantas[5] preciosas. Entonces 9 (venir) otra vez los hombres malos y les 10 (quitar) todas las plantas. Los pobres 11 (llamar) otra vez a su dios y él les 12 (explicar): «Hoy los hombres malos no 13 (conseguir) nada. Es que os 14 (dar) plantas muy especiales: las papas no están en las plantas; están debajo de la tierra. 15 (Hacer) esto para molestar a los hombres malos.» Entonces los hombres pobres 16 (irse) y 17 (empezar) a buscar debajo de la tierra. Allí 18 (encontrar) muchísimas papas. Las 19 (llevar) a sus casas, las 20 (cocinar) y las 21 (comer).
Hasta hoy las papas siempre 22 (ser) una comida importante en América y en todo el mundo.

Ejemplo: Hace mucho tiempo un pueblo de hombres malos en los Andes les quitó …

5 Conversación durante la cena (§ 50)

Durante la cena Ana Lucía, Laura y Mario hablan de muchas cosas.

a Transformad las frases como en el ejemplo.

Ejemplo:
Ana Lucía conoce un poema de Pablo Neruda. Les dice el poema a Mario y Laura.
→ Ana Lucía conoce un poema de Pablo Neruda y se lo dice a Mario y Laura.

1. Ana Lucía necesita un plato para los fríjoles. Mario le pasa el plato.
2. Los padres de Yilton le dieron el dinero para el viaje a España. Él les tiene que devolver el dinero.
3. Laura quiere saber si Ana Lucía echa de menos a su familia. Le pregunta si los echa de menos.
4. Ana Lucía tiene muchos cedés de Colombia. Yilton le ha dejado los cedés.
5. Tiene también muchas películas colombianas. Enseña las películas a Mario y Laura.
6. Después de la cena Ana Lucía quiere lavar los platos. Laura le da los platos a Ana Lucía.
7. Mario y Laura quieren cocinar con Ana Lucía otra vez. Antes de irse le proponen cocinar juntos otra vez.
8. Pero esta vez ellos van a comprar las cosas para la comida. Van a traer las cosas a Ana Lucía.

[1] **un pueblo** ein Volk – [2] **un dios** ein Gott, eine Gottheit – [3] **una semilla** ein Samenkorn – [4] **la tierra** die Erde – [5] **una planta** eine Pflanze

b Completad los diálogos con los pronombres correctos.

Laura
Mmmmh, qué rica está la comida. ¿Cómo [1] haces?
Te lo puedo enseñar. O mejor **te** doy la receta. ¿**Te la** puedo mandar por correo electrónico?
Casi no abro mi correo. Mejor mánda [7] [8] a Mario.
Vale, **se la** mando a Mario y Mario **te la** da.

Ana Lucía
Mario y Laura, ¿ [1] ha gustado el poema de Neruda?
Sí, **nos** ha gustado mucho.
Tengo varios libros de Neruda. [3] [4] voy a dejar y otro día [5] [6] devolvéis.
Muchas gracias, pero no hemos entendido muy bien el poema. ¿**Nos lo** puedes explicar, por favor?

Ana Lucía
Mmmmh, qué rica está la comida. ¿Cómo **la** haces?
[2] [3] puedo enseñar. O mejor [4] doy la receta. ¿ [5] [6] puedo mandar por correo electrónico?
Casi no abro mi correo. Mejor **mándasela** a Mario.
Vale, [9] [10] mando a Mario y Mario [11] [12] da.

Mario y Laura
Mario y Laura, ¿**os** ha gustado el poema de Neruda?
Sí, [2] ha gustado mucho.
Tengo varios libros de Neruda. **Os los** voy a dejar y otro día **me los** devolvéis.
Muchas gracias, pero no hemos entendido muy bien el poema. ¿ [7] [8] puedes explicar, por favor?

c ¿Qué significa el poema de Neruda? Discutid en grupos de tres y después comparad los resultados de vuestra discusión con otros grupos.

6 La madre busca a Mario y Laura (§ 51)

La madre está preparando la cena y pregunta a Cristina si puede llamar a Mario. Quiere saber si él y Laura vienen a cenar. Haced el papel de Cristina. Usad el estilo indirecto como en el ejemplo.

Cuando estás invitado ...
Los españoles normalmente traen un postre cuando están invitados *(eingeladen)* para comer en casa de amigos.

Ejemplo:
La madre: ¿Dónde está Mario? ¿Está Laura con él?
Cristina: Mamá quiere saber dónde estás y si Laura está contigo.

Mario: Pero se lo he dicho a mamá. Laura y yo estamos en casa de Ana Lucía. → **Cristina**: ...
La madre: Ah, sí, es verdad. ¿Les esperamos para cenar? → **Cristina**: ...
Mario: No, no tenéis que esperarnos. Ya hemos cenado. → **Cristina**: ...
La madre: ¿Qué han cenado? ¿Ha estado rico? ...
Mario: Ana Lucía ha preparado fríjoles y arroz. Todo ha estado muy rico.
La madre: ¿Le han llevado algo a Ana Lucía?
Mario: Sí, claro, antes de venir aquí hemos comprado una tarta.
La madre: ¿Cómo está Ana Lucía? ¿Tiene noticias de Yilton?
Mario: Ana Lucía está bien. Y hace algunos días recibió una carta de Yilton.
La madre: ¿Qué dice? ¿Dónde vive?
Mario: Dice muchas cosas. Se las contamos más tarde en casa.
La madre: ¿Cuándo van a volver? Ya es tarde y puedo ir a buscarles en coche.
Mario: Pero no es tarde. Mamá no tiene que venir a buscarnos en coche. Vamos a tomar el autobús para volver. Hasta luego.
La madre: Hasta luego.

7 De España a Panamá

a En la unidad 6 dejamos a Yilton en el aeropuerto de Madrid para volver a Colombia. Ahora vive en Panamá.
Describid su viaje. Usad las palabras de la casilla y otros medios de transporte que conocéis.

ir en	avión bicicleta metro tren

Ejemplo:
Yilton fue en avión de España a Bogotá.

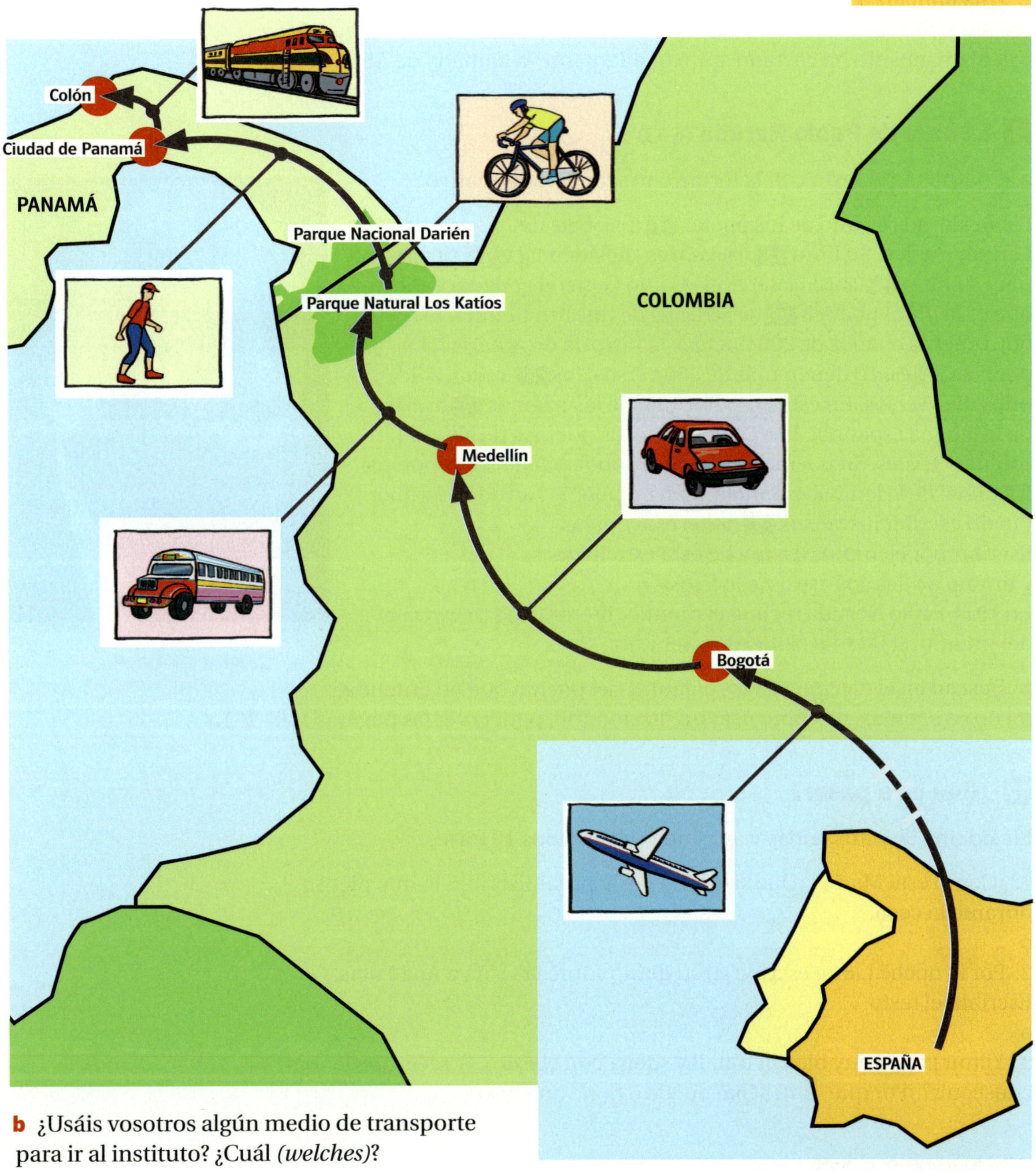

b ¿Usáis vosotros algún medio de transporte para ir al instituto? ¿Cuál *(welches)*?

8 ¿Llamamos a Yilton?

Ana Lucía, Mario y Laura quieren saber más sobre la vida de Yilton en Panamá y deciden juntar dinero *(zusammenlegen)* y llamarle.

a Escuchad la conversación de Ana Lucía y Yilton en el cedé. Tomad nota y después haced el papel de Ana Lucía y resumidles a Mario y Laura la información. Usad el estilo indirecto.

b Una llamada a Panamá no es tan cara… Mirad en la página web www.telefonica.es en la rúbrica «telefonía fija» las tarifas internacionales y calculad: ¿cuánto ha costado aproximadamente la llamada de Ana Lucía a Yilton?

9 La obra de Pablo Neruda (§ 53)

a Completad el texto con la forma correcta del superlativo.

Pablo Neruda es uno de los poetas **1** (conocido) de Latinoamérica. Su libro **2** (famoso) es «Residencia en la tierra», pero su libro **3** (importante) es el «Canto General». Algunos dicen que es la obra[1] poética **4** (importante) de nuestro tiempo. Este libro cuenta en más de 200 poemas la historia de América. Los poemas **5** (largo) tienen más de 500 versos, los **6** (corto), sólo unos diez versos. En este libro hay una de las páginas **7** (bonito) de la lengua española. Pero muchos de los poemas de Neruda son muy tristes. Su poema «Walking around» puede ser el poema **8** (triste) de la lengua española. Y en un poema Neruda escribió:
Puedo escribir los versos **9** (triste) esta noche.
Escribir por ejemplo: «La noche está estrellada,
y tiritan, azules, los astros, a lo lejos».
En 1971 Pablo Neruda recibió el premio[2] literario **10** (importante) del mundo, el Premio Nobel de Literatura.

b Buscad en el diccionario las palabras del poema que no entendéis. (Si no os acordáis de cómo usar un diccionario, podéis ver las páginas 130–131.)

10 ¿Qué va a pasar?

Elegid uno de estos temas y escribid por lo menos 10 frases.

1. ¿Cómo está Mario? ¿Qué siente? ¿Qué le pasa? Escribid lo que piensa durante la cena.

o

2. Por la noche Laura escribe en su diario sobre la visita a Ana Lucía. Escribid el texto.

o

3. Yilton juega muy bien al fútbol y sueña con el éxito. ¿Creéis que lo va a conseguir? ¿Por qué (no)? ¿Qué puede o tiene que hacer?

[1] **una obra** ein Werk – [2] **un premio** ein Preis

En el restaurante

a Abrid un restaurante con especialidades españolas o / y latinoamericanas.

Buscad información y recetas, por ejemplo en www.spain.info/TourSpain/Gastronomia/Cocina+Regional?Language=es

Elegid unas 10 recetas diferentes y haced una carta *(Speisekarte)*.

Con la ayuda del diccionario preparad, además, explicaciones o un «diccionario gastronómico» para explicar los platos de vuestra carta. Hay también mucha información en www.spain.info/TourSpain/Gastronomia/Diccionario.

b Id al restaurante de otro grupo para comer. Haced el diálogo con el camarero.

Comer en un restaurante español

In Spanien ist es nicht üblich, sich in einem Restaurant einfach an einen freien Tisch zu setzen. Man sollte warten, bis einem vom Kellner ein Tisch zugewiesen wird. Keinesfalls darf man sich an einen Tisch zu anderen Personen setzen, selbst wenn dort noch Plätze frei sind.

So kann ich auf Spanisch ein Restaurant besuchen

Así dicen los clientes

bestellen
- (Yo) quiero / tomo / deseo …
- (Nosotros) queremos / tomamos / deseamos …
- Me / Nos da / trae la carta, por favor.

nach der Rechnung fragen
- Por favor, me trae la cuenta.
- ¿Me dice cuánto es todo?
- ¿Cuánto es?

Zufriedenheit ausdrücken
- La comida ha estado muy buena / muy rica / exquisita / deliciosa.
- Me / Nos ha gustado mucho la comida.
- Me ha gustado sobre todo …

Unzufriedenheit ausdrücken
- La comida no ha estado mal.
- Todo bien, gracias.

Así dice el camarero

Bestellungen aufnehmen
- ¿Qué desea(n)?
- ¿Qué va(n) a / quiere(n) tomar?
- ¿Qué le(s) pongo / traigo?
- ¿Quiere(n) la carta?
- ¿Sabe(n) ya que va(n) a tomar?

die Rechnung bringen
- Aquí tiene(n) la cuenta.
- Ésta es la cuenta.
- ¿Quién va a pagar?
- ¿A quién le doy la cuenta?
- Todo es xx euros.
- La cuenta hace un total de xx euros.

nach der Zufriedenheit der Gäste fragen
- ¿Cómo ha estado la comida?
- ¿Le(s) ha gustado la comida?
- ¿Está todo bien?
- ¿Necesita(n) algo más?
- ¿Quiere(n) otro …?

pedir	bestellen
el menú	das Tagesgericht, die Tageskarte
un plato	ein Gericht
el primer plato	die Vorspeise
¿Qué me recomienda?	Was empfehlen Sie mir?
el pescado	Fisch(gericht)
la carne	Fleisch(gericht)
¿Puede estar … muy hecho?	Kann … gut durchgebraten sein?
¿Cómo está cocinado / preparado…?	Wie ist … zubereitet?

Descontento

Wenn es sich nicht um sehr gravierende Beschwerden handelt, bringt man Unzufriedenheit nur diplomatisch verdeckt zum Ausdruck. Durch die Mimik (z. B. das Vermeiden von Blickkontakt) gibt man dem Kellner zu verstehen, dass man alles andere als zufrieden war.

Despedida

La discoteca está casi llena y muchos chicos y chicas están bailando. Otros están sentados y charlan tranquilamente. Es la fiesta de fin de curso. Primero ha habido una cena con los profesores en un restaurante de Valladolid y después los alumnos han venido solos a esta discoteca.

Laura está hablando con algunas amigas de su clase. Les cuenta que se va dentro de tres días, que quiere volver en Navidades y pasar unos días en Valladolid, que les va a escribir pronto y que se va a acordar muchísimo de ellas.

Después Laura ve a Mario. Está con un grupo de amigos y la está mirando. Los dos han ido juntos al restaurante, pero Mario sigue raro con ella y ha hablado poco. Después, durante la cena, ya casi no se han visto. Laura va hacia Mario y lo saluda.

Laura: Hola, ¿no quieres bailar?
Mario: ¿Contigo?
Laura: Sí, claro. Un baile de despedida.
Mario: Normalmente no bailo, pero contigo es diferente.

Los dos van a la pista de baile.

Mario: Oye, Laura, ¿no ha venido Juan a la fiesta?
Laura: ¿Conoces a Juan? ¿Cuándo lo conociste?
Mario: Os vi juntos el día del concierto, ¿no te acuerdas?
Laura: Sí, claro, no me saludaste…
Mario: Después os he visto más veces. Oye, ¿por qué no me lo has contado nunca? Tienes novio y…
Laura: ¡Mario! Juan no es mi novio.
Mario: Bueno, pues fue tu novio y a mí no me lo has contado. Y tú siempre has sabido que yo…
Laura: Espera, Mario, ven.

Los dos salen de la pista de baile. Laura está ahora más seria.

el fin de curso das Schuljahresende – **Navidades *(f)*** Weihnachten, Weihnachtsferien

Laura: Juan es sólo un amigo. Es el novio de mi compañera Marta y va a venir a la fiesta. Y no te lo he contado porque son mis amigos y es mi vida.

Mario no dice nada. Está pensando.

Laura: Mario, cuando te conocí en Roses, ya me pareciste muy simpático. Y aquí, en Valladolid, he podido vivir en tu casa y hemos hecho muchas cosas juntos. Para mí siempre vas a ser un buen amigo, y te voy a echar de menos tanto como a Cristina.
Mario: Ya, claro, sólo eso, un buen amigo.

En ese momento Raúl, un compañero de la clase de Laura, llega con algunos amigos y amigas y dice: ¡Aquí estás! Tenemos una sorpresa para ti, Laura.

Bea le da a Laura un regalo grande. Laura lo abre rápidamente y encuentra un póster con las huellas de las manos de todos los alumnos de 4º A en muchos colores: verde, rojo, azul… En el póster puede leer, en letras grandes y negras:

«ERES LA PERSONA
MÁS GUAY DEL MUNDO
TU CURSO DE 4º A»

Laura los mira y dice: Gracias a todos. Es genial y lo voy a tener siempre en mi cuarto.
Raúl: Venga, vamos a bailar todos. ¡Sólo es la una y el verano acaba de empezar!

---

una huella eine Spur, *hier:* ein Abdruck – **una mano** eine Hand

1 ¿Qué significa?

a Explicad

1. el título del texto
2. el malentendido *(Missverständnis)* de Mario
3. el regalo
4. la última frase

b Escribid cinco preguntas sobre el texto y las respuestas. Después haced las preguntas a un compañero o una compañera y controlad sus respuestas.

2 De compras para la fiesta

Bea / Juan piensa que necesita una nueva camisa para la fiesta de fin de curso. Entra en una tienda de ropa. Allí hay camisas bonitas, pero bastante caras, otras más baratas que no le gustan y una que le gusta, que no es cara, pero que no tienen de su talla *(Größe)*.
Elegid a Bea o Juan y contad lo que pasa (en presente). Escribid también el diálogo con un dependiente / una dependienta.

Empezad así:
Bea (o Juan) acaba de entrar en una tienda de ropa y ahora ...

3 Una fiesta de fin de curso

Imaginaos que vosotros hicisteis también una fiesta de fin de curso. Contad lo que pasó con por lo menos 15 frases.

Empezad así:
La semana pasada hicimos una fiesta de fin de curso.

Verwendet bei den Übungen auf dieser Seite wieder möglichst viele der Wörter, Ausdrücke und grammatischen Strukturen, die ihr kennt.

4 Un año escolar está terminando

En un año pasan muchas cosas – buenas y malas, divertidas y tristes. Escribid cinco cosas de este año que han sido de especial importancia para vosotros y cinco cosas que queréis hacer el año que viene.

Ejemplos:
Este año ha sido más ... que el año pasado. La cosa menos ...
Me gustó muchísimo el / la ...

5 ¿Dónde hay una farmacia?

Imaginaos que estáis en Valladolid, en la Plaza Zorrilla, cerca del centro de la ciudad. Oís a un señor alemán que pregunta a una señora por una farmacia. El señor no habla español y la señora no habla alemán, así que vosotros hacéis de intérprete. Escribid el diálogo y usad el estilo indirecto.
Trabajad con el plano al final del libro. (Hay una farmacia en la calle Dos de Mayo y probablemente otra en la Plaza Mayor, pero la señora no lo sabe exactamente.)

Estrategias

Wortschatz erschließen

Unbekannte spanische Texte enthalten meist auch Wörter, die ihr noch nicht gelernt habt. Viele dieser Wörter könnt ihr dennoch verstehen. Beim Erschließen unbekannter Wörter könnt ihr folgende Möglichkeiten nutzen:

1 Abbildungen

Abbildungen zeigen, worum es in dem Text geht, zu dem sie gehören, z. B. den Ort und die Situation, Handlungen, die die Personen ausführen, Gegenstände, die dabei eine Rolle spielen usw. Seht euch deshalb die Abbildungen immer genau an und überlegt, was dort passiert. So vorbereitet versteht ihr den Text und einzelne Wörter darin leichter.

¡Ahora vosotros!
La chica estudia.
Das Mädchen auf der Abbildung liest und macht sich Notizen. → Sie …

2 Kontext

Unter Kontext versteht man die Wörter, die in der Nähe eines bestimmten Wortes stehen oder die Situation, in der etwas gesagt oder getan wird.
Wenn ihr ein Wort nicht versteht, überlegt zunächst, welche Bedeutung im Zusammenhang passen könnte.

¡Ahora vosotros!
la playa y el mar → Was gehört zum Strand?
«Me gusta el deporte. El surf, el tenis, el fútbol: ¡genial!»
Pablo findet Surfen und andere Sportarten toll. → Ihm … Sport.

3 Deutsch oder andere Sprachen

Ähnlich klingende Wörter in verschiedenen Sprachen haben oft die gleiche Bedeutung. Überlegt bei unbekannten spanischen Wörtern, ob ihr Wörter im Deutschen (auch Fremdwörter) oder einer anderen Sprache kennt, die so ähnlich klingen, und ob ihre Bedeutung im Kontext passt.

un ejemplo
- deutsches Fremdwort („ein Exempel statuieren")
- *lat.* exemplum
- *engl.* an example
- *frz.* un exemple

¡Ahora vosotros!

el teléfono	un cedé	Sucht weitere solche Wörter im «Diccionario» auf den Seiten 173–181 und stellt sie einem Partner/einer Partnerin als Aufgabe.
una idea	visitar *(engl.)*	
una fiesta	una bicicleta *(frz., engl.)*	

4 Wortfamilie und Wortbildungsmuster

Spanische Wörter, die sich in wenig mehr als der Endung unterscheiden, gehören oft zur gleichen Wortfamilie. An der Endung kann man häufig die Wortart erkennen und die Bedeutung genauer verstehen.

¡Ahora vosotros!
Los helados de la heladería «Málaga» me gustan mucho.
Raúl es un futbolista genial. (⇦ el fútbol)
Me gusta jugar al fútbol. (⇦ un juego)

Tipps:
- Konzentriert euch zunächst auf das, was ihr versteht, und versucht auf dieser Grundlage noch mehr zu verstehen.
- Überprüft, ob eure Vermutung über die Bedeutung eines Wortes zum Inhalt des Textes passt. Denn es gibt auch sogenannte „falsche Freunde", d. h. Wörter, die ähnlich aussehen, aber nicht die gleiche Bedeutung haben, z. B. *un succeso* (ein Geschehen, ein Ereignis) ist etwas ganz anderes als Englisch *success* (Erfolg).
- Kombiniert die verschiedenen Möglichkeiten der Worterschließung. So findet man am meisten heraus.

¡Ahora vosotros!
Versucht mit Hilfe der beschriebenen Lerntechniken den folgenden Text zu verstehen.

Cristina, Mario y Pablo están[1] en la playa. Mario busca[2] un cedé[3]. En la bolsa[2] están las bebidas[2], los móviles[2] y la revista[2] de Pablo, pero no está el cedé. Por eso[1] Mario no escucha música.
Después[1] Mario y Cristina nadan en el mar. Los dos[1] son deportistas[4] excelentes[3]. Pablo toma el sol[2] en la playa y escucha la conversación[3] de un chico y una chica. ¿Quiénes[1] son?

[1] = Kontext
[2] = Abbildung
[3] = ähnliches Wort im Deutschen oder einer anderen Sprache
[4] = Wortfamilie oder Wortbildung

Wörter lernen und behalten

Wir denken nicht in Einzelwörtern. Deshalb sollte man Wörter möglichst immer im Zusammenhang lernen. Solche Zusammenhänge können ein Beispielsatz, eine Zeichnung oder ein Wortfeld sein. Jedesmal, wenn ihr ein Wort in einem neuen Kontext bewusst anwendet, schafft ihr zusätzliche Verknüpfungen im Gehirn, sodass euch ein gesuchtes Wort auch dann einfällt, wenn ihr an die Zeichnung oder den Beispielsatz denkt. Wenn ihr mehrere Sinne (hören, sehen, …) gleichzeitig nutzt, prägen sich die Wörter besonders gut ein.

1 Vokabelnetz

Ordnet die Vokabeln so an, dass die Wörter oder Ausdrücke miteinander verbunden sind, die <u>für euch</u> etwas miteinander zu tun haben. In die Mitte schreibt ihr den Oberbegriff.

Ejemplo:

Tipps:
- Macht immer euer eigenes Vokabelnetz. Nur wenn ihr die Wörter so anordnet, wie sie für euch zusammen gehören, könnt ihr gut damit lernen.
- Schreibt jedes Vokabelnetz auf ein eigenes Blatt. Legt dafür einen Vokabel-Ordner an und heftet die Blätter darin ab oder schreibt sie in ein Vokabel-Heft. Benutzt sie immer wieder zum Lernen und Wiederholen und ergänzt sie, wenn ihr neue, passende Wörter lernt.
- Statt eines Netzes könnt ihr auch andere, zum Thema passende Formen wählen, z. B. einen Stammbaum für Verwandtschaftsbezeichnungen.

2 Wortschatz strukturieren

Wortschatz kann man sich auch leichter merken, wenn man ihn in sinnvolle Zusammenhänge einordnet. Solche Zusammenhänge sind u. a.
- Gegensatzpaare, z. B. *bueno – malo*; *grande – pequeño*
- logische Anordnung, z. B. Kleidung für verschiedene Anlässe oder wie sie am Körper getragen wird, von oben nach unten oder von unten nach oben
- persönliche Vorlieben, z. B.

Wörter, die mir gefallen	Wörter, die mir nicht gefallen	Wörter, die ich schwierig finde	kleine Wörter, die man leicht übersieht

- Sinnzusammenhänge, z. B.

3 Zeichnungen, Symbole und Gesten als Merkhilfen nutzen

a Macht zu den Wörtern kleine Zeichnungen oder malt Symbole dazu. Solche Zeichnungen könnt ihr auch ins Vokabelnetz oder auf die Karteikarten (s. u.) machen.
Ihr könnt auch größere Zeichnungen beschriften. Vgl. hierzu z. B. die Zeichnung auf S. 69.

b Führt die Handlung aus, die zu dem passt, was ihr gerade lernt, oder stellt euch eine passende Szene vor und sagt das Wort oder den Satz dabei laut vor euch hin (nicht im Unterricht!). Bei konkreten Begriffen (z. B. der Einrichtung eines Zimmers) könnt ihr auch die Gegenstände z. B. mit kleinen Klebezetteln beschriften.

Ejemplos:
Me levanto. → Steht dabei auf.
Hablo con un amigo / una amiga. → Stellt euch vor, wie ihr mit einem Freund oder einer Freundin sprecht.

4 Lernen im Kontext

Merkt euch zu den Vokabeln möglichst immer auch einen Satz, z. B. die rot gedruckten Sätze aus dem lektionsbegleitenden Vokabular oder einen Satz aus dem Lektionstext oder einer Übung.

Mit den Sätzen lernt ihr nicht nur die einzelnen Wörter besser. Sie helfen euch, für das Sprechen bedeutsame und häufig vorkommende Wendungen als „Bausteine“ zu lernen. Darüber hinaus prägt euch weitere Informationen ein, z. B. Verbformen oder Präpositionen, die immer zusammen mit einem Verb stehen.

Lernt daher auch einmal einen Teil eines Lektionstextes oder einer Übung auswendig, der euch gut gefällt. Besonders behaltenswirksam sind Lieder, da Rhythmus und Melodie das Lernen des Textes unterstützen. Es muss auch nicht immer ein „echtes“ spanisches Lied sein: Ihr könnt selbst Sätze oder schwierige Wörter und Formen mit einer bekannten Melodie unterlegen oder sie rhythmisch sprechen.

5 Sprechen und Hören

Nehmt Wörter, die ihr euch schlecht merken könnt, oder auch kleine Sätze oder Satzteile auf Kassette oder mit dem MP3-Player auf. Sprecht zuerst das Wort und den Beispielsatz mit Übersetzung auf Band, dann folgen noch einmal Wort und Beispielsatz ohne Übersetzung. Lasst danach eine Pause, dann noch einmal Wort und Beispielsatz mit Übersetzung. Beim Anhören sprecht ihr die Übersetzung selbst in die Pause und vergleicht dann, ob eure Lösung richtig war.

6 Vokabelkartei

Schreibt jede Vokabel – am besten in einem Satzzusammenhang (s. o. „Lernen im Kontext") – auf eine Karteikarte oder auf ein kleines Blatt. Auf eine Seite schreibt ihr den spanischen Ausdruck, auf die Rückseite die deutsche Bedeutung.

Legt euch einen Karteikasten mit 5 Fächern an. Die Karten kommen zuerst ins erste Fach. Alle Wörter, die ihr beim Abfragen wisst, kommen ins zweite Fach, dann ins dritte usw. Wenn ihr ein Wort nicht wisst, kommt es zurück ins erste Fach.

Éste / ésta es ...

Éste es Mario y ésta es Cristina.

Dies ist ...

Dies ist Mario und dies ist Cristina.

Tipps:
- Probiert verschiedene Möglichkeiten des Wortschatzlernens aus und findet heraus, mit welcher Strategie oder welchen Strategien ihr Vokabeln am besten behalten könnt.
- Es gibt viele weitere Möglichkeiten. Tauscht euch mit euren Mitschülerinnen und Mitschülern darüber aus, wie sie Wörter erfolgreich lernen und probiert deren Strategien aus.

Texte verstehen

Texte verstehen kann ganz Unterschiedliches bedeuten. So gibt es Texte, in denen jedes Wort wichtig ist (z. B. Kochrezepte oder Bedienungsanleitungen) und andere, in denen nur einzelne Informationen für mich von Bedeutung sind (z. B. im Fahrplan oder Telefonbuch). Wie genau ich einen Text verstehen muss, hängt oft auch von meinen Interessen ab: Bei der Inhaltsangabe zu einem Film will ich nur wissen, ob es sich um eine Liebesgeschichte oder einen Krimi handelt, bei einer spannenden Geschichte dagegen will ich jedes Wort verstehen.

1 Schriftliche Texte erschließen

a Einen Text vollständig erarbeiten

Wenn ihr einen neuen Text auf Spanisch lest, werdet ihr schon viel verstehen. Um auch den Rest zu entschlüsseln, geht ihr folgendermaßen vor:

- Seht euch die Abbildungen beim Text und den Titel an und überlegt, worum es in dem Text gehen könnte (siehe dazu auch „Wortschatz erschließen – Abbildungen“ auf S. 123). Haltet eure Vermutungen fest.
- Lest den Text ein erstes Mal und konzentriert euch zunächst auf das, was ihr versteht. Unterstreicht dabei wichtige Wörter (wenn ihr mit eurem eigenen Exemplar arbeitet) oder notiert sie.
- Überlegt, wie alles zusammenpasst (versucht, einen roten Faden zu finden) und vergleicht die Ergebnisse mit euren Vermutungen, die ihr zuvor formuliert habt. Wenn nicht alles zusammenpasst, überlegt: Habt ihr etwas übersehen oder falsch verstanden? Ergänzt oder korrigiert eure Vermutungen. Wenn möglich, vergleicht eure Ergebnisse auch mit einem Partner oder in der Gruppe.
- Lest den Text mindestens noch einmal und versucht (z. B. mit Hilfe der Worterschließungstechniken) weitere Wörter abzuleiten.
- Wenn ihr einen Text ganz genau verstehen müsst (z. B. die Lektionstexte hier im Buch), erarbeitet ihr anschließend auch noch die fehlenden Details und schlagt z. B. die unbekannten Wörter im Vokabelverzeichnis oder im Wörterbuch nach.

Tipp:
Haltet euch nicht bei einzelnen Wörtern auf, die ihr nicht versteht, sondern versucht zunächst grob den Inhalt zu erfassen. Davon ausgehend fällt die Arbeit an den Details leichter.

b Gezielt nach bestimmten Informationen suchen
Um bestimmte Informationen zu finden, ist es nicht nötig, den gesamten Text zu lesen.

- Für Informationen zu Preisen, Jahreszahlen oder Uhrzeiten sucht ihr nur die Zeilen heraus, in denen Zahlen stehen. Diese springen beim Blick auf die Seite gut ins Auge. Seht euch dann diese Zeilen genauer an und findet heraus, welche die gesuchte Information enthält.
- Für Informationen zu bestimmten Personen überfliegt ihr den Text und sucht nach Zeilen, in denen der Name der Person vorkommt. Lest aber auch die nachfolgenden Zeilen, denn der Name wird ja nicht in jedem Satz wiederholt.
- Für andere Inhalte überlegt ihr euch vorher geeignete Stichwörter und sucht dann nach diesen. Wenn ihr z. B. angeben sollt, was jemand abends gemacht hat, sind «por la tarde» oder «por la noche» geeignete Stichwörter.

Tipp:
Übt zusammen mit einem Partner / einer Partnerin. Sucht aus einem Lektionstext, den ihr im Unterricht noch nicht durchgenommen habt, ein Wort heraus und nennt es ihm / ihr. Er / sie versucht es möglichst schnell zu finden.
Macht diese Übung öfters, bis ihr merkt, dass ihr schneller werdet.

2 Gesprochene Texte verstehen

Lest euch die Aufgaben zu Hörtexten vor dem ersten Hören immer genau durch um zu wissen, was ihr tun müsst. Sollt ihr nur verstehen, worum es in dem Text geht? Bestimmte Informationen suchen? Den Text zusammenfassen?

a Informationen in Hörtexten suchen
Geht dabei ähnlich vor wie bei schriftlichen Texten: Überlegt euch, worauf ihr achten müsst (Zahlen?, Namen?, Stichwörter?) und konzentriert euch beim Hören darauf. Wenn ihr die Informationen gefunden habt, hört den Text noch mindestens ein weiteres Mal an und überprüft eure Lösung.

b Gesprochene Texte global und im Detail verstehen
Überlegt euch vor dem Hören anhand des Titels, der Abbildungen und Bildunterschriften, worum es in dem Text gehen könnte. Im Lehrbuch geben oft auch die Fragen zum Text wichtige Hinweise. Überlegt euch auch, was ihr zu diesem Thema schon wisst.

Hört euch dann den Text ein erstes Mal an und notiert Wörter und Inhalte, die ihr verstanden habt. Wenn möglich, tauscht euch mit anderen Personen darüber aus und versucht, alles in einen logischen Zusammenhang zu bringen. Hört dann den Text noch ein- oder zweimal und versucht, noch mehr zu verstehen. Wie bei schriftlichen Texten gilt auch beim Hören: alles, was ihr bereits wisst und erarbeitet habt, hilft euch, weitere Details des Textes zu verstehen.

Tipp:
Zur Bearbeitung der Aufgaben zu Hörtexten ist es in der Regel nicht nötig, jedes Wort verstanden zu haben.

3 Notizen anfertigen

Sowohl beim Lesen als auch beim Hören eines längeren Textes ist es sinnvoll, Notizen anzufertigen. So kann man sich nach und nach wichtige Inhalte erarbeiten.

Ejemplo
(vgl. Übung 10, S. 74)

cosas → lugar
mesa → ~~comedor~~ cocina
bolsa + ropa → dormitorio (armario)
sillas → comedor (esquina)

- Arbeitet zunächst auf einem Notizzettel.
- Schreibt keine ganzen Sätze; Stichpunkte reichen aus. Ihr könnt auch Zeichen oder Abkürzungen verwenden.
- Versucht, Wichtiges von Unwichtigem zu trennen.
- Lasst zwischen einzelnen Stichwörtern genügend Platz, damit ihr beim nochmaligen Hören weitere Informationen ergänzen könnt.
- Nutzt Tabellen oder Raster. Bereitet diese möglichst bereits vor dem ersten Lesen / Hören vor. Verwendet zur Vorbereitung die Leitfragen zum Text. Hilfreich ist auch folgendes Raster:

¿Quién? / ¿Quiénes?	¿Dónde?	¿Cuándo?	¿Qué pasa?	¿Por qué?

  Für weitere Beispiele siehe z. B. Unidad 3A, Übung 1.
- Schreibt nach Abschluss der Aufgabe eure Notizen ins Reine oder beantwortet mit ihrer Hilfe die gestellten Fragen. Wenn ein Text viele wichtige Informationen enthält, könnt ihr die Notizen auch in eine Skizze (Zeitleiste, Informations-Netz) umarbeiten, die ihr später z. B. für die Vorbereitung auf Klassenarbeiten wiederverwenden könnt. Ein Beispiel für eine Zeitleiste findet ihr auf S. 106. Ein Informationsnetz ist aufgebaut wie ein Vokabelnetz, nur enthält es nicht einzelne Wörter oder Ausdrücke, sondern Informationen, die ihr lernen wollt.

Eva quiere poner la mesa en la cocina y la bolsa con la ropa en el armario del dormitorio.

Fehler vermeiden

1 Ein Fehler- oder Korrekturheft anlegen

Fehler sind beim Erlernen einer Fremdsprache völlig normal, aber sie können die Verständigung stören. Deshalb ist es wichtig, möglichst fehlerfrei zu sprechen und zu schreiben. Mit einem Fehlerheft verschafft ihr euch einen Überblick darüber, welche Art von Fehlern ihr im Spanischen häufig macht. Dadurch könnt ihr euch schnell und gezielt verbessern.

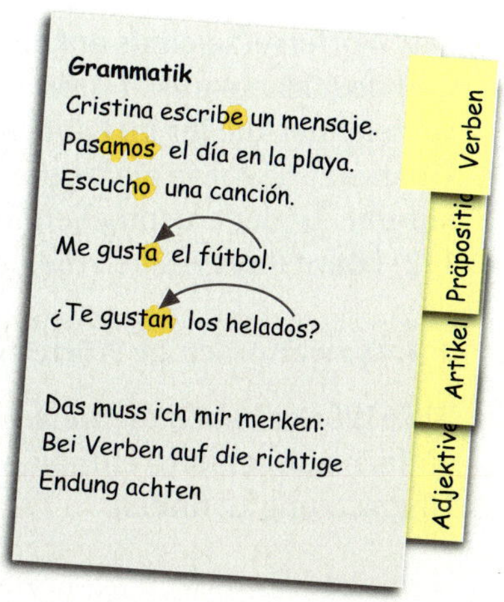

1. Teilt euer Heft in drei Rubriken ein: Grammatik, Vokabular, Rechtschreibung und unterteilt diese Rubriken, z. B. „v oder b?", „doppelte Konsonanten", „Akzentsetzung" für die Rechtschreibung.

2. Notiert Wörter oder Sätze mit verbesserten Fehlern in der passenden Rubrik und hebt die Stellen hervor, an denen ihr die Fehler gemacht habt.
3. Findet heraus, welches eure Fehlerschwerpunkte sind.
4. Übt die Pensen mit euren Fehlerschwerpunkten besonders häufig.
5. Notiert jeweils auch, was ihr beachten müsst und haltet dies in Kurzform fest, z. B. mm, ss, tt.
6. Fragt euren Lehrer / eure Lehrerin, ob die Klasse ihre Fehlerhefte auch einmal bei einer Klassenarbeit benutzen darf.

2 Selbstkontrolle und -korrektur

- Legt eine Checkliste an, auf der ihr notiert, auf welche Punkte ihr besonders achten müsst (vgl. „Fehlerheft“, Punkt 5) und benutzt diese stets bei der Erstellung von Texten und vor Klassenarbeiten. Lest dazu eure fertigen Texte mehrmals durch und achtet jeweils nur auf einen Aspekt (z. B. Endungen der Verben).
- Tauscht eure Arbeiten ab und zu mit einem Partner aus: Fehler in fremden Texten fallen einem mehr auf als in eigenen.
- Legt eine „Expertenliste“ an, die ihr im Klassenzimmer aufhängt, und auf der ihr notiert, wer etwas besonders gut kann. Diesen Mitschüler / diese Mitschülerin könnt ihr ansprechen, wenn ihr Fragen zu dieser Struktur habt.
- Vergleicht bei Übungen mit Lösungen (z. B. die *Autocontrol*-Übungen im *Cuaderno de actividades*) die Lösung sehr sorgfältig mit eurem Ergebnis. Nur wenn ihr alle Fehler findet und verbessert, hat die Übung ihren Zweck erfüllt.
- Versucht eure Kenntnisse realistisch einzuschätzen, z. B. mit den Fragen zur *Auto-Evaluación* bei den *Autocontrol*-Übungen. Diese sind nur für euch selbst da, nicht für euren Lehrer oder eure Lehrerin. Nur wenn ihr euch selbst eine ehrliche Antwort gebt, könnt ihr Defizite erkennen und gezielt angehen.

Nachschlagen

1 Das Vokabelverzeichnis

Das Wörterverzeichnis auf den Seiten 173–189, hat zwei Teile: spanisch-deutsch und deutsch-spanisch. Dort sind in alphabetischer Reihenfolge alle Wörter verzeichnet, die ihr im Laufe des Schuljahres lernt. Bei jedem Wort steht die Übersetzung sowie die Nummer der Lektion, in der das Wort zum ersten Mal vorkommt. An der entsprechenden Stelle im lektionsbegleitenden Vokabular (S. 143–172) könnt ihr z. B. auch die Beispielsätze nachlesen.

2 Das zweisprachige Wörterbuch

Viele Wörter haben mehrere Bedeutungen. Ein Wörterbuch listet diese nicht einfach auf, sondern enthält weitere Informationen, die helfen, die richtige Übersetzung zu finden.

Ein Lexikoneintrag ist in der Regel ungefähr folgendermaßen aufgebaut:

1. Stichwort sowie Aussprache und Betonung
2. Wortart (z. B. Adjektiv, Pronomen) oder grammatische Kategorie (z. B. transitives oder intransitives Verb, maskulines oder feminines Substantiv)
3. eine oder mehrere Bedeutungen
4. Hinweise zur Unterscheidung mehrerer Bedeutungen oder Angabe des Fachgebiets, in dem das Wort in einer bestimmten Bedeutung verwendet wird
5. weitere Angaben zur Verwendung
6. typische Wortverbindungen oder Redewendungen
7. Hinweis auf übertragene Bedeutungen oder Stilebenen (z. B. Umgangssprache)

Geht folgendermaßen vor, um die richtige Bedeutung eines Wortes zu finden:

a im spanisch-deutschen Wörterbuch oder Wörterbuchteil:

- Sucht zuerst die passende Wortart oder grammatische Kategorie. Überlegt euch ggf. den Stamm des Wortes (es könnte z. B. ein konjugiertes Verb sein.)
- Lest den dazu gehörenden Eintrag durch und findet den Teilbereich oder das Fachgebiet, zu dem der Satz gehört, den ihr bearbeitet.
- Prüft immer, ob die ausgewählte Bedeutung zum bearbeiteten Satz passt.

b im deutsch-spanischen Wörterbuch oder Wörterbuchteil:

- Sucht auch hier zuerst die passende Wortart oder grammatische Kategorie.
- Schaut euch die Angaben zur Unterscheidung mehrer Bedeutungen genau an und findet heraus, welche dem gesuchten Wort am nächsten kommt.
- Lest auch die typischen Wortverbindungen und Beispielsätze der ausgewählten Übersetzung. Sie geben oft Aufschluss über die Verwendung oder grammatische Besonderheiten.
- Nutzt das spanisch-deutsche Wörterbuch, um die Bedeutung des gefundenen spanischen Wortes zu überprüfen oder mehr über dessen Verwendung zu erfahren.
- Schlagt auch deutsche Synonyme nach.

1 2

tirar [ti'rar] **I.** *vi* ❶ (*arrastrar*) ziehen (*de* an +*dat*); **tira y afloja** Tauziehen *nt;* **a todo ~** höchstens; **~ de la lengua a alguien** jdm die Würmer aus der Nase ziehen ❷ (*atraer*) anziehen; **no me tiran los libros** ich mache mir nichts aus Büchern ❸ (*sacar*) hervorziehen (*de* +*akk*) ❹ (*chimenea, t.* AUTO) ziehen ❺ (*colores*): **~ a rojo** ins Rote spielen ❻ (*vestidos*): **esta camisa me tira de los hombros** diese Bluse spannt an den Schultern ❼ (*querer lograr*): **~ para director** Direktor werden wollen ❽ (*parecerse*) ähneln (*a* +*dat*) ❾ (*torcer*) abbiegen; **aquí cada uno tira por su lado** hier trennen sich unsere Wege ❿ (*disparar*) schießen (*a* auf +*akk*); **~ al blanco** das Ziel treffen ⓫ (*loc*): **¿cómo estás? – voy tirando** wie geht's? – es geht so **II.** *vt* ❶ (*lanzar*) werfen; **~ piedras a alguien** mit Steinen nach jdm werfen ❷ (*malgastar*) verschwenden ❸ (*desechar*) wegwerfen ❹ (*disparar*) schießen; (*bombas*) abwerfen; (*cohetes*) abfeuern ❺ (*derribar*) zu Boden werfen; (*árbol*) fällen; (*edificio*) abreißen ❻ (*trazar*) ziehen ❼ (*imprimir*) drucken ❽ (*extender*) spannen ❾ (FOTO) schießen ❿ (*loc*): **~ un mordisco** beißen; **~ un pellizco** kneifen **III.** *vr:* **~se** ❶ (*lanzarse*) sich stürzen (*a* in +*akk, sobre* auf +*akk*) ❷ (*echarse*) sich hinlegen (*en* auf +*akk*) ❸ (*fam: pasar*) verbringen; **~se una hora esperando** eine ganze Stunde warten ❹ (*acometer*) (los)stürzen (*a* in +*akk, sobre* auf +*akk*)

(Markierungen am Eintrag: 3 = ❷, ❸; 4 = (*colores*); 5 = (*a* +*dat*); 6 = **~ al blanco**; 7 = (*fam:*)

vor|stellen I. *vt* ❶ (*nach vorn, davor stellen*) poner delante (*vor* de) ❷ (*Uhr*) adelantar ❸ (*vorführen, bekannt machen*) presentar; **darf ich Ihnen Frau Müller ~?** permítame presentarle a la Sra. Müller ❹ (*bedeuten*) significar; **was soll das ~?** ¿qué significa esto? ❺ (*darstellen*) representar ❻ (*ausmalen*): **sich** *dat* **etw ~** imaginarse algo; **das kann ich mir gut ~** me lo puedo imaginar muy bien; **darunter kann ich mir nichts ~** eso no me dice nada; **stell dir mal vor!** (*fam*) ¡imagínate! ❼ (*Konditionen, Preis*): **sich** *dat* **etw ~** tener pensado algo ❽ (*mit etw verbinden*): **sich** *dat* **etwas/nichts unter etw** *dat* **~** tener una idea/no tener ni idea de qué puede ser algo **II.** *vr:* **sich ~** (*sich bekannt machen*) presentarse; **sich bei einem Unternehmen ~** presentarse en una empresa

PONS Schülerwörterbuch Spanisch. Stuttgart: Ernst Klett Sprachen, 2003.

¡Ahora vosotros!

a) Traducid las frases al alemán.

1. En nuestro barrio van a tirar el supermercado.
2. A Laura no le tiran las discotecas.
3. Voy a tirar el póster de Britney Spears. Ya no me gusta.

b) Traducid las frases al español.

1. Laura malt sich die Zeit aus, die sie in Spanien verbringen wird.
2. Das kann ich mir nicht vorstellen.
3. Pablo kann sich unter den«aguacates» der SMS-Nachricht nichts vorstellen.

Tipps:
- Jedes Wörterbuch ist etwas anders aufgebaut. Seht euch in eurem Wörterbuch die Erklärungen zum Aufbau an und macht euch auch mit den wichtigsten Abkürzungen vertraut.
- Nehmt nicht sofort die erste angegebene Bedeutung, sondern lest jeden Eintrag mindestens so weit, bis ihr sicher seid, das passende Themengebiet gefunden zu haben.

3 Das Grammatische Beiheft

a Inhaltsverzeichnis und Index
Inhaltsverzeichnis und Index listen alle Inhalte des Grammatischen Beihefts auf. Im Inhaltsverzeichnis vorne im Buch sind sie nach Lektionen geordnet, im Index am Ende des Beihefts alphabetisch nach Stichwörtern. Im Index findet ihr auf einen Blick alle Paragraphen, in denen eine Struktur behandelt wird, z. B. unter „Pronomen" die Formen der Subjektpronomen und der verschiedenen Objektpronomen, ihre Stellung beim Imperativ oder die Pronomen nach Präpositionen.

b Verbtabellen
Die Verbtabellen im Grammatischen Beiheft enthalten die Formen aller unregelmäßigen Verben, die in *Línea verde 1* eingeführt werden sowie jeweils ein konjugiertes Beispiel für die regelmäßigen Verben und Gruppenverben (= Verben mit Diphthongierung oder Vokalwechsel). Zum Nachschlagen
- sucht ihr dieses Verb in der alphabetischen Liste auf der letzten Seite der Verbtabellen.
- schlagt ihr auf den vorausgehenden Seiten unter der Nummer nach, die bei jedem Verb steht. Dort findet ihr die Formen (wenn es sich um ein unregelmäßiges Verb handelt) oder das Konjugationsbeispiel (bei den Gruppenverben).

Alle dort nicht genannten und im Schülerbuch behandelten Verben sind regelmäßig.

Texte schreiben

1 Das Schreiben von Texten vorbereiten

- Schreibt nicht planlos drauflos, sondern stellt sicher, dass ihr wisst, was ihr genau schreiben müsst (z. B. einen Dialog, eine Antwort auf eine E-mail, die Fortsetzung einer Geschichte usw.). Lest dazu die Aufgabe genau durch.
- Überlegt, was ihr schreiben wollt. Wenn ihr eine Antwort oder eine Fortsetzung schreibt, verschafft euch zuerst einen Überblick, was bereits gesagt wurde – z. B. durch eine Skizze; s. dazu oben „Notizen anfertigen". Notiert wichtige Stichwörter und ordnet sie.
- Erstellt mit Hilfe der Stichwörter einen Schreibplan, bzw. eine Gliederung.
- Schreibt erst dann den Text. Die Vorbereitung dauert so zwar etwas länger, aber das Schreiben geht schneller und eure Texte werden besser.

2 Eigene Texte verbessern

- Reiht nicht nur Hauptsätze aneinander, sondern verwendet Satzverknüpfungen und Strukturwörter, um zeitliche oder logische Bezüge aufzuzeigen.
- Vermeidet die Wiederholung der gleichen Wörter. Verwendet stattdessen Synonyme und Antonyme, Wörter mit ähnlicher Bedeutung, Oberbegriffe usw.
- Überprüft den Text auf Fehler, die ihr häufig macht (s. S. 130 „Selbstkorrektur“)

Tipp:
Überprüft fertige Texte immer noch einmal im Hinblick auf Inhalt (logischer Aufbau, Thema/Aufgabenstellung) und Sprache (Satzverknüpfungen, Abwechslungsreichtum, Fehler).

Aufzählung / zeitliche Abfolge	primero, después, entonces, al final cuando, mientras antes de / después de + *inf.*
Kausalbeziehungen	por eso, porque
Gegensätze	pero
Zweck	para + *inf.*
weitere Satzverbindungen	además, por cierto

A dice: …	A pregunta: …
B dice: …	B contesta: …
A dice: …	A dice: …
B dice: …	B explica: …

3 Einen Text zusammenfassen

Ein *resumen* fasst die wichtigen Aussagen eines Textes zusammen. Sein Ziel ist z. B. jemanden, der den Text nicht gelesen hat, kurz über den Inhalt zu informieren. Es steht im Präsens.

Um ein *resumen* zu schreiben:

- Unterteilt den Text in Sinnabschnitte. Schreibt zu jedem Sinnabschnitt ein bis zwei Sätze. Das gesamte *resumen* sollte nicht länger als maximal ein Drittel des Ausgangstextes sein.
- Behaltet die Reihenfolge des Ursprungstextes bei und verbindet die Sätze durch Strukturwörter.
- Beschränkt euch auf das Wichtige; lasst Beispiele und ausschmückende Details weg.
- Verwendet keine direkte Rede und keine Kommentare über den Inhalt des Textes.
- Beginnt eure Zusammenfassung mit einem Einleitungssatz, der den Titel und das Thema des Textes nennt. (Diesen Satz schreibt man am besten als letztes, wenn man sich den gesamten Inhalt erarbeitet hat.) Bei literarischen Texten oder Zeitschriftenartikeln wird im Einleitungssatz auch der Name des Autors genannt.

Cajón de sastre

El nombre de María

El nombre de María,
que cinco letras tiene:
La M,
la A,
la R,
la I,
la A.
¡Ma-rí-a!

2 dos	7 siete
3 tres	8 ocho
4 cuatro	9 nueve
5 cinco	10 diez
6 seis	

el nombre der Name – **que** der *(Relativpronomen)* – **una letra** ein Buchstabe – **tiene** hat

Trabalenguas

Si yo como como como
Y tú comes como comes
¿Cómo comes como como?
Si yo como como como.

Un tigre,
Dos tigres,
Tres tigres.

Hijos e hijas tiene mi hijo,
Mi hija hijas e hijos tiene;
Pero los hijos e hijas de mi hija
No son hijas e hijos de mi hijo.

un trabalenguas ein Zungenbrecher – **si** wenn – **e** y *(vor i oder hi)* – **tiene** hat

Adivinanzas

1. Es la hermana de tus tíos,
   y la hija de tus abuelos.
   ¿Quién es?
2. Marta y María son hermanas.
   Marta tiene dos sobrinas que no son
   sobrinas de María.
   ¿Por qué es verdad?
3. Él es tu padre, pero tú no eres su hijo.
   ¿Quién eres?

Solución de las adivinanzas: 1. Tu madre. – 2. Porque las sobrinas de Marta son las hijas de María. – 3. Su hija.

una adivinanza ein Rätsel

Emilio en la playa

(la) cámara lenta (die) Zeitlupe – **(el) pobre** (der) Arme – **su película favorita es «Liberen a Willy»** sein Lieblingsfilm ist „Free Willy"

Un villancico

Veinticinco de diciembre,
fum, fum, fum.
Veinticinco de diciembre,
fum, fum, fum.

Como un sol nació Jesús,
radiando luz, radiando luz.
De María era hijo;
un establo fue su cuna,
fum, fum, fum.

un villancico ein Weihnachtslied – **nació** wurde geboren – **radiando luz** strahlend – **era** war – **un establo** ein Stall – **fue** war – **una cuna** eine Wiege

Mis fines de semana

Algunos alumnos del Vega del Prado hablan de su barrio y de sus fines de semana.

A Los fines de semana salgo con mis amigos. Por la mañana vamos a jugar al fútbol y al baloncesto, por la tarde vamos al cine o a una hamburguesería.

El domingo suelo ir con mi familia a nuestro pueblo, y allí nos quedamos hasta la tarde. Cuando volvemos a Valladolid, llamo a mis amigos y quedamos para dar una vuelta por el centro de la ciudad o por el barrio. Hablamos un poco y después volvemos a casa. (Diego, 2º de ESO)

B Para mí los fines de semana son un poco aburridos porque sólo salgo algún viernes. El resto del fin de semana me quedo en una parcela en un pueblecito de cerca de Valladolid. Allí tengo amigos, y con ellos doy vueltas con las bicicletas. En verano nos bañamos en la piscina de alguna de nosostras. Somos sólo cuatro, pero nos lo pasamos muy bien. Si no nos vemos, paso el fin de semana jugando con mis perros.

Cuando salgo los viernes, solemos ir al cine o a dar una vuelta por el centro, y nos reímos mucho. (Sandra, 2º de ESO)

C Me llamo Celia y tengo 13 años. Mi madre se preocupa mucho cuando salgo y no me deja llegar más tarde de las 21:30 o 22:00. Pero yo intento divertirme lo más que puedo las pocas horas que paso fuera.

Los viernes después de comer tengo entrenamiento: más de dos horas. Cuando llego a casa, sobre las 6 y media, me ducho y me arreglo para salir: sólo voy a poder estar tres horas fuera. Esto es un fastidio, así que me doy toda la prisa que puedo para salir cuanto antes y pasar el máximo del tiempo con mis amigos. Solemos ir al cine, dar una vuelta a ver ropa, patinar sobre hielo (en diciembre y enero hay una pista de hielo en la Plaza Mayor). A mí no me gusta mucho ir a las discotecas porque siento la tensión de que no me van a dejar entrar y me siento mejor riéndome por la calle llevando ropa normal que toda arreglada.

Viernes y sábados son casi iguales. Me divierto muchísimo. En cambio los domingos, como todo está cerrado, me tengo que quedar en casa y hacer los deberes porque el lunes hay que volver a madrugar.

¡Ah! Mi barrio se llama Huerta del Rey. Pero casi todo lo que os he contado lo hago en el centro de la ciudad. (Celia, 2º de ESO)

el baloncesto Basketball – **soler (-ue-) hacer algo** hacer algo muchas veces, normalmente – **quedar** sich verabreden – **dar una vuelta por** eine Runde drehen in – **aburrido** langweilig – **quedarse** bleiben – **bañarse** nadar – **pasarlo bien** sich gut amüsieren – **reírse** lachen – **preocuparse** sich Sorgen machen – **dejar** lassen – **intentar** versuchen – **divertirse** sich amüsieren – **lo más que puedo** so viel wie möglich – **fuera** draußen – **el entrenamiento** das Training – **arreglarse** sich zurechtmachen – **un fastidio** Ärgernis – **cuanto antes** möglichst bald – **patinar sobre hielo** eislaufen – **mejor** besser – **igual** gleich – **en cambio** hingegen – **cerrado** geschlossen – **tener que** müssen – **volver a madrugar** wieder früh aufstehen – **he contado** ich habe erzählt

¿Una chica rara?

raro seltsam – **qué va** ach was – **estar equivocado** sich täuschen – **de dónde sacas eso** por qué piensas así – **me has dejado de piedra** ich bin sprachlos – **fuerte** stark, *hier:* heftig

Quiero ser inmigrante

—Papá…
—¿Qué?
—Papá, ¿qué es un emigrante?
—Pues… es… como…, o sea…, un emigrante es…, es…, un emigrante es uno que se va.
—Ya.
—¿Y un inmigrante?
—Pues uno que viene.
—¿Cómo?
—Ya lo has oído, hijo, y déjame ver el partido.
—Papá, ¿yo puedo ser un inmigrante?
—¡Qué tonterías dices!
—No son tonterías, es que en clase de Ética la profesora ha dicho que los inmigrantes son nuestros amigos y que hay que respetarlos y quererlos…, y también ha dicho que cualquiera de nosotros puede convertirse en un inmigrante.
—Un momento, un momento…
—¿Qué pasa?
—¿Has dicho clase de… Ética? Ética, ¿qué diablos es eso?

un partido ein Match, ein Spiel – **tonterías** Unfug – **querer** lieben – **cualquiera** jeder (beliebige) – **convertirse en** werden zu – **qué diablos** was zum Teufel –

[Cajón de sastre]

—Papá…

—¡¿Qué!? ¿No ves que estoy con el fútbol?

—Papá, ¿Rivaldo es un inmigrante?

—¿Cómo?

—Rivaldo, el futbolista, ya sabes. ¿Él también es un inmigrante?

—Esto…, bueno, en cierta forma, de alguna manera, no sé, supongo que sí lo es. Pero no esa clase de inmigrantes.

—¿Qué clase?

—Ya sabes lo que quiero decir y, por favor, Claudio, quiero ver el partido…

—Pues yo, de mayor, quiero ser inmigrante, y ya está. Como Rivaldo.

—Vale, vale.

A veces, cuando hay fútbol en la tele, yo creo que mi padre no tiene muchas ganas de hablar.

—Papá…

—¿Pero es que no me vas a dejar tranquilo ni un momento?

—Papá, yo quiero mucho a los inmigrantes.

—Pues muy bien, muy bien. Me alegro mucho.

—¿Y tú, papá?

—¿Yo qué?

—¿Tú quieres a los inmigrantes o los odias? Dice la profesora de Ética que hay mucha gente que es muy intolerante y que odian a los inmigrantes y que por eso luego pegan a los negros y a los musulmanes, y les tratan mal y todo eso.

—Ya, ya. Es que los moros a veces vienen aquí sin pensar que no hay sitio para todos. Hay que pensar, Claudio, hay que pensar.

—Musulmanes.

—¿Qué?

—Musulmanes, no moros, papá.

—Mira, mejor vamos a dejarlo.

—Papá…

—Dime.

—¿Tú has pegado a los negros y a los musulmanes?

—¿Yo? ¡Pero yo qué voy a pegar a nadie! ¿Tú estás tonto o qué? Lo que pasa es que hay que tener cuidado y no mezclar las cosas.

—¿Por qué?

—¿Por qué, por qué?… ¿Es que no puedes dejar de hacer preguntas?

—Dice la profesora de Ética que los que son inteligentes siempre son los que hacen más preguntas…

—Vale, vale. Mira: a primera vista, todo parece muy fácil, pero esto de los inmigrantes es muy complicado.

—Papá…

—Ya está bien. ¿Sabes qué, Claudio? Me voy. Me has fastidiado el partido con tanta pregunta. Ya no tengo ganas de ver el fútbol ni nada.

—Pero papá… Bueno, yo me quedo. Quiero ver el final del partido… Quiero ver a Rivaldo…

Roberto Santiago: *18 inmigrantes y medio.* Colección: *El mundo según Claudio.* Barcelona: edebé, 2002. (fragmento simplificado)

suponer vermuten – **de mayor** wenn ich groß bin – **tener ganas** Lust haben – **alegrarse** sich freuen – **odiar** hassen – **pegar** schlagen – **tratar** behandeln – **un moro** *(abwertend)* ein Araber – **nadie** niemand – **tonto** dumm – **mezclar** durcheinanderbringen – **a primera vista** auf den ersten Blick – **fastidiar** hier: verderben – **tanto** so viel – **ni nada** überhaupt nichts

¡Abajo los libros!

A los alumnos de un instituto español no les gustan sus clases. Hacen una lista de las cosas que quieren cambiar.

1° La enseñanza es terriblemente aburrida. Queremos divertirnos en clase.
2° Sólo deseamos estudiar las cosas agradables, interesantes y útiles para nosotros.
3° Odiamos los esquemas, las redacciones, los problemas de matemáticas, los análisis sintácticos… En cambio, nos encantaría aprender a hacer fotos, vídeos, dibujos por ordenador…
4° Los libros de estudio son de otra época y hay que cambiarlos por documentales, películas, imágenes virtuales…
5° Nos deprime muchísimo tener que pasar los mejores años de nuestra vida encerrados en un aula. Queremos hacer excursiones, ir al cine, al teatro, al circo; visitar lagos, ríos, montañas, parques zoológicos…
6° También queremos escuchar música de cuando en cuando.

Iván dice que vamos a acabar con una enseñanza anticuada.
—No vamos a acabar con nada –replica Natalia–. Las cosas van a seguir como han estado siempre. Además, esto no tiene ningún sentido. Para aprender algo es necesario hacer un esfuerzo. Un verdadero esfuerzo. No es como cuando te comes un helado.
—Bueno, pero las clases pueden ser más divertidas.
—No pueden –dice ella–. Hay cosas que no son divertidas y que también tenemos que aprender. Y si nos pasamos la vida viendo películas y telefilmes, vamos a ser cada vez más tontos. ¿Tú quieres ser cada vez más tonto?

Jesús Carazo. *El mal de Gutenberg*. Madrid: Ediciones SM 2002 (fragmento simplificado)

abajo nieder mit – **la enseñanza** der Unterricht – **divertirse** sich amüsieren – **odiar** hassen – **una redacción** Aufsatz – **en cambio** hingegen – **nos encantaría** wir würden gern – **encerrado** eingesperrt – **un aula** ein Klassenzimmer – **un lago** ein See – **acabar con algo** etwas abschaffen – **seguir** weitergehen – **(el) sentido** (der) Sinn – **un esfuerzo** eine Anstrengung – **tonto** dumm

La historia de Juan

Ésta es la historia de Juan
El niño que nadie amó
Que por las calles creció
Buscando el amor bajo el sol
Su madre lo abandonó
Su padre lo maltrató
Su casa fue un callejón
Su cama un cartón
Su amigo Dios

Juan preguntó por amor
Y el mundo se lo negó
Juan preguntó por honor
Y el mundo le dio deshonor
Juan preguntó por perdón
Y el mundo lo lastimó
Juan preguntó y preguntó
Y el mundo jamás lo escuchó

Él sólo quiso jugar
Él sólo quiso soñar
Él sólo quiso amar
Pero el mundo lo olvidó
Él sólo quiso volar
Él sólo quiso cantar
Él sólo quiso amar
Pero el mundo lo olvidó

Tan fuerte fue su dolor
Que un día se lo llevó
Tan fuerte fue su dolor
Que su corazón se apagó
Tan fuerte fue su temor
Que un día solo lloró
Tan fuerte fue su temor
Que un día su luz se apagó

Él sólo quiso jugar
…

Música y letras: Juan Esteban Aristizábal, © PEERMUSIC Germany GmbH

amar lieben – **crecer** aufwachsen – **maltratar** misshandeln – **un callejón** una pequeña calle – **Dios** Gott – **negar** verweigern – **lastimar a alguien** jdm. wehtun – **jamás** nunca – **quiso** *indefindo de* querer – **olvidar** vergessen – **volar** fliegen – **fuerte** stark, schlimm – **el dolor** der Schmerz – **llevarse algo** etw. mitnehmen – **el corazón** das Herz – **apagarse** ausgehen, *hier:* stehenbleiben – **el temor** die Angst – **llorar** weinen

Pronunciación y acentuación

Die Aussprache der spanischen Buchstaben

Die Aussprache der spanischen Buchstaben und Buchstabenkombinationen folgt festen Regeln. Die wichtigsten davon findet ihr hier aufgelistet. Rechts von den Buchstaben seht ihr in eckigen Klammern die Lautschrift, die daneben noch einmal erklärt wird. An den Beispielen könnt ihr die Aussprache üben. Wenn ihr diese Regeln beherrscht, könnt ihr alle neuen spanischen Wörter gleich richtig aussprechen.

Die spanischen Konsonanten werden insgesamt viel weicher als im Deutschen ausgesprochen. *P, t* und *c [k]* werden nicht aspiriert (gehaucht). Wenn ihr die Hand vor den Mund haltet und *p, t, k* auf Deutsch sprecht, dann spürt ihr einen Luftstrom auf der Hand. Bei der spanischen Aussprache spürt man jedoch den Luftstrom kaum oder gar nicht. Auch *b, d* und *g* werden im Spanischen viel weicher gesprochen.

Die spanischen Vokale werden insgesamt klarer und offener ausgesprochen als im Deutschen.

Lerntipp

Wenn ihr Texte von der CD anhört, achtet auf die Aussprache und versucht, Wörter und Sätze genau nachzusprechen.

Konsonanten

c	[k]	vor den Vokalen *a, o, u* und vor Konsonanten: wie das deutsche *k*	dis**c**ote**c**a, **C**uba
	[θ]	vor den Vokalen *e* und *i*: wie das stimmlose englische *th* in *thing*	**c**ine, enton**c**es
ch	[tʃ]	*tsch* wie im deutschen *Matsch*	**ch**ico, no**ch**e
g	[x]	vor *e* und *i*: wie das *ch* in *ach*	**g**enial, pá**g**ina
	[ɡ]	vor *a, o, u* und Konsonanten: ein sehr weiches *g*	**g**ustar, in**g**lés, ami**g**a
gu	[ɡ]	vor *e* und *i*: dasselbe weiche *g* wie oben (hier wird das *u* nicht gesprochen!)	**Gu**ernica, conse**gu**ir
	[gw]	vor *a*: dasselbe weiche *g* und ein *u*, das wie das englische *w* in *water* gesprochen wird	len**gu**a, a**gu**acate
gü	[gw]	vor *e* und *i*: ein weiches *g* und ein *u* wie in *water* (siehe oben); das Trema (die zwei Punkte) bewirkt, dass das *u* ausgesprochen wird	anti**gü**edades, pin**gü**ino
h	—	wird nicht gesprochen	un **h**otel
j	[x]	wie das deutsche *ch* in *ach (wie g vor e und i, siehe oben)*	mensa**j**e, traba**j**ar, **J**ulio
ll	[ʎ]	ähnlich wie das deutsche *j*	**ll**amar, pae**ll**a
ñ	[ɲ]	etwa wie *n* und *j* gleichzeitig gesprochen, ähnlich wie das französische *gn* in *Allemagne*	Espa**ñ**a, mu**ñ**eca
qu	[k]	wie das deutsche *k*; das *u* wird nicht gesprochen, steht nur vor *e* und *i*	¿**qu**é? a**qu**í
r	[r]	einfach gerolltes Zungenspitzen-r	p**r**imo, su**r**
	[rr]	im Anlaut mehrfach gerolltes Zungenspitzen-r	**r**estaurante, **r**ío
rr	[rr]	mehrfach gerolltes Zungenspitzen-r	ba**rr**io, co**rr**eo, a**rr**eglar
v	[β]	ein sehr weiches *b* (*v* und *b* werden gleich ausgesprochen)	**v**acaciones, **v**ídeo, Costa Bra**v**a
y	[j]	ähnlich wie das deutsche *j* (wie *ll*, siehe oben) Ausnahme: das Wort *y (und)* wird wie [i] ausgesprochen	pla**y**a, **y**o, ma**y**o
z	[θ]	wie das stimmlose englische *th* in *thing* (wie *c* vor *e* und *i*, siehe oben)	abra**z**o, man**z**ana

Diphthonge (Zwie- oder Doppellaute)

Diphthonge sind Verbindungen aus zwei Vokalen, die wie eine einzige Silbe gesprochen werden. Im Spanischen ist dies der Fall, wenn *a*, *e* oder *o* mit *i* oder *u* zusammentreffen.

bailar	[ai]	restaurante	[au]	noticia	[ja]	guapo	[wa]
veinte	[ei]	euro	[eu]	fiesta	[je]	bueno	[we]
boina	[oi]			vacaciones	[jo]	antiguo	[wo]
				ciudad	[ju]	cuidado	[wi]

Treffen *a*, *e* oder *o* aufeinander, so werden sie immer wie getrennte Silben gesprochen. Es sind also keine Diphthonge:

idea	[ea]	correo	[eo]
oasis	[oa]	paella	[ae]

Wenn *i* oder *u* einen Akzent tragen und auf *a*, *e* oder *o* treffen, werden die beiden Buchstaben ebenfalls wie getrennte Silben gesprochen:

librería	[ia]	país	[ai]
tío	[io]		

Betonung und Akzent

Die Betonung der spanischen Wörter folgt festen Regeln. Wenn ihr diese Regeln kennt – es sind nur ganz wenige – dann könnt ihr alle Akzente richtig setzen. In den folgenden Beispielen ist die betonte Silbe jeweils unterstrichen.

- Wörter, die auf einen Vokal oder auf *n* oder *s* enden, werden auf der vorletzten Silbe betont:

  helado, deporte, primos, vacaciones, hablan

- Wörter, die auf einen Konsonanten außer *n* oder *s* enden, werden auf der letzten Silbe betont:

  estudiar, español, verdad, genial, Valladolid

- Bei Wörtern, die entgegen diesen Regeln betont werden, erhält der Vokal oder Diphthong der betonten Silbe einen Akzent. Eine Silbe mit Akzent wird also immer betont:

  habitación, también, fútbol, después, aquí, fanático

Lerntipp

Damit sich die Betonung nicht ändert tragen manche Wörter in einer Form einen Akzent und in einer anderen nicht.

alemán – alemanes
inglés – ingleses
avión – aviones
habitación – habitaciones
examen – exámenes
estás – estamos
algún – algunos

Anmerkung: Auch manche einsilbige oder zweisilbige Wörter, bei denen es den Regeln nach nicht notwendig wäre, tragen einen Akzent. In diesen Fällen dient der Akzent zur Unterscheidung von zwei sonst gleich geschriebenen Wörtern:

él	el	→	*Subjektpronomen – bestimmter Artikel*
mí	mi	→	*Personalpronomen nach Präposition – Possessivbegleiter*
qué	que	→	*Fragewort – Relativpronomen / Konjunktion*
quién	quien	→	*Fragewort – Relativpronomen*
cómo	como	→	*Fragewort – Adverb*

Vocabulario

Lektionsbegleitendes Vokabular und Signalgrammatik

Das lektionsbegleitende Vokabular enthält den obligatorischen Wortschatz aus *Primer paso*, *Texto* und *Ejercicios* jeder Lektion. Fakultativer Wortschatz aus den *Ejercicios* wird hier nicht aufgeführt, ist aber im *Diccionario* enthalten. Seine Beherrschung wird für spätere Lektionen nicht vorausgesetzt.

In den gelben Übersichtskästchen wird die neue Grammatik jeder Lektion anhand von Beispielen verdeutlicht. Neben den Überschriften findet sich ein Verweis auf den entsprechenden Paragraphen im Grammatischen Beiheft.

Abkürzungen

abrev.	*abreviatura* (= Abkürzung)
adj.	*adjetivo* (= Adjektiv)
adv.	*adverbio* (= Adverb)
Akk.	Akkusativ
col.	*coloquial* (= umgangssprachlich)
etw.	etwas
f.	*femenino* (= feminin)
jdn.	jemanden
jdm.	jemandem
conj.	*conjunción* (= Konjunktion)
lat.am.	*latinoamericano* (= lateinamerikanisch)
m.	*masculino* (= maskulin)
pl.	*plural* (= Plural)
prep.	*preposición* (= Präposition)
pron.	*pronombre* (= Pronomen)
sg.	*singular* (= Singular)

≡ Synonym ⇔ Antonym ⇨ Wortfamilie

D Deutsch E Englisch
F Französisch LAT Latein

Unidad 1

Primer paso: ¡Hola!

¡Hola!	Hallo!
me llamo	ich heiße
Me llamo Mario.	Ich heiße Mario.
ser	sein

El verbo *ser* §1

Soy Cristina
¿**Eres** de Valladolid?
Roses **es** un pueblo.
Somos de Berlín.
¿De dónde **sois**?
Mario y Cristina **son** de Valladolid.

de	von, aus
ser de	kommen aus, stammen aus
Soy Mario. Soy de Valladolid.	Ich bin Mario. Ich komme aus Valladolid.
también	auch
También me llamo Mario. Soy de Málaga.	Ich heiße auch Mario. Ich komme aus Málaga.
¿cómo?	wie?
te llamas	du heißt
¿Cómo te llamas?	Wie heißt du?
¿de dónde?	woher?
¿De dónde eres?	Woher kommst du?

Texto: El vídeo de Mario

el, la	der, die, das *(bestimmter Artikel, Sg.)*
el vídeo	der Video(film)
no	nein
—¿Te llamas Ramón? —No, me llamo Raúl.	„Heißt du Ramón?" „Nein, ich heiße Raúl."
éste es…, ésta es…	dies ist…
Éste es Mario y ésta es Cristina.	Dies ist Mario und dies ist Cristina.
el hermano, la hermana	der Bruder, die Schwester
Lukas es el hermano de Laura y Laura es la hermana de Lukas.	Lukas ist der Bruder von Laura und Laura ist die Schwester von Lukas.
la playa	der Strand F la plage
un, una	ein, eine *(unbestimmter Artikel, Sg.)*

El artículo en singular	
un hermano **el** hermano	**una** hermana **la** hermana

un pueblo	ein Dorf, ein kleiner Ort
la costa	die Küste Ⓔ coast
la Costa Brava	die Costa Brava
Cadaqués es un pueblo de la Costa Brava.	Cadaqués ist ein Dorf an der Costa Brava.
no	nicht (*Verneinung*)

La negación	
—¿Eres Antonio? —**No**, **no** soy Antonio, soy Pablo.	„Bist du Antonio?" „**Nein**, ich bin **nicht** Antonio, ich bin Pablo."
—¿Valladolid es un pueblo? —**No**, **no** es un pueblo.	„Ist Valladolid ein Dorf?" „**Nein**, es ist **kein** Dorf."

un primo, una prima	ein Cousin, eine Cousine
Pablo y Mario son primos.	Pablo und Mario sind Cousins.
en	in, an, auf
un museo	ein Museum Ⓔ museum Ⓕ un musée

La preposición *en*	§ 3
en Roses **en** el museo **en** la playa	**in** Roses **im** Museum **am** Strand

¿qué?	was?
¿Qué es?	Was ist das?
una habitación	ein Zimmer
Es la habitación de Cristina.	Das ist das Zimmer von Cristina.
un chico, una chica	ein Junge, ein Mädchen
y	und
un helado	ein Eis
de	von, des/der (*beim Genitiv*)
Es la paella de Mario.	Das ist Marios Paella.
El chico del helado es Pablo.	Der Junge mit dem Eis ist Pablo.

La preposición *de*	§ 3
de **de** + **el** → **del** **de** + **la** → **de la**	la hermana **de** Mario el vídeo **del** chico un pueblo **de la** Costa Brava

siempre	immer
un juego	ein Spiel
⇨ jugar	⇨ spielen
No es un juego.	Das ist kein Kinderspiel.
una paella	eine Paella (*span. Reisgericht*)
un desastre	eine Katastrophe Ⓔ disaster Ⓕ un désastre Ⓓ Desaster
¡Genial!	Genial! Toll!
El deporte en la playa: ¡genial!	Sport am Strand: Toll!
sí	ja

Unidad 2A

Primer paso: ¿Qué te gusta?

te gusta, te gustan	du magst/dir gefällt, dir gefallen
me gusta, me gustan	ich mag/mir gefällt, mir gefallen
el mar	das Meer Ⓕ la mer
el sol	die Sonne Ⓕ le soleil
tomar el sol	sich sonnen
¿Te gusta tomar el sol?	Sonnst du dich gern?
escuchar	(zu)hören Ⓕ écouter
la música	die Musik
el fútbol	(der) Fußball
estudiar	lernen, studieren Ⓔ to study Ⓕ étudier
una discoteca	eine Disko(thek)
nadar	schwimmen
comprar	kaufen
la ropa	(die) Kleidung
un aguacate	eine Avokado
un ordenador	ein Computer Ⓕ un ordinateur
un móvil	ein Handy, ein Mobiltelefon Ⓔ mobile phone

me gusta, te gusta	
• Me gust**a** el sol. • ¿Te gust**a** la playa? • Me gust**a** nadar en el mar.	• No me gust**an** los aguacates. • ¿Te gust**an** las discotecas?

un bar	eine Bar, eine Kneipe
el surf	(das) Surfen

el tenis	(das) Tennis
El tenis y el surf son deportes.	Tennis und Surfen sind Sportarten.
a mí también	mir auch
—Me gusta el surf. —A mí también.	„Surfen gefällt mir." „Mir auch."
pero	aber
Me gusta nadar, pero no me gusta el surf.	Ich schwimme gern, aber Surfen gefällt mir nicht.
los, las	die *(bestimmter Artikel, Pl.)*

El plural del artículo y del sustantivo	§ 5
el amigo	**los** amigo**s**
la playa	**las** playa**s**
el aguacate	**los** aguacate**s**
el móvil	**los** móvil**es**

Texto: ¿Quién es Ana Lucía?

¿quién? (*pl.* ¿quiénes?)	wer?
¿Quiénes son Roberto y Carlos?	Wer sind Roberto und Carlos?
hablar	sprechen, reden
con	mit
¿Quién habla con Laura?	Wer spricht mit Laura?
esperar	(er)warten
una respuesta	eine Antwort F une réponse
Esperamos una respuesta.	Wir warten auf eine Antwort.
¿Qué pasa?	Was ist los?, Was passiert?
un mensaje	eine Nachricht E message F un message
a ver	mal sehen
significar	bedeuten
¿Qué significa «respuesta» en alemán?	Was bedeutet „respuesta" auf Deutsch?
una idea	eine Idee
Ni idea.	Keine Ahnung.
un amigo, una amiga	ein Freund, eine Freundin F un ami LAT amicus
—¿Andrés es un amigo de Ana Lucía? —Ni idea.	„Ist Andrés ein Freund von Ana Lucía?" „Keine Ahnung."
un español, una española	ein Spanier, eine Spanierin
la verdad	die Wahrheit
¿verdad?	nicht wahr?
Ésta es Laura, ¿verdad?	Das ist Laura, nicht wahr?
un alemán, una alemana	ein Deutscher, eine Deutsche F un allemand
¿Eres alemana?	Bist du Deutsche?

Los pronombres de sujeto	§ 6

Soy **yo**, Ana Lucía.
Y **tú**, ¿cómo te llamas?
Él/ella habla español.
Nosotros/nosotras somos de Valladolid,
¿y **vosotros/vosotras**?
Ellos/ellas son de Roses.

todavía	(immer) noch
Ana Lucía todavía espera la respuesta de Laura.	Ana Lucía wartet immer noch auf die Antwort von Laura.
poco *(adv.)*	wenig *(adv.)* LAT paucus
el español	Spanisch, die spanische Sprache

Los verbos en *-ar*	§ 4

Tom**o** el sol en la playa.
¿Trabaj**as** en las vacaciones?
Ana habl**a** bien alemán.
Escuch**amos** música.
¿Busc**áis** los cedés?
Las chicas nad**an** en el mar.

pasar	verbringen F passer
las vacaciones	die Ferien F les vacances
Mario y Cristina pasan las vacaciones en Roses.	Mario und Cristina verbringen die Ferien in Roses.
mucho *(adv.)*	viel, sehr *(adv.)*
⇔ poco *(adv.)*	⇔ wenig *(adv.)*
un rato	ein Augenblick, eine Weile
después	danach
Las chicas pasan un rato en la playa y después toman un helado.	Die Mädchen verbringen eine Weile am Strand und danach essen sie ein Eis.
muy *(adv.)*	sehr *(adv.)*
bien *(adv.)*	gut *(adv.)* F bien LAT bene

Los adverbios primitivos	§ 7
La playa me gusta **mucho**.	Der Strand gefällt mir **sehr**.
Ana Lucía trabaja **mucho**.	Ana Lucía arbeitet **viel**.
Pablo nada **bien**.	Pablo schwimmt **gut**.
Laura habla **muy** bien español.	Laura spricht **sehr** gut Spanisch.
Lukas habla **poco**.	Lukas spricht **wenig**.

no es verdad	das ist nicht wahr, das stimmt nicht
bueno	na ja , na gut

llegar	ankommen
tomar —¿Tomamos un helado? —Bueno.	nehmen, zu sich nehmen, trinken, essen „Essen wir ein Eis? „Na gut"/„Ok".
entonces	dann
¿por qué?	warum?
porque	weil

¿por qué?* und *porque
—¿**Por qué** estudias mucho? —**Porque** me gusta el español.

trabajar ¿Entonces trabajas en un bar?	arbeiten F travailler Dann arbeitest du also in einer Bar?
un profesor, una profesora Eduardo es profesor de español.	ein Lehrer, eine Lehrerin F un professeur Eduardo ist Spanischlehrer.
¡Qué morro!	Ganz schön frech!
buscar Mario busca una discoteca en Roses.	suchen Mario sucht eine Disco in Roses.
contestar Laura no contesta.	antworten Laura antwortet nicht.

Ejercicios

ser un desastre *(col.)*	chaotisch, unmöglich sein

Unidad 2B

Primer paso: ¿Dónde vive Cristina?

¿dónde?	wo?
vivir	wohnen, leben F vivre
un nombre	ein Name
una calle —¿Dónde vive Cristina? —Cristina vive en la calle Rastrojo.	eine Straße „Wo wohnt Cristina?" „Cristina wohnt in der Rastrojo-Straße."
una avenida	eine Allee, ein Boulevard E avenue F une avenue
una plaza	ein Platz F une place
un número Vivo en la avenida Andalucía, número 9.	eine Zahl, eine Nummer Ich wohne in der Avenida Andalucía Nr. 9.
el teléfono	das Telefon
el número de teléfono Mi número de teléfono es el 23 45 13.	die Telefonnummer Meine Telefonnummer lautet 23 45 13.

Los números del 21 al 100		
21 veintiuno	30 treinta	40 cuarenta
22 veintidós	31 treinta y uno	50 cincuenta
23 veintitrés	32 treinta y dos	60 sesenta
24 veinticuatro	33 treinta y tres	70 setenta
25 veinticinco	34 treinta y cuatro	80 ochenta
...		90 noventa
		100 cien

Texto: Terminan las vacaciones

terminar El juego termina. Mario termina el mensaje.	zu Ende gehen, beenden F terminer Das Spiel geht zu Ende. Mario beendet die Nachricht.
llamar ¿Por qué llama Ana Lucía? Llamo a mi amiga.	anrufen, rufen LAT clamare Warum ruft Ana Lucía an? Ich rufe meine Freundin.
hacer	machen, tun LAT facere
o —¿Qué haces en la playa? —Escucho música o hago deporte.	oder „Was machst du am Strand?" „Ich höre Musik oder treibe Sport."

Los determinantes posesivos	§ 9
—¿**Mi** habitación y **mis** vídeos te gustan?	„Gefallen dir **mein** Zimmer und **meine** Videos?"
—Sí, **tu** habitación y **tus** vídeos me gustan mucho.	„Ja, **dein** Zimmer und **deine** Videos gefallen mir sehr."
Su número de teléfono es el 56 08 89.	**Seine**/**ihre** Telefonnummer lautet 56 08 89.
Cristina y **sus** amigas están en la playa.	Cristina und **ihre** Freundinnen sind am Strand.
Mario y **sus** amigos nadan en el mar.	Mario und **seine** Freunde schwimmen im Meer.
Nuestro primo y **nuestra** prima viven en Madrid.	**Unser** Cousin und **unsere** Cousine wohnen in Madrid.
Vuestro padre y **vuestra** madre trabajan en Valladolid.	**Euer** Vater und **eure** Mutter arbeiten in Valladolid.
Ellos toman un helado con **su** padre, **su** madre y **sus** amigos.	Sie essen mit **ihrem** Vater, **ihrer** Mutter und **ihren** Freunden ein Eis.

sólo	nur
—¿Es La Tasquita un restaurante? —No, sólo es un bar.	„Ist La Tasquita ein Restaurant?" „Nein, das ist nur eine Bar."
necesitar	brauchen, benötigen
la ayuda	die Hilfe
por eso	deswegen, deshalb
Ana Lucía necesita ayuda, por eso llama.	Ana Lucía braucht Hilfe, deswegen ruft sie an.
los hermanos	die Geschwister
visitar	besuchen E to visit LAT visitare
a	*Präposition beim direkten Objekt bei Personen*

El objeto	**§ 10**
Espero **a** Pablo. Espero un mensaje. Escribo **a** Laura. Escribo un e-mail.	Ich warte auf Pablo. Ich warte auf eine Nachricht. Ich schreibe Laura. Ich schreibe eine E-Mail.

el padre, la madre	der Vater, die Mutter LAT pater, mater
los padres	die Eltern
abrir	öffnen
la puerta	die Tür LAT porta F une porte
La madre abre la puerta.	Die Mutter öffnet die Tür.
un día	ein Tag LAT dies
Buenos días.	Guten Tag. (*vormittags*)
—Buenos días. —Hola, buenos días.	„Guten Tag." „Hallo, guten Tag."
aquí	hier
¿Qué tal?	Wie geht's?
—¿Qué tal? —Muy bien.	„Wie geht's?" „Sehr gut."
ya	schon
¿Ya vives en Madrid?	Wohnst du schon in Madrid?
saber	wissen
—¿Quién llama? —No sé.	„Wer ruft an?" „Ich weiß nicht."
mañana	morgen
entrar (en)	eintreten, hineingehen F to entrer LAT intrare
Los chicos entran en la habitación.	Die Jungen gehen ins Zimmer (hinein).
comer	essen
≡ tomar	≡ essen, trinken
hoy	heute
un restaurante	ein Restaurant
a lo mejor	vielleicht
A lo mejor nuestros padres comen hoy en un restaurante.	Vielleicht essen unsere Eltern heute in einem Restaurant.
comprender	verstehen F comprendre
No comprendo tu mensaje.	Ich verstehe deine Nachricht nicht.
mal (*adv.*)	schlecht (*adv.*)
⇔ bien (*adv.*)	⇔ gut (*adv.*) F mal
Laura no habla mal el español.	Laura spricht nicht schlecht Spanisch.
claro	klar, natürlich
—¿Te gustan los helados? —Claro.	„Isst du gerne Eis?" „Natürlich."
¡Oye!	Hör mal!
escribir	schreiben

Los verbos en *-ir*	**§ 8**
Viv**o** en Sevilla. ¿Qué escrib**es**? El museo abr**e** hoy. Raúl y yo escrib**imos** un mensaje. ¿Viv**ís** en Madrid? Irene y Teresa abr**en** la puerta.	

vale	in Ordnung, o.k.
¡Basta!	Es reicht! / Schluss!
una dirección	eine Adresse
Alemania	Deutschland
⇨ un alemán, una alemana	⇨ ein Deutscher, eine Deutsche
Vivimos en Alemania.	Wir leben in Deutschland.
un papel	ein (Blatt) Papier E paper F un papier
Laura escribe su dirección en un papel.	Laura schreibt ihre Adresse auf ein Blatt Papier.
leer	lesen F lire LAT legere
un correo electrónico	eine E-Mail
Me gusta leer vuestros correos electrónicos.	Ich lese eure E-Mails gern.
una dirección de correo electrónico	eine E-Mail-Adresse
Mi dirección de correo electrónico es …	Meine E-Mail-Adresse lautet …
un e-mail	eine E-Mail
el abuelo, la abuela	der Großvater, die Großmutter; der Opa, die Oma

los abuelos	die Großeltern
primero *(adv.)*	zuerst *(adv.)*
Primero escribo yo, después, tú.	Zuerst schreibe ich, danach du.
aprender	lernen
≡ estudiar	≡ lernen, studieren
	F apprendre
rápido *(adv.)*	schnell *(adv.)*
Aprendes muy rápido.	Du lernst sehr schnell.
¡venga!	komm schon!
Venga, Mario, contestamos el e-mail.	Komm schon Mario, wir beantworten die E-Mail.
adiós	auf Wiedersehen
	F adieu
hasta	bis
hasta luego	bis später
—Adiós, Mario.	„Tschüss Mario."
—Adiós, Pablo, hasta luego.	„Tschüss Pablo, bis später."
una noticia	eine Nachricht
Mario espera noticias de Laura.	Mario wartet auf Nachrichten von Laura.

Los verbos en *-er* § 8

Le**o** tu correo electrónico.
¿No comprend**es** mi mensaje?
Laura le**e** un e-mail.
Com**emos** con nuestro primo.
¿Aprend**éis** español?
Los chicos no comprend**en** el mensaje.

Los verbos *hacer* y *saber*

—¿Qué hac**es**? —**Hago** una paella.
—¿Sab**es** el número de Pablo? —No, no **sé** su número.

Die Verben hacer und saber sind nur in der 1. Person Singular unregelmäßig.

Ejercicios

regular	mittelmäßig, es geht so
—Hola ¿qué tal? —Regular.	„Hallo, wie geht's?" „Es geht so."
un saludo	ein Gruß
Buenas tardes.	Guten Tag. *(nachmittags)*
Buenas noches.	Guten Abend. / Gute Nacht.
el hijo, la hija	der Sohn, die Tochter
el tío, la tía	der Onkel, die Tante
Luisa y Miguel son los tíos de Pablo.	Luisa und Miguel sind Pablos Tante und Onkel.
el sobrino, la sobrina	der Neffe, die Nichte
Pablo es el sobrino de Luisa y Miguel.	Pablo ist der Neffe von Luisa und Miguel.
el nieto, la nieta	der Enkel, die Enkelin

Unidad 3A

Primer paso: ¿Cómo es Valladolid?

una ciudad	eine Stadt
bastante	ziemlich
el norte	der Norden
grande	groß F grand
conocido, -a	bekannt
Madrid es una ciudad bastante conocida.	Madrid ist eine ziemlich bekannte Stadt.
el centro	das (Stadt)Zentrum
hay	es gibt, da ist / sind
En el centro hay muchos cines.	Im Zentrum gibt es viele Kinos.
pequeño, -a	klein
⇔ grande	⇔ groß
viejo, -a	alt F vieux
una tienda	ein Geschäft, ein Laden
bueno, -a	gut
El museo de mi pueblo es pequeño y viejo, pero muy bueno.	Das Museum meines Dorfes ist klein und alt, aber sehr gut.
interesante	interessant
El centro de Valladolid es interesante.	Das Zentrum von Valladolid ist interessant.

Los adjetivos § 11

un pueblo ↓	una plaza ↓	pueblos ↓	plazas ↓
pequeño	pequeña	pequeños	pequeñas
grande		grandes	
fenomenal		fenomenales	

un monumento	ein Denkmal, eine Sehenswürdigkeit
	E monument
	F un monument
	D Monument
importante	wichtig
	E important
	F important
En Berlín hay muchos monumentos importantes.	In Berlin gibt es viele bedeutende Sehenswürdigkeiten.

una fiesta	ein Fest, eine Feier
precioso, -a	wunderschön E precious
un barrio	ein Stadtviertel
Hay una fiesta preciosa en mi barrio.	Es gibt ein wunderschönes Fest in meinem Stadtviertel.
moderno, -a	modern
normal	normal
una casa	ein Haus
alto, -a	hoch, groß (*bei Personen*) LAT altus
En Huerta del Rey hay casas altas y modernas.	In Huerta del Rey gibt es hohe, moderne Häuser.
tranquilo, -a	ruhig F tranquille
Mario vive en un barrio normal y tranquilo.	Mario wohnt in einem normalen und ruhigen Stadtviertel.

Texto: Días normales

gracias (por)	danke (für)
Gracias por tus mensajes.	Danke für deine Nachrichten.
una foto	ein Foto
divertido, -a	lustig
Tu primo es divertido.	Dein Cousin ist lustig.
estar	sich befinden

El verbo *estar* § 12

Estoy en el instituto.
¿Dónde **estás**?
El centro **está** lejos.
Estamos en Barcelona.
¿**Estáis** en casa?
Los chicos **están** en la playa.

Ser, estar* y *hay § 12 + § 13

- Valladolid **es** una ciudad de España.
- **Soy** de Valladolid, pero en las vacaciones **estoy** en Roses.
- Los bares **están** en el centro, pero en mi barrio **hay** un restaurante.

en casa	zu Hause
ahora	jetzt
Ahora somos amigos.	Wir sind jetzt Freunde.
una clase	eine Unterrichtsstunde, (der) Unterricht
Hoy no tengo clase/clases.	Heute habe ich keinen Unterricht.
la mañana	der Morgen, der Vormittag
por la mañana	morgens, vormittags
Por la mañana mi abuela está en casa.	Vormittags ist meine Oma zu Hause.
ir	gehen
a	nach, zu (… hin)

El verbo *ir*

Voy a mi habitación.
¿Adónde **vas** por la tarde?
Lukas **va** a un museo.
Vamos a la playa.
¿Vosotros **vais** también?
Las chicas **van** a un cíber.

La preposición *a*

a	Voy **a** un museo.
a + la → a la	Voy **a la** playa.
a + el → al	Voy **al** centro.

un instituto	ein Gymnasium, eine Schule
la tarde	der Nachmittag
por la tarde	nachmittags
Mario no va al instituto por la tarde.	Nachmittags geht Mario nicht in die Schule.
la informática	die Informatik
una academia de informática	eine (private) Informatikschule
un fanático, una fanática	ein Fan
Mi hermano es un fanático de los ordenadores.	Mein Bruder ist computerbegeistert.
Cristina es una fanática de fútbol.	Cristina ist Fußballfan.
un poco	ein bisschen
Leo un poco.	Ich lese ein bisschen.
lejos (de)	weit weg, entfernt (von)
El instituto no está lejos de mi casa.	Die Schule ist nicht weit weg von mir zu Hause.
un tío (*col.*)	ein Typ, ein Kerl
genial	genial, toll
un cíber	ein Internet-Café
En el cíber trabaja un tío genial.	Im Internet-Café arbeitet ein ganz toller Typ.
un cine	ein Kino E cinema F un cinéma
un festival	ein Festival
Vamos al festival de cine.	Wir gehen zum Filmfestival.
una película	ein Film
una noche	eine Nacht
⇔ un día	⇔ ein Tag LAT nox

por la noche	abends, nachts
salir (salgo, sales…)	ausgehen
Hoy salgo por la noche. ¿Sales tú también?	Heute Abend gehe ich aus. Gehst du auch aus?
una semana	eine Woche [F] une semaine
un fin de semana	ein Wochenende
una peña *(col.)*	eine Clique
Me gusta salir con mi peña los fines de semana.	Am Wochenende gehe ich gern mit meiner Clique weg.
cerca (de) ⇔ lejos (de)	in der Nähe (von), bei ⇔ weit weg (von)
Mi madre trabaja cerca del cine.	Meine Mutter arbeitet in der Nähe des Kinos.
hay marcha	da ist etwas los
¡Hay mucha marcha en el centro!	Im Zentrum ist viel los!
el ambiente	die Atmosphäre, die Stimmung [F] une ambiance
En el bar La Tasquita hay un ambiente genial.	In der Bar La Tasquita herrscht eine tolle Stimmung.
fenomenal ≡ genial	toll, großartig ≡ genial, toll
¿adónde?	wohin?
¿Adónde vais?	Wohin geht ihr?
por cierto	apropos, übrigens
nuevo, -a ⇔ viejo, -a	neu ⇔ alt [F] neuf [LAT] novus
sobre	über
una página	eine Seite [E] page [F] une page
una página web	eine Webseite
—Por cierto, ¡tu página web es fenomenal! —Gracias, es nueva.	„Übrigens, deine Web-Seite ist toll!" „Danke, sie ist neu."
la información	die Information
Necesito información sobre España.	Ich brauche Informationen über Spanien.
ya voy	ich komme schon
—Cristina, ¿estás aquí? —Sí, ya voy.	„Cristina, bist du da?" „Ja, ich komme schon."
algo	etwas [LAT] aliquod
para	für
Quiero comprar algo para Cristina.	Ich will etwas für Cristina kaufen.
un beso	ein Kuss *(auch als Grußformel)*

Ejercicios

un polideportivo	ein Sportzentrum *(für versch. Sportarten)*
En el polideportivo hay dos piscinas.	Im Sportzentrum gibt es zwei Schwimmbecken.
una piscina	ein Schwimmbad, -becken [F] une piscine
un parque	ein Park
Es un parque precioso.	Das ist ein wunderschöner Park.
una biblioteca	eine Bücherei, eine Bibliothek
una librería	eine Buchhandlung [F] une librairie
¿Buscas una biblioteca o una librería?	Suchst du eine Bücherei oder eine Buchhandlung?
una farmacia	eine Apotheke [F] une pharmacie
un supermercado	ein Supermarkt
En la calle Montero hay un supermercado.	In der Montero-Straße gibt es einen Supermarkt.
una charcutería	eine Metzgerei
una panadería	eine Bäckerei

Unidad 3B

Primer paso: ¿Un fin de semana interesante?

los deberes	die Hausaufgaben
dormir (-ue-)	schlafen [F] dormir [LAT] dormire
¿Duermes o haces los deberes?	Schläfst du oder machst du deine Hausaufgaben?
un libro ⇨ una librería	ein Buch ⇨ eine Buchhandlung [F] un livre
ver algo (veo, ves…)	etw. sehen [F] voir [LAT] videre
¿Qué ves?	Was siehst du?
la televisión	das Fernsehen [E] television [F] la télévision
¿Veis la televisión?	Seht ihr fern?
jugar (-ue-)	spielen [F] jouer
Mario juega al ordenador.	Mario spielt Computer.

un concierto	ein Konzert
… que viene	kommende, -r, -s …, nächste, -r, -s …
La semana que viene voy a un concierto.	Nächste Woche gehe ich in ein Konzert.
querer (-ie-) (hacer) algo	etw. (tun) wollen LAT quaerere
Quiero dormir.	Ich will schlafen.
Mario quiere un móvil.	Mario will ein Handy.
pensar (-ie-) hacer algo	etw. vorhaben, etw. zu tun beabsichtigen F penser
Pensamos ir al cine.	Wir haben vor, ins Kino zu gehen.
además	außerdem
Además queremos tomar un helado.	Außerdem wollen wir ein Eis essen.

Texto: Correos electrónicos

sábado (*m.*)	Samstag
octubre (*m.*)	Oktober
tener (-ie-) (tengo) algo	etw. haben LAT tenere

El verbo *tener*

Tengo muchas fotos de Madrid.

¿**Tienes** hermanos?
Laura **tiene** un hermano.

Tenemos vacaciones.
¿**Tenéis** tiempo?

Mario y Cristina **tienen** clases por la mañana.

¿Qué tal…?	Wie ist/war…?
¿Qué tal las clases hoy?	Wie war es heute in der Schule?
como	wie
Julio hoy va al cine, como siempre.	Julio geht heute ins Kino, wie immer.
mucho, -a	viel
Tengo muchos libros y muchas películas.	Ich habe viele Bücher und viele Filme.
la gente *(immer Sg.!)*	die Leute F les gens LAT gens
poco, -a ⇔ mucho, -a	wenig ⇔ viel
Pocas cosas me gustan como el deporte.	Nur wenige Dinge mag ich so gern wie Sport.
el tiempo	die Zeit, das Wetter F le temps LAT tempus
Hoy tengo tiempo para mi hermana.	Heute habe ich Zeit für meine Schwester.
¡Qué lástima!	Wie schade!
—Hoy no puedo ir al cine. —¡Qué lástima!	„Heute kann ich nicht ins Kino gehen." „Wie schade!"
un abrazo	eine Umarmung (*auch als Grußformel*)
lunes (*m.*)	Montag F lundi
me encanta (hacer) algo	etw. (zu tun) gefällt mir sehr gut
Me encanta salir.	Ich gehe sehr gerne aus.
Me encanta el mar.	Ich mag das Meer wirklich sehr.
preferir (-ie-) algo (a algo)	etw. lieber mögen (als etw.)
preferir hacer algo	etw. lieber tun
pensar (-ie-) en algo	an etw. denken

Los verbos con diptongo (e → ie) § 14 + § 15

P**ie**nso en mi amiga.
¿Qu**ie**res una manzana?
Laura pref**ie**re estudiar español.

Qu**e**remos ir a la fiesta.
¿P**e**nsáis ir al cine?

Ellas pref**ie**ren el fútbol al tenis.

eso (*pron.*)	dies, das
¡Eso no me gusta!	Das gefällt mir nicht!
a veces	manchmal
A veces sólo duermo cinco horas.	Manchmal schlafe ich nur fünf Stunden.
el tiempo libre	die Freizeit
En mi tiempo libre hago deporte.	In meiner Freizeit treibe ich Sport.
sin	ohne LAT sine
No me gusta ir a la discoteca sin mis amigos.	Ohne meine Freunde gehe ich nicht gern in die Disco.
pronto	bald
hasta pronto	bis bald
jueves (*m.*)	Donnerstag F jeudi
que	der, die, das *(Relativpronomen)*

Frases de relativo con *que* § 17

- la casa **que** ves en la foto
- un hermano **que** juega al ordenador
- mi amiga **que** siempre me escribe
- el libro **que** pensamos leer

guay (*col.*)	klasse, toll
≡ genial, fenomenal	≡ genial, großartig
el calor	die Hitze
Hace calor.	Es ist heiß.
En Andalucía hace mucho calor.	In Andalusien ist es sehr heiß.
poder (-ue-) hacer algo	etw. tun können

Los verbos con diptongo (o → ue) § 14

D**ue**rmo por la tarde.
¿Me p**ue**des ayudar?
Laura d**ue**rme poco.

Ya p**o**demos comer.
¡D**o**rmís mucho!

No p**ue**den salir hoy.

un artículo	ein Artikel
El artículo de Mario es interesante.	Marios Artikel ist interessant.
una revista	eine Zeitschrift
Mario lee una revista de deporte.	Mario liest eine Sportzeitschrift.
noviembre (*m.*)	November

La fecha *(Das Datum)*

- Sábado, 28 de octubre
- Hoy es el 4 de noviembre.
- En octubre mi padre va a Alemania.
- Pienso ir a España el 12 de noviembre.
- El lunes voy al instituto.

un señor (*abrev.* Sr.), una señora (*abrev.* Sra.)	ein Herr, eine Frau, eine Dame
¿Ves al señor del móvil?	Siehst du den Herrn mit dem Handy?
entender (-ie-) algo / a alguien	etw. / jdn. verstehen
	≡ etw. / jdn. verstehen
¿No entiendes el libro?	Verstehst du das Buch nicht?
Laura no entiende a Ana Lucía.	Laura versteht Ana Lucía nicht.
un problema (*m.*)	ein Problem
¿Tiene Ana Lucía muchos problemas?	Hat Ana Lucía viele Probleme?
PD (posdata)	PS (Postskript)
hace mal tiempo	das Wetter ist schlecht
¿Hace mal tiempo en Berlín?	Ist das Wetter in Berlin schlecht?
el frío	die Kälte
Hace frío.	Es ist kalt.
⇔ Hace calor.	⇔ Es ist heiß.
Hoy hace mucho frío.	Heute ist es sehr kalt.
una tarta	eine Torte, ein Kuchen
una manzana	ein Apfel
Mario hace una tarta de manzana.	Mario macht einen Apfelkuchen.
una receta	ein Rezept
según	laut, nach
Según mi padre, …	Laut meinem Vater…
Hace buen tiempo.	Das Wetter ist schön.
⇔ Hace mal tiempo.	⇔ Das Wetter ist schlecht.
En julio hace buen tiempo.	Im Juli ist das Wetter schön.
domingo (*m.*)	Sonntag
cocinar	kochen
Hoy cocina mi padre.	Heute kocht mein Vater.
venir (-ie-) (vengo)	kommen F venir LAT venire

El verbo *venir*

Ahora v**e**ngo de la casa de los abuelos.

Voy a nadar. ¿V**ie**nes?
¿A qué hora v**ie**ne Laura?

V**e**nimos del instituto.
v**e**nís a mi casa?

Mario y Cristina v**ie**nen a mi fiesta.

español, -a	spanisch
todo	alles F tout LAT totus
No puedo comer todo.	Ich kann nicht alles essen.
así	so, auf diese Weise
Tu ropa es un desastre. ¡Así no puedes salir!	Deine Kleidung ist eine Katastrophe. So kannst du nicht ausgehen!
una cosa	eine Sache, ein Ding
Tienes muchas cosas en tu habitación.	Du hast viele Sachen in deinem Zimmer.
fácil	leicht, einfach F facile
Los ejercicios son fáciles.	Die Übungen sind einfach.
rápido, -a	schnell F rapide
el cumpleaños	der Geburtstag
¿Cuándo es tu cumpleaños?	Wann hast du Geburtstag?
en serio	ernsthaft, wirklich
¿Hablas en serio?	Meinst du das ernst?

es que...	es ist (nämlich) so.../das kommt daher, dass...
Es que salgo con Pablo.	Ich gehe nämlich mit Pablo aus.
perfeccionar algo	etw. verbessern, perfektionieren
Laura quiere perfeccionar su español.	Laura möchte ihr Spanisch verbessern.
España (*f.*)	Spanien
⇨ un español, una española	⇨ ein Spanier, eine Spanierin
ir a hacer algo	etw. tun werden

ir a hacer algo § 16

- ¿**Vais a cocinar** vosotros?
- **Voy a ir** al cine con mis amigos.
- Los chicos **van a nadar** por la tarde.
- Mañana **vamos a hacer** deporte.

un mes	ein Monat
Un año tiene doce meses.	Ein Jahr hat zwölf Monate.
miércoles (*m.*)	Mittwoch F mercredi
¡Qué...!	Wie...!, Was für...!
¡Qué bien!	Wie toll!/Das ist super!
¡Qué cosa!	So (et)was aber auch!
¡Qué desastre!	Was für eine Katastrophe!
¿cuándo?	wann?
¿Cuándo puedes?	Wann hast du Zeit? / Wann kannst du?
junto, -a	zusammen, gemeinsam
Las chicas comen juntas.	Die Mädchen essen zusammen.

Ejercicios

Los meses del año siehe S. 44

enero, febrero ...

martes (*m.*)	Dienstag F mardi
viernes (*m.*)	Freitag F vendredi

Unidad 4

Primer paso: Un día normal de Ana Lucía

¿A qué hora...?	Um wie viel Uhr...?
una hora	eine Stunde LAT hora
ducharse	(sich) duschen
¿Te duchas por la mañana o por la noche?	Duschst du morgens oder abends?
empezar (-ie-) (a hacer) algo	etw. (zu tun) anfangen/beginnen
⇔ terminar algo	⇔ etw. beenden
¿A qué hora empieza la película?	Um wie viel Uhr beginnt der Film?
Empiezo a trabajar a las ocho.	Ich fange um acht an zu arbeiten.
volver (-ue-)	zurückkommen, -kehren
Vuelvo del instituto a las dos.	Ich komme um zwei aus der Schule zurück.
acostarse (-ue-)	ins Bett gehen, sich hinlegen
Mi padre se acuesta un rato por la tarde.	Mein Vater legt sich nachmittags ein bisschen hin.
desayunar	frühstücken
Los sábados desayuno a las diez.	Samstags frühstücke ich um zehn.
levantarse	aufstehen
⇔ acostarse (-ue-)	⇔ sich hinlegen F se lever
¿A qué hora os levantáis?	Um wie viel Uhr steht ihr auf?
salir (-g-)	weg-, rausgehen
⇔ entrar (en)	⇔ eintreten, hineingehen
Salgo de casa a las siete.	Ich gehe um sieben von zu Hause weg.
un autobús	ein Bus
ir en autobús	mit dem Bus fahren
Los chicos van en autobús al instituto.	Die Schüler fahren mit dem Bus zur Schule.

Texto: Ana Lucía y los aguacates

despertarse (-ie-)	aufwachen
¿A qué hora te despiertas los fines de semana?	Wann wachst du am Wochenende immer auf?
sonar (-ue-)	läuten, klingeln F sonner LAT sonare
El teléfono suena.	Das Telefon läutet.
decir (digo) algo a alguien	jdn. etw. sagen F dire LAT dicere
¿Dices la verdad?	Sagst du die Wahrheit?

¡Aló! *(lat.am.)*	Hallo!
preguntar algo a alguien	jdn. etw. fragen
Mario pregunta algo a Ana Lucía.	Mario fragt Ana Lucía etwas.
llamarse	heißen
un niño, una niña	ein Kind; ein kleiner Junge, ein kleines Mädchen
≡ un chico, una chica	≡ ein Junge, ein Mädchen
¿Cómo se llama la niña?	Wie heißt das Mädchen?
una niña (*lat.am.*)	junge Frau (*lat.am.*)
perdón	Entschuldigung
Perdón, ¿puedo salir un momento?	Entschuldigung, kann ich kurz rausgehen?
tarde	spät [F] tard
Ya es muy tarde.	Es ist schon sehr spät.
¿Qué hora es?	Wie viel Uhr ist es?

La hora (*Die Uhrzeit*) § 18

¿Qué hora es?		¿A qué hora vienes?	
13:00	Es la una.	18:45	A las siete menos cuarto.
14:15	Son las dos y cuarto.	14:25	A las dos y veinticinco.
16:30	Son las cuatro y media.	08:50	A las nueve menos diez.
06:00	Son las seis.		

por	wegen, aufgrund von
No quiero salir por el calor.	Ich mag wegen der Hitze nicht rausgehen.
algún/alguno, -a (*adj.* + *pron.*)	irgendein, -e, -r
algunos, -as (*adj.* + *pron.*)	einige, manche, mehrere
ir bien	o.k. sein, in Ordnung sein
Todo va bien.	Es ist alles in Ordnung.
otro, -a (*adj.* + *pron.*)	(ein, -e) andere, -r, -s; noch ein, -e, -s [F] autre

Los adjetivos y pronombres indefinidos § 22

- —¿Tienes **algún** cedé de Juanes? —No, pero tengo **otros** cedés de Colombia y **algunos** de España.
- Viene **alguno** de tus tíos?
- Tengo muchas amigas. **Algunas** son españolas, **otras** son alemanas.
- Prefiero leer **otro** libro
- Mi tía Victoria y mi **otra** tía son de Valencia.
- Tengo dos primos. Uno vive en Cádiz y el **otro** en Madrid.

yo tampoco	ich auch nicht
—No tengo hermanos. —Yo tampoco.	„Ich habe keine Geschwister." „Ich auch nicht."
acordarse (-ue-) de algo/alguien	sich an etw./jdn. erinnern
¿Te acuerdas de Pablo y de nuestras vacaciones en Roses?	Erinnerst du dich an Pablo und an unsere Ferien in Roses?
un policía / una policía	ein Polizist, eine Polizistin
la policía	die Polizei
Colombia (*f.*)	Kolumbien
llevar algo	etw. tragen
un uniforme	eine Uniform
verde	grün [F] vert
En Colombia, los policías llevan uniformes verdes.	In Kolumbien tragen die Polizisten grüne Uniformen.
gracioso, -a	lustig, witzig
≡ divertido, -a	≡ lustig
La foto de tu amigo es graciosa.	Das Foto von deinem Freund ist lustig.
mismo, -a	der-, die-, dasselbe; selbst
⇔ otro, -a	⇔ (ein, e) andere, -r, -s [F] même
Laura y Mario leen el mismo libro.	Laura und Mario lesen das gleiche Buch.
Yo misma voy a hacer la tarta.	Ich selbst werde den Kuchen backen.
un idioma	eine Sprache
¿Qué idiomas hablas?	Welche Sprachen sprichst du?
usar algo	verwenden, gebrauchen [E] to use
¿Puedo usar tu ordenador?	Kann ich deinen Computer benutzen?
una palabra	ein Wort
el significado	die Bedeutung
⇨ significar algo	⇨ etw. bedeuten
¿Conoces el significado de la palabra «idioma»?	Kennst du die Bedeutung des Wortes „idioma"?
Ya veo.	Ach so. / Ich verstehe schon.
un colombiano, una colombiana	ein Kolumbianer, eine Kolumbianerin
Ana Lucía es colombiana.	Ana Lucía ist Kolumbianerin.
una universidad	eine Universität
La universidad de Madrid es conocida.	Die Universität von Madrid ist bekannt.
mirar algo	schauen / etw. anschauen
mira	schau (mal)
Mira, no tengo problemas con la policía.	Schau mal, ich habe keine Probleme mit der Polizei.

amable	nett, freundlich [F] aimable
solo, -a ⇔ junto, -a	allein ⇔ zusammen [F] seul [LAT] solus
¿Ana Lucía vive sola?	Lebt Ana Lucía allein?
conocer (-zco) ⇨ conocido, -a	kennen ⇨ bekannt [F] connaître [LAT] cognoscere
No conozco Colombia.	Ich kenne Kolumbien nicht.
un país	ein Land [F] un pays
un estudiante, una estudiante ⇨ estudiar algo	ein Student, eine Studentin ⇨ etw. lernen, studieren [F] un étudiant
ocuparse de algo/de alguien	sich um etw./ jdn. kümmern [F] s'occuper de

Los verbos reflexivos § 19

No **me** acuerdo de Luis.
¿**Te** sientes bien?
¿Quién **se** ocupa de los chicos?
Nos vemos a las seis.
¿Ya **os** conocéis?
Las chicas **se** visten bien.

sentirse (-ie-)	sich fühlen [F] se sentir
sentirse bien	sich wohl fühlen
difícil ⇔ fácil	schwierig ⇔ einfach [E] difficult [F] difficile [LAT] difficilis
El español no es difícil.	Spanisch ist nicht schwer.
Lo siento.	Es tut mir leid.
tener prisa	es eilig haben
Lo siento, tengo mucha prisa.	Es tut mir leid, ich habe es sehr eilig.
vestirse (-i-)	sich anziehen
irse	weggehen
⇔ venir (-ie-) (vengo)	⇔ kommen
⇔ llegar	⇔ ankommen
⇔ volver (-ue-)	⇔ zurückkommen
Ya me voy. Adiós.	Ich gehe jetzt. Tschüss.
el recreo	die Pause [F] la récré
En el recreo comemos algo.	In der Pause essen wir etwas.
verse	sich treffen, sich sehen
conocerse (-zco)	sich kennen (lernen) [F] se connaître

Los verbos del grupo *-zco* § 20

- No cono**zco** a Ana Lucía.
- Mario y Laura se cono**cen**.

Bei den Verben auf -zco ist nur die 1. P. Sg. unregelmäßig.

un examen (*pl.* exámenes)	eine Prüfung [E] exam [F] un examen [D] Examen
apuntar algo	notieren, aufschreiben
¿Apuntas mi dirección?	Schreibst du meine Adresse auf?
despedirse (-i-) (de alguien)	sich (von jdm.) verabschieden

Los verbos con cambio de vocal (e → i) § 21

Me v**i**sto a las seis.
¿Ya te desp**i**des?
Mario se v**i**ste para la fiesta.

Nos desp**e**dimos de nuestra tía.
¿Por qué no os v**e**stís?

Los amigos se desp**i**den.

Ejercicios

un diente	ein Zahn [F] une dent
lavarse	sich waschen [F] se laver
lavarse los dientes	sich die Zähne putzen
cenar	zu Abend essen
Primero ceno y después me lavo los dientes.	Zuerst esse ich zu Abend und dann putze ich mir die Zähne.
dormirse (-ue-)	einschlafen
⇨ dormir (-ue-)	⇨ schlafen
⇔ despertarse (-ie-)	⇔ aufwachen
Mario ve la tele y se duerme.	Mario sieht fern und schläft (dabei) ein.

Unidad 5A

Primer paso: ¿Cómo eres?

las gafas	die Brille
¿Llevas gafas?	Trägst du eine Brille?
rubio, -a	blond
bajo, -a	klein
⇔ alto, -a	⇔ groß
gordo, -a	dick

el pelo	die Haare
corto, -a	kurz [F] court
moreno, -a	dunkelhaarig
⇔ rubio, -a	⇔ blond
Mario es alto y moreno.	Mario ist groß und dunkelhaarig.
delgado, -a	schlank
⇔ gordo, -a	⇔ dick
largo, -a	lang
⇔ corto, -a	⇔ kurz
Cristina es delgada y tiene el pelo largo.	Cristina ist schlank und hat lange Haare.
guapo, -a	hübsch
feo, -a	hässlich
⇔ guapo, -a	⇔ hübsch
(estar) contento, -a	froh, zufrieden (sein) [F] content
(estar) cansado, -a	müde (sein)
(estar) enfadado, -a	verärgert (sein)
(estar) enamorado, -a (de)	verliebt (in) ... (sein)
(estar) nervioso, -a	nervös (sein)
Olga está nerviosa porque está enamorada de Marco.	Olga ist nervös, weil sie in Marco verliebt ist.
(estar) animado, -a	fröhlich, lebhaft (sein)
⇔ tranquilo, -a	⇔ ruhig
⇔ cansado, -a	⇔ müde [F] animé
Hoy me siento muy animado.	Heute fühle ich mich sehr fröhlich.
(estar) triste	traurig (sein)
⇔ contento, -a	⇔ froh, zufrieden
⇔ animado, -a	⇔ fröhlich, lebhaft [F] triste [LAT] tristis [D] trist
(estar) aburrido, -a	langweilig (sein)
⇔ divertido, -a	⇔ lustig
La clase está aburrida.	Die Unterrichtsstunde ist langweilig.
(estar) impresionado, -a	beeindruckt (sein) [F] impressionné
¡Qué guapa es tu hermana! Estoy impresionado.	Wie hübsch deine Schwester ist! Ich bin beeindruckt.

Texto: Hay que compartir

hay que hacer algo	man muss etw. tun
compartir algo (con alguien)	etw. (mit jdm.) teilen
Compartimos la habitación.	Wir teilen (uns) das Zimmer.
¿Compartes tus cosas con Laura?	Teilst du deine Sachen mit Laura?
acabar de hacer algo	gerade etw. getan haben

La perífrasis verbal *acabar de* § 24

- No queremos hacer deporte. **Acabamos de** comer.
- No quiero ver la tele. **Acabo de** comprar un libro.
- Mario **acaba de** llegar y ahora va a ver la tele.

recibir algo	etw. empfangen, bekommen [E] to receive [F] recevoir
Los chicos reciben muchos e-mails.	Die Jungen (und Mädchen) erhalten viele E-mails.
un intercambio	ein Austausch
El instituto hace un intercambio de estudiantes.	Die Schule macht einen Schüleraustausch.
e	und (*vor i- oder hi-*)

***Y* antes de palabras con *i-* / *hi-* (y → e)**

- Mario **y** Cristina hablan **y** se divierten.
- Andrés **e I**sabel quieren salir **e i**r a la playa.
- Padres **e hi**jos son una familia.

imaginarse algo	sich etw. vorstellen [E] to imagine [F] imaginer
imagínate	stell dir (nur) vor
Imagínate, hoy salgo con una chica.	Stell dir vor, heute gehe ich mit einem Mädchen aus.
una familia	eine Familie
Mi familia no es muy grande.	Meine Familie ist nicht sehr groß.
importar(le) algo a alguien	jdm. etw. wichtig sein/ausmachen
⇨ importante	⇨ wichtig
A Raúl no le importa levantarse a las seis.	Raúl macht es nichts aus, um sechs aufzustehen.
Mis amigos me importan mucho.	Meine Freunde sind mir sehr wichtig.
No importa.	Das macht nichts.
mandar(le) algo a alguien	jdm. etw. schicken
⇔ recibir algo	⇔ etw. empfangen
Mañana te mando algunas fotos de Valladolid.	Morgen schicke ich dir ein paar Fotos von Valladolid.
alemán, alemana	deutsch [F] allemand
Me va a visitar una chica alemana.	Ein deutsches Mädchen wird mich besuchen.
tener que hacer algo	etw. tun müssen

Las perífrasis verbales *tener que* y *hay que* § 25

- **Tengo que** hacer los deberes.
- **Tienes que** comprar ropa nueva.
- **Hay que** abrir la ventana.
- **Hay que** ser amable con la gente.

te veo venir	ich weiß, worauf du hinaus willst
un piso	eine Wohnung, ein Stockwerk
Ana Lucía comparte el piso con un amigo.	Ana Lucía teilt sich die Wohnung mit einem Freund.
Nuestra casa tiene tres pisos.	Unser Haus hat drei Stockwerke.
faltar	fehlen
¿Qué te falta?	Was fehlt dir noch?
estar (*+adj.*)	sein

El uso de *ser* y *estar* con adjetivos § 23

- Los uniformes de los policías **son** verdes.
- Cristina **es** simpática, pero hoy **está** enfadada.
- Tu habitación **es** preciosa pero **está** desordenada.

el trabajo	die Arbeit
⇨ trabajar	⇨ arbeiten F le travail
Nuestro tío tiene un trabajo interesante.	Unser Onkel hat eine interessante Arbeit.
tan	so
¡Estoy tan contento!	Ich bin so froh!
(estar) desordenado, -a	unordentlich, unaufgeräumt (sein)
tener razón	Recht haben
Tienes razón.	Du hast Recht.
una persona	eine Person
más	mehr
Necesito más libros.	Ich brauche mehr Bücher.
Van a venir dos chicos más.	Es werden noch zwei Jungs kommen.
ayudar a alguien (*Akk.!*) (a hacer algo)	jdm. helfen (etw. zu tun) F aider
⇨ la ayuda	⇨ die Hilfe
¿Ayudas a Cristina a cambiar su habitación?	Hilfst du Cristina, ihr Zimmer zu verändern?
¿La ayudo con la ropa?	¿Soll ich ihr mit der Wäsche helfen?
malo, -a	schlecht
⇔ bueno, -a	⇔ gut
La idea no es mala.	Die Idee ist nicht schlecht.
el papá, la mamá; los papás (*col.*)	der Papa, die Mama (*auch als Anrede*); die Eltern
¡Papá! Necesito tu ayuda.	Papa, ich brauche deine Hilfe!
parecer(le) (-zco) algo a alguien	jdm. etw. (er)scheinen F paraître
Miguel me parece muy cansado.	Miguel kommt mir sehr müde vor.
¿No te/os parece?	Meinst du/meint ihr nicht?
gustar(le) algo a alguien	jdm. etw. gefallen
Nos gustan las vacaciones.	Uns gefallen / Wir mögen die Ferien.
un ejemplo	ein Beispiel E example F un exemple LAT exemplum
por ejemplo	zum Beispiel
Me gustan los deportes, por ejemplo, el fútbol.	Ich mag Sport, zum Beipiel Fußball.
un año	ein Jahr
tener… años	… Jahre alt sein
Mi hermano tiene doce años.	Mein Bruder ist zwölf.
¿Cuántos años tiene?	Wie alt ist er / sie?
simpático, -a	sympathisch, nett
un ojo	ein Auge
marrón	braun F marron
¿Tus ojos son marrones o verdes?	Sind deine Augen braun oder grün?
enseñar(le) algo a alguien	jdm. etw. zeigen, beibringen
¿Nos enseñas tu barrio?	Zeigst du uns dein Stadtviertel?
Te enseñamos español.	Wir bringen dir Spanisch bei.
encantar(le) algo a alguien	jdm. etw. sehr gut gefallen
A Laura le encanta Roses.	Laura mag Roses sehr.
dar(le) (doy) algo a alguien	jdm. etw. geben
Te doy algunos aguacates.	Ich gebe dir ein paar Avocados.
dar trabajo	Arbeit machen
Una persona más da mucho trabajo.	Eine Person mehr macht viel Arbeit.
un enfermero, una enfermera	ein Krankenpfleger, eine Krankenschwester
Olga quiere ser enfermera.	Olga will Krankenschwester werden.
¿… , qué?	Was ist mit…?
Y Ana Lucía, qué?	Und was ist mit Ana Lucía?

cambiar algo	etw. (ver)ändern
¿Cambiamos tu habitación?	Stellen wir dein Zimmer um?
casi	fast, beinahe
(estar) convencido, -a	überzeugt (sein)
Ya estoy casi convencida.	Ich bin schon fast überzeugt.

Los pronombres de objeto indirecto § 26 + § 27

Laura **me** escribe mucho.
¿Ana Lucía **te** pregunta algo?
A Mario / A Cristina **le** falta tiempo.
¿**Nos** mandas fotos?
¿**Os** encanta España?
Hoy **les** enseño mi barrio.

Ejercicios

preparar algo	etw. vorbereiten, zubereiten E to prepare F préparer
Laura prepara sus cosas para España.	Laura bereitet ihre Sachen für Spanien vor.
una comida	ein Essen, ein Gericht
⇨ comer algo	⇨ etw. essen
¿Preparamos la comida?	Bereiten wir das Essen zu?
una cama	ein Bett
¡Tú mismo/misma tienes que hacer tu cama!	Du musst dein Bett selbst machen!
ordenar algo	etw. aufräumen
No me gusta ordenar mi habitación.	Ich räume mein Zimmer nicht gern auf.
tirar la basura	den Abfall wegwerfen
¿Podéis tirar la basura?	Könnt ihr den Abfall wegwerfen?
pasar la aspiradora	staubsaugen
Mi madre pasa la aspiradora los viernes.	Freitags saugt meine Mutter.
limpiar algo	etw. putzen
el suelo	der Fußboden
Mi padre limpia el suelo.	Mein Vater wischt den Fußboden.
quitar el polvo	abstauben
Yo quito el polvo de mi habitación.	Ich staube in meinem Zimmer ab.
lavar algo	etw. waschen
Nuestra abuela siempre lava la ropa.	Unsere Oma wäscht immer die Wäsche.
planchar algo	etw. bügeln
Mario a veces plancha su ropa.	Manchmal bügelt Mario seine Kleidung.
un plato	ein Teller
lavar los platos	spülen, abwaschen
Todos juntos lavamos los platos.	Wir spülen alle zusammen das Geschirr.
hacer la compra	einkaufen gehen (*Lebensmittel*)
Mi madre hace la compra.	Meine Mutter geht einkaufen.
una mesa	ein Tisch
poner (-g-) la mesa	den Tisch decken
¿Me ayudas a poner la mesa?	Hilfst du mir den Tisch zu decken?

Unidad 5B

Primer paso: La habitación de Cristina

una silla	ein Stuhl LAT sella
un escritorio	ein Schreibtisch
⇨ escribir algo	⇨ etw. schreiben
Laura también necesita un escritorio y una silla.	Laura braucht auch einen Schreibtisch und einen Stuhl.
una estantería	ein Regal
un armario	ein (Kleider-)Schrank F une armoire LAT armarium
En el armario no hay sitio para las cosas de Laura.	Im Schrank ist kein Platz für Lauras Sachen.
un equipo de música	eine Stereoanlage
¿Tiene Laura también un equipo de música?	Hat Laura auch eine Stereoanlage?
un póster (*pl.* pósteres)	ein Poster
una ventana	ein Fenster
meter algo en algo	etw. in etw. (hinein)stecken, -legen
¿Puedes meter tu ropa en el armario?	Kannst du deine Kleider in den Schrank legen?
poner (-g-) algo	etw. setzen, stellen, legen LAT ponere
¿Laura va a poner más pósteres en mi habitación?	Wird Laura in meinem Zimmer noch mehr Poster aufhängen?
quitar algo	etw. wegnehmen, entfernen
un sitio	ein Platz, ein Ort LAT situs
Tienes que quitar tus cosas. Laura necesita más sitio.	Du musst deine Sachen wegräumen. Laura braucht mehr Platz.

una esquina	eine Ecke
¿Vamos al restaurante de la esquina?	Gehen wir ins Restaurant an der Ecke?
un lado	eine Seite (*örtlich*)
al lado de	neben
Mi escritorio está al lado de la ventana.	Mein Schreibtisch steht neben dem Fenster.
a la izquierda (de)	links (von)
a la derecha (de)	rechts (von)
⇔ a la izquierda (de)	⇔ links (von)
A la izquierda de la puerta está la cama y a la derecha el armario.	Links von der Tür steht das Bett und rechts der Schrank.
delante de	vor (*örtlich*)
Delante de la ventana hay una silla.	Vor dem Fenster steht ein Stuhl.
detrás de	hinter
⇔ delante de	⇔ vor *(örtlich)*
Mario está detrás de la puerta.	Mario steht hinter der Tür.
debajo de	unter
Debajo de la cama sólo hay cosas viejas.	Unter dem Bett sind nur alte Sachen.
encima de	auf
⇔ debajo de	⇔ unter
Tus libros están encima de la mesa.	Deine Bücher liegen auf dem Tisch.

Texto: La habitación de Laura

los Alonso	die Alonsos, die Familie Alonso
Los Alonso no salen porque hace mal tiempo.	Die Alonsos gehen nicht raus, weil das Wetter schlecht ist.
dejar (hacer) algo (a alguien)	(jdn.) etw. (tun) lassen
Te dejo mis vídeos.	Ich (über)lasse dir meine Videos.
Te dejo ver mis vídeos.	Ich lasse dich meine Videos anschauen.
una parte	ein Teil E part F une part
La parte moderna de la ciudad no me gusta.	Der moderne Teil der Stadt gefällt mir nicht.
parte de	ein Teil von
¿Me dejas parte de la tarta?	Lässt du mir einen Teil vom Kuchen?
la luz	das Licht
Quita la estantería de la ventana. Así entra más luz.	Rück das Regal vom Fenster weg. So kommt mehr Licht rein.

Los pronombres de objeto directo § 28

—¿**Me** escuchas?
—Sí, **te** escucho.
—¿Ves a Guillermo? —No, no **lo** veo.
—¿Arreglas tu habitacíón?
—Sí, ahora **la** arreglo.
—¿**Nos** quieres visitar?
—**Os** visito el sábado.
—Lavas los platos? —Sí, **los** lavo.
—¿Llevas las manzanas a la playa? —Sí, **las** llevo.

el cuidado	die Vorsicht
¡Ten cuidado!	Pass auf! / Vorsicht!
ahí	da, dort
perfecto, -a	perfekt
Ahora tu habitación está perfecta.	Dein Zimmer ist jetzt perfekt.
por favor	bitte
Ven, por favor.	Komm bitte.
una muñeca	eine Puppe
una bolsa	eine Tüte, ein Beutel
¿Tienes una bolsa para los aguacates?	Hast du eine Tüte für die Avokados?
un cedé	eine CD
Mira, tengo un cedé nuevo.	Schau (mal), ich habe eine neue CD.
a ti también	dir auch
Me gusta Valladolid. ¿A ti también?	Mir gefällt Valladolid. Dir auch?
proponer(le) (-g-) algo a alguien	jdm. etw. vorschlagen F proposer
—¿Adónde vamos hoy? —Propongo La Criolla.	„Wohin gehen wir heute?" „Ich schlage La Criolla vor."
guardar algo	etw. aufbewahren, behalten F garder
¡Guardad los libros!	Räumt die Bücher weg!
un diccionario	ein Wörterbuch E dictionary F un dictionnaire
¿Tienes un diccionario alemán-español?	Hast du ein deutsch-spanisches Wörterbuch?
allí	dort
—Pongo tu ropa en el armario.	„Ich lege deine Kleider in den Schrank."
—No, allí ya no hay sitio.	„Nein, dort ist kein Platz mehr."
mejor (*adv.*)	besser, lieber
—¿Quieres un refresco?	„Willst du ein Erfrischungsgetränk?"
—No, mejor un helado.	„Nein, lieber ein Eis."

un pasillo	ein Flur, ein Korridor
En el pasillo hay otro armario.	Im Flur steht noch ein Schrank.
una camiseta	ein T-Shirt
un vestido	ein Kleid
⇨ vestirse	⇨ sich anziehen
una camisa	ein Hemd, eine Bluse
el verano	der Sommer
Me gusta llevar vestidos en verano.	Im Sommer trage ich gern Kleider.
oír (-g-) algo	etw. hören

El verbo *oír*

¡Hola! Dime…
Dime…, no te **oigo**.
Cristina, ¿**oyes**?, ¡ven aquí!
Oye, ¿no quieres ir al cine?
Oímos cosas tristes sobre tu abuelo…
¿**Oís** el autobús?
Los padres **oyen** a Mario.

llaman	es läutet
Llaman a la puerta.	Es läutet an der Tür.
una sorpresa	eine Überraschung E surprise F une surprise
Mario ayuda en casa. ¡Qué sorpresa!	Mario hilft zu Hause. Was für eine Überraschung!
urgente	dringend E urgent F urgent
Mándame una respuesta. ¡Es urgente!	Schick mir eine Antwort. Es ist dringend!
sí	doch
—No vas a España, ¿verdad? —Sí, voy.	„Du fährst nicht nach Spanien, stimmt's?" „Doch, ich fahre."

El imperativo afirmativo de la segunda persona § 29

¡**Abre** la puerta!	¡**Abrid** los libros!
¡**Lee** la noticia!	¡**Leed** el texto!
¡**Escucha** mi nuevo cedé!	¡**Escuchad** el diálogo!
¡**Haz** los deberes!	¡**Haced** más frases!
¡**Sal** de mi habitación!	¡**Salid** de la clase!
¡**Ve** al cine con tu amiga!	¡**Id** al instituto!
¡**Ven** a mi casa!	¡**Venid** mañana!

La colocación de los pronombres tras el imperativo § 30

—El mensaje de Ana Lucía es urgente.
—¡**Contéstalo** ya!
—Mamá, ¿dónde está la dirección de Laura?
—No sé, **buscadla**.
—Laura necesita más información.
—Entonces, **escríbele**.
—¡**Levantaos**, chicos, ya es tarde!

Ejercicios

una falda	ein Rock
Tu falda es preciosa.	Dein Rock ist wunderschön.
un pantalón	eine Hose
los vaqueros	die Jeans
A Mario le gusta llevar vaqueros con una camiseta blanca.	Mario trägt gern Jeans mit einem weißen T-Shirt.
un abrigo	ein (leichter) Mantel
una cazadora	eine Jacke
los zapatos	die Schuhe
un jersey (*pl.* jerséis)	ein Sweatshirt, ein Pullover
una bufanda	ein Schal
los calcetines (*sg.* calcetín)	die Socken
una cocina	eine Küche
⇨ cocinar algo	⇨ etw. kochen
Oye, Mario, ayuda en la cocina, por favor.	Hör mal, Mario, hilf bitte in der Küche.
una sala de estar	ein Wohnzimmer
Llevad la mesa a la sala de estar.	Tragt den Tisch ins Wohnzimmer.
un dormitorio	ein Schlafzimmer
⇨ dormir (-ue-)	⇨ schlafen
un cuarto de baño	ein Badezimmer
Al lado del dormitorio está el cuarto de baño.	Neben dem Schlafzimmer ist das Bad.
un comedor	ein Esszimmer
⇨ comer algo	⇨ etw. essen
⇨ una comida	⇨ ein Essen
Nuestro comedor es muy grande.	Unser Esszimmer ist sehr groß.

Unidad 6

Primer paso: Irse

pobre	arm [F] pauvre [E] poor [LAT] pauper
Colombia es un país pobre.	Kolumbien ist ein armes Land.
rico, -a	reich
⇔ pobre	⇔ arm [E] rich [F] riche
¿Es España un país rico?	Ist Spanien ein reiches Land?
el dinero	das Geld
ganar algo	etw. verdienen [F] gagner
Yilton quiere ganar mucho dinero para ayudar a su familia.	Yilton will viel Geld verdienen, um seiner Familie zu helfen.
un extranjero, una extranjera	ein Ausländer, eine Ausländerin [F] un étranger
Los alemanes somos extranjeros en España.	Wir Deutschen sind in Spanien Ausländer.
duro, -a	hart, beschwerlich [F] dur [LAT] durus
Mi trabajo es muy duro.	Meine Arbeit ist sehr hart.
el hambre (*f. !*)	der Hunger
Tenemos mucha hambre.	Wir haben großen Hunger.
la suerte	das Glück, das Schicksal [LAT] sors [F] le sort
tener suerte	Glück haben
Ana Lucía tiene mucha suerte porque estudia en España.	Ana Lucía hat viel Glück, weil sie in Spanien studiert.
quejarse de algo / alguien	sich über etw. / jdn. beschweren
A veces, Cristina se queja de su hermano.	Cristina beschwert sich manchmal über ihren Bruder.
la vida	das Leben
⇨ vivir	⇨ leben
la miseria	die Armut, das Elend [E] misery [F] la misère [D] Misere
La vida en la miseria es muy dura.	Das Leben in Armut ist sehr hart.

Texto: ¿Qué le ha pasado a Yilton?

haber	haben / sein (*Hilfsverb*)
¿Ya has desayunado?	Hast du schon gefrühstückt?
pasar(le) algo a alguien	etw. jdn. passieren [F] se passer
Oye, ¿qué te pasa?	Hör mal, was ist denn los mit dir?
un coche	ein Auto
ir en coche	mit dem Auto fahren
¿Vamos en coche o en autobús?	Fahren wir mit dem Auto oder dem Bus?
la comisaría central	das Hauptkommissariat
creer algo	etw. glauben [F] croire [LAT] credere
que (*conj.*)	dass

Subordinadas de objeto directo con *que* § 32

- Mario **cree que** Laura va a venir a Valladolid.
- **¿Sabéis que** Valladolid se encuentra en Castilla y León?
- **Me parece que** la película ya ha empezado.
- **Pienso que** Ana Lucía es muy simpática.

detener (-g-) a alguien	jdn. festnehmen, verhaften [LAT] detinere
La policía detiene a un señor.	Die Polizei verhaftet einen Herrn.
para hacer algo	um etw. zu tun
para terminar	zum Schluss
Para terminar hacemos un ejercicio.	Zum Schluss machen wir noch eine Übung.
local	örtlich, lokal
La policía local busca a ilegales en la ciudad.	Die örtliche Polizei sucht Illegale in der Stadt.
esta mañana	heute Morgen
Esta mañana he hecho la compra.	Heute Morgen war ich einkaufen.

El pretérito perfecto § 31

He guard**ado** mis cedés en una bolsa.
¿Me **has** entend**ido**?
Mario no se **ha** vest**ido** todavía.
¿**Hemos ido** al centro a las cuatro.
Habéis hecho una tarta?
Los chicos **han** sal**ido**.

Más participios irregulares siehe S. 80

vuelto, visto …

varios, -as (*pl.*)	verschiedene, mehrere LAT varius
Raúl sale con varias chicas.	Raúl geht mit mehreren Mädchen aus.
un inmigrante, una inmigrante	ein Einwanderer, eine Einwanderin D Immigrant
¿Viven en España muchos inmigrantes?	Leben in Spanien viele Einwanderer?
después de (hacer) algo	nach, nachdem
vender(le) algo a alguien ⇔ comprar algo	jdm. etw. verkaufen ⇔ etw. kaufen F vendre LAT vendere
Mi padre ha vendido el coche.	Mein Vater hat das Auto verkauft.
un vecino, una vecina	ein Nachbar, eine Nachbarin F un voisin LAT vicinus
Hoy he hablado con la vecina.	Heute habe ich mit der Nachbarin gesprochen.
varias veces	mehrmals
¿Habéis visto la misma película varias veces?	Habt ihr denselben Film mehrmals gesehen?
usted, ustedes	Sie (*Höflichkeitsform, sg.,pl.*)

usted, ustedes § 33

- Buenos días, ¿qué desea **usted**, señora?
- ¿Son **ustedes** profesores?

una radio	ein Radio
Mis padres escuchan la radio por la mañana.	Meine Eltern hören morgens Radio.
una vez	ein Mal
otra vez	noch einmal, wieder
¿Mario, buscas otra vez tu móvil?	Mario, suchst du schon wieder dein Handy?
muchísimo, -a	sehr viel, -e

El superlativo absoluto § 35

- Antes del examen los estudiantes están **nerviosísimos**.
- **Muchísimas** gracias por tu ayuda.
- Laura es **guapísima**.

sobre todo	vor allem
Me gustan los idiomas extranjeros y sobre todo el español.	Ich mag Fremdsprachen und vor allem Spanisch.
como	als
Usted como profesor de español ¿me puede ayudar?	Sie als Spanischlehrer, können Sie mir helfen?
nada	nichts, das macht nichts
—Perdón, he llegado tarde. —Nada, nada.	„Entschuldigung, ich bin zu spät gekommen." „Das macht nichts."
No te preocupes.	Mach dir keine Sorgen.
—Lo siento, pero no puedo visitarte hoy. —No te preocupes.	„Es tut mir leid, aber heute kann ich dich nicht besuchen." „Das macht nichts."
un permiso de residencia	eine Aufenthaltsgenehmigung F le permis de résidence
Los alemanes no necesitan permiso de residencia en España.	Die Deutschen brauchen in Spanien keine Aufenthaltsgenehmigung .
intentar algo	etw. versuchen
Intento aprender español.	Ich versuche, Spanisch zu lernen.
conseguir (-i-) (hacer) algo	etw. erreichen, besorgen LAT consequi

El verbo *conseguir*

No consi**g**o hacer el ejercicio.
¿Dónde consi**gu**es los aguacates?
Mi padre no consi**gu**e planchar la ropa.
Conse**gui**mos cedés españoles.
¿En tres años conse**gu**ís aprender el español?
Las chicas consi**gu**en pósteres de Iker Casillas.

durante	während E during
Hemos hablado en el cine durante la película.	Wir haben im Kino während des Films geredet.
una situación	eine Situation
La situación de Yilton es difícil.	Yiltons Situation ist schwierig.
un ilegal, una ilegal	ein Illegaler, eine Illegale
Los ilegales tienen muchos problemas.	Die Illegalen haben viele Probleme.
soñar (-ue-) con (algo/ alguien) / hacer algo	(von) etw. träumen / davon träumen, etw. zu tun LAT sominare
Olga sueña con Marco y Laura sueña con ir a España.	Olga träumt von Marco und Laura träumt davon, nach Spanien zu fahren.

legal	legal
Ana Lucía tiene un trabajo legal.	Ana Lucía hat eine legale Arbeit.
antes de (hacer) algo	vor, bevor LAT ante

Preposiciones + infinitivo o sustantivo § 34

• **Después de** <u>comer</u> he ido al cine.	• **Después de** la comida Mario ha leído un poco.
• **Antes de** <u>ir</u> al instituto hemos desayunado en casa.	• **Antes del** festival de cine, alguien ha vendido películas piratas.
• ¿No tenéis tiempo **para** <u>enseñarme</u> el centro de la ciudad?	• Hoy casi no tengo tiempo **para** los deberes.

Está bien.	Ok. / In Ordnung. (*v. a. in Lateinamerika*)
desear algo	etw. wünschen E to desire F désirer
Te deseo mucha suerte.	Ich wünsche dir viel Glück.
encontrarse (-ue-)	sich befinden
¿Dónde se encuentra la calle Rastrojo?	Wo befindet sich die Rastrojo-Straße?
entre	zwischen, (mitten) unter F entre LAT inter
—Ven entre las tres y cuatro. —Está bien.	„Komm zwischen drei und vier!" „Okay."
Entre los estudiantes hay varios extranjeros.	Unter den Schülern sind mehrere Ausländer.
un momento	ein Moment, Augenblick
¡Señora, un momento, por favor!	Meine Dame, einen Moment, bitte!
pues	also, nun LAT post F puis
—¿Yilton está contento? —Pues, espero que sí.	„Ist Yilton zufrieden?" „Nun, ich hoffe ja."
ilegal	illegal
⇔ legal	⇔ legal
pirata	Raub-
Los cedés piratas son ilegales.	Raubkopien von CDs sind illegal.
demasiado	zu (sehr/viel)
—Hace demasiado frío para salir. —Pues sí.	„Es ist zu kalt, um rauszugehen." „Ja, genau."
salir (-g-)	abfahren, abreisen
hacia	zu (...hin), nach
Laura, ¿cuándo sales hacia España?	Laura, wann reist du ab nach Spanien?
un aeropuerto	ein Flughafen E airport F un aéroport
todos, -as	alle F tous
Te esperamos todos en el aeropuerto.	Wir erwarten dich alle am Flughafen.

Unidad 7A

Primer paso: El horario de Laura

un horario	ein Stundenplan
¿Qué tal tu nuevo horario?	Wie ist dein neuer Stundenplan?
una asignatura	ein (Schul-)Fach
¿Cuántas asignaturas tienes?	Wie viele Fächer hast du?
una lengua	eine Sprache
≡ un idioma	≡ eine Sprache E language F la langue LAT lingua
la literatura	die Literatur
lengua y literatura	Spanisch (*Schulfach, wie das Fach Deutsch in Deutschland*)
(las) matemáticas	Mathematik (*Schulfach*)
(el) inglés	Englisch (*Schulfach*)
(la) geografía	Erdkunde (*Schulfach*)
(la) historia	Geschichte (*Schulfach*)
Prefiero la geografía a la historia.	Ich mag Erdkunde lieber als Geschichte.
(la) física	Physik (*Schulfach*)
(la) química	Chemie (*Schulfach*)
una optativa	ein Wahlpflichtfach
Tu optativa es alemán, ¿verdad?	Dein Wahlpflichtfach ist Deutsch, oder?
(la) biología	Biologie (*Schulfach*)
(la) tecnología	Technikunterricht
una tutoría	eine Klassenleiterstunde
(la) religión	Religion (*Schulfach*)
(la) educación plástica y visual	Kunsterziehung (*Schulfach*)
más ... que	mehr ... als
menos ... que	weniger ... als
⇔ más ... que	⇔ mehr ... als
tanto, -a ... como	genauso sehr/viel ... wie

La comparación § 36

- Creo que tienes **más** amigos **que** yo.
- Mario come **más que** Cristina.
- Mario tiene **menos** primos **que** Julio.
- Alba come **menos que** Luis.
- Tenemos **tantos** deberes **como** los españoles.
- El deporte me gusta **tanto como** a Juan.

Texto: Mal comienzo en el instituto

el comienzo	der Beginn, der Anfang 🄵 le commencement
Todos los comienzos son duros.	Aller Anfang ist schwer.
un alumno, una alumna	ein Schüler, eine Schülerin
3º (tercero)	die dritte Klasse der Sekundarstufe (*entspricht der 9. Klasse in Deutschland*)
Voy a 3º A.	Ich gehe in die 3 A.

Los números ordinales

1. primero, -a	6. sexto, -a
2. segundo, -a	7. séptimo, -a
3. tercero, -a	8. octavo, -a
4. cuarto, -a	9. noveno, -a
5. quinto, -a	10. décimo, -a

una clase	eine Unterrichtsstunde, eine Klasse
¿Qué día tienes clase de alemán?	An welchem Tag hast du Deutsch?
¿Cuántos alumnos sois en la clase?	Wie viele Schüler seid ihr in der Klasse?
medio, -a	halbe, -r, -s
—¿Sólo has comido media manzana?	„Hast du nur einen halben Apfel gegessen?"
—No, también medio bocadillo.	„Nein, auch ein halbes Brötchen."
hablar por el móvil	mit dem Handy telefonieren
Cristina está hablando por el móvil.	Cristina telefoniert gerade mit dem Handy.

Las formas apocopadas *buen, mal, primer, tercer* y *algún* § 40

• ¿Tu trabajo es **bueno**?	• ¿Tienes un **buen** trabajo ?
• La manzana es **buena**.	• Es una **buena** manzana.
• Andrés es **malo** en inglés.	• Andrés es un **mal** estudiante de inglés.
• Raúl es el **primero** en matemáticas.	• Raúl hace el **primer** ejercicio.
• ¿**Alguno** de los alumnos es de Colombia?	• ¿Tienes **algún** alumno colombiano?
• Voy a **tercero**.	• El **tercer** domingo de mayo voy a Málaga.

¡Qué va!	Ach was!, Keine Rede!
un profe, una profe (*col.*) (*abrev. de* profesor, -a)	ein Lehrer, eine Lehrerin
—Nuestro profe te gusta, ¿verdad?	„Unser Lehrer gefällt dir, stimmt's?"
—¡Qué va!	„Ach was!"
de verdad	wirklich
¿De verdad no quieres ir al cine?	Willst du wirklich nicht ins Kino gehen?
todo el ..., toda la ..., todos los ..., todas las ...	der/die/das ganze ..., alle ...

El pronombre indefinido *todo* § 39

- Me gusta leer **todo el** día.
- No he dormido en **toda la** noche.
- Hacemos deporte **todos los** viernes.
- **Todos mis** amigos van a salir el sábado.
- Mario conoce **todas las** calles del barrio.
- **Todas tus** cosas están desordenadas.

tutear(le) a alguien	jdn. duzen
Me puedes tutear.	Du kannst mich duzen.
cuando	(dann) wenn 🄵 quand
Cuando hay una fiesta siempre voy.	Wenn es ein Fest gibt, gehe ich immer hin.
quedar con alguien	sich mit jdm. verabreden
Mario ha quedado con Raúl para estudiar matemáticas.	Mario hat sich mit Raúl verabredet, um Mathe zu lernen.
preguntar por algo/alguien	nach etw./jdm. fragen
⇔ contestar	⇔ antworten
Laura me ha preguntado por Yilton.	Laura hat mich nach Yilton gefragt.
raro, -a	seltsam
Andrés está raro hoy. ¿Qué le pasa?	Andrés ist heute seltsam. Was ist los mit ihm?
(estar) preocupado, -a por	besorgt um ... (sein)
Todos estamos preocupados por Yilton.	Wir sind alle besorgt um Yilton.
un compañero, una compañera (de clase)	ein Klassenkamerad, eine Klassenkameradin
un grupo	eine Gruppe
Un grupo de extranjeros está mirando el monumento.	Eine Gruppe Ausländer schaut gerade das Denkmal an.
un bocadillo	ein belegtes Brötchen
¿Queréis comer un bocadillo?	Wollt ihr ein belegtes Brötchen essen?
4º (cuarto)	die vierte Klasse der Sekundarstufe (*entspricht der 10. Klasse in Deutschland*)
Mario va a cuarto.	Mario geht in die vierte Klasse.

un novio, una novia	ein (fester) Freund, eine (feste) Freundin
No somos novios, sólo somos compañeros de clase.	Wir sind kein Paar, wir sind nur Klassenkameraden.
enorme	riesig, groß
⇔ pequeño, -a	⇔ klein
	D enorm
Hemos tomado un desayuno enorme.	Wir haben ein riesiges Frühstück gegessen.
el desayuno	das Frühstück
⇨ desayunar algo	⇨ etw. frühstücken
una cafetería	eine Cafeteria
un refresco	ein (Erfrischungs-)Getränk
una máquina	ein (Getränke-)Automat
¿En tu instituto hay una cafetería o sólo máquinas de refrescos?	Gibt es in deiner Schule eine Cafeteria oder nur Getränkeautomaten?
mientras (+ *verbo*)	während
Mientras estudio, escucho música.	Während ich lerne, höre ich Musik.
alguien	(irgend)jemand
Alguien me está llamando.	Jemand ruft mich.

El gerundio § 38

Mario y Laura **están desayunando**.
Ahora no queremos salir. **Estamos viendo** la tele.
—Cristina, ¿qué **estás haciendo**?
—**Estoy arreglando** mi habitación.

continuar con algo	mit etw. fortfahren, weitermachen
	E to continue
	F continuer
¿Todavía continúas con los deberes?	Machst du immer noch Hausaufgaben?
Continuamos con los ejercicios.	Wir machen mit den Übungen weiter.
vas a verlo	du wirst es schon sehen
sacar algo	etw. (heraus)nehmen, -holen
Saca el cedé del equipo de música, por favor.	Nimm bitte die CD aus der Stereoanlage.
un chicle	ein Kaugummi
¿Tienes un chicle en la boca?	Hast du einen Kaugummi im Mund?
el modo	die Art, die Weise
No entiendo tu modo de pensar.	Ich verstehe deine Denkweise nicht.
la boca	der Mund
	F la bouche
Lo mira con la boca abierta.	Er/sie schaut ihn mit offenem Mund an.
un cuaderno	ein Heft
un bolígrafo (*abrev.* boli)	ein Kugelschreiber
¿Tienes un bolígrafo?	Hast du einen Kugelschreiber?
echar(le) una bronca a alguien (*col.*)	jdn. zurechtweisen, zusammenstauchen
El profe me ha echado una bronca.	Der Lehrer hat mich zusammengestaucht.

La colocación de los pronombres con el gerundio § 39

• Mario **se** está despidiendo.	• Mario está despidi**é**ndo**se**.
• **Le** estoy escribiendo a Ana Lucía.	• Estoy escribi**é**ndo**le** a Ana Lucía.
• ¿Ya has hecho los deberes? **Los** estoy haciendo.	• Estoy haci**é**ndo**los**.
• ¿Qué haces en la habitación? **La** estoy limpiando.	• Estoy limpi**á**ndo**la**.

Unidad 7B

Primer paso: Ir de compras

las compras	die Einkäufe
⇨ comprar algo	⇨ etw. kaufen
ir de compras	einkaufen gehen, bummeln, shoppen
¡Ven Cristina!, vamos de compras.	Komm Cristina, gehen wir bummeln!
un color	eine Farbe
	E color F une couleur
	LAT color
amarillo, -a	gelb
blanco, -a	weiß F blanc
rojo, -a	rot F rouge
¡El vestido rojo de Fabiola es precioso!	Fabiolas rotes Kleid ist wunderschön!
azul	blau D azurblau
negro, -a	schwarz LAT niger
naranja	orange
rosa	rosa
Alba tiene muchos jerséis rosas y camisetas naranjas.	Alba hat viele rosa Pullover und orange T-shirts.

gris	grau
Quiero comprar vaqueros grises o un vestido rosa.	Ich möchte graue Jeans oder ein rosa Kleid kaufen.

Texto: De compras por Valladolid

por	durch, in
¿Vamos por esta calle?	Gehen wir durch diese Straße?
el invierno	der Winter F l'hiver *(m.)*
¿Vais a Colombia este invierno?	Fliegt ihr diesen Winter nach Kolumbien?
este, esta, estos, -as (*adj.*)	diese, -r, -s hier (*adj.*)
éste, ésta, éstos, -as (*pron.*)	diese, -r, -s hier (*pron.*)
llover (-ue-)	regnen
¿En Galicia llueve mucho?	Regnet es in Galizien viel?
la niebla	der Nebel
En noviembre hay niebla y hace frío.	Im November ist es neblig und kalt.
ese, esa, esos, -as (*adj.*)	diese, -r, -s dort (*adj.*)
ése, ésa, ésos, -as (*pron.*)	diese, -r, -s dort (*pron.*)
una tienda de ropa	ein Bekleidungsgeschäft
Siempre compro los pantalones en esa tienda de ropa.	Ich kaufe meine Hosen immer in diesem Bekleidungsgeschäft.
aquel, aquella, aquellos, -as (*adj.*)	jene, -r, -s (*adj.*)
aquél, aquélla, aquéllos, -as (*pron.*)	jene, -r, -s (*pron.*)
nunca	niemals

La «negación doble» § 41

- ¿**No** has ido **nunca** a España?
- **No** hemos visitado a **nadie**.
- ¿**No** tenéis **ninguna** idea?
- ¿**No** os falta **nada**?
- ¿Y tú **no** quieres salir **tampoco**?
- **No** quiero **ni** saberlo.
- **Nunca** nos visita **nadie**.
- **No** he dicho **nada** a **nadie**.

ponerse (-g-) algo	(sich) etw. anziehen
Ponte esta camiseta.	Zieh dieses T-shirt an.
tampoco	auch nicht
⇔ también	⇔ auch

Los adjetivos y pronombres demostrativos § 42

—¿**Esta** cazadora te gusta? —No, me gusta más **ésa**. —Ya has visto **aquélla**? —Sí, pero prefiero **ese** abrigo de ahí.	—**Estos** pantalones son feos. —¿Qué tal **ésos**? —Tampoco me gustan. Voy a comprar **aquellos** vaqueros de allí.

no ... ni / ni ... ni	weder ... noch
Mario no lava ni plancha sus camisas.	Mario wäscht seine Hemden nicht, noch bügelt er sie.
Ni Mario, ni Cristina hablan alemán.	Weder Mario noch Cristina sprechen Deutsch.
peor ⇔ mejor	schlechter, schlimmer ⇔ besser F pire LAT peior
Soy mala en matemáticas, pero mi hermano es todavía peor.	Ich bin schlecht in Mathe, aber mein Bruder ist noch schlechter.
costar (-ue-) algo	etw. kosten
Este abrigo cuesta mucho.	Dieser Mantel kostet viel.
el precio	der Preis
Amigos no tienen precio.	Freunde haben keinen Preis / sind unbezahlbar.
un euro	ein Euro
caro, -a	teuer
barato, -a	billig
Aquí todo es muy caro. En la otra tienda es más barato.	Hier ist alles sehr teuer. Im anderen Geschäft ist es billiger.

Los números del 100 al 1000

100 cien 101 ciento uno, -a 110 ciento diez 123 ciento veintitrés 199 ciento noventa y nueve 200 doscientos, -as	300 trescientos, -as 400 cuatrocientos, -as 500 **quinientos**, -as 600 seiscientos, -as 700 s**e**tecientos, -as 800 ochocientos, -as 900 n**o**vecientos, -as 1000 mil
doscientos treinta y **un** libr**os** trescient**os** cincuenta y cinco eur**os**	quinient**as** noventa y un**a** chic**as** setecient**as** cuarenta y ocho págin**as**

caliente	warm, heiß
⇨ el calor	⇨ die Hitze
La comida está todavía muy caliente.	Das Essen ist noch sehr heiß.
la primavera	der Frühling
pedir(le) (-i-) algo a alguien	jdn. um etw. bitten LAT petere
Mi hermana me pide ayuda.	Meine Schwester bittet mich um Hilfe.
pagar algo	etw. (be)zahlen E to pay F payer
¿Quién paga esta vez?	Wer zahlt dieses Mal?
un regalo	ein Geschenk
Quiero comprar un regalo para mi novio.	Ich möchte ein Geschenk für meinen Freund kaufen.
conmigo	mit mir
ningún/ninguno, -a (*adj.*, *pron.*)	keine, -r, -s
—¿No tienes ningún amigo extranjero? —Sí, pero ninguno es español.	„Hast du keinen ausländischen Freund?“ „Doch, aber keiner ist Spanier.“
el jamón	der Schinken F le jambon
Me encanta el jamón.	Ich mag Schinken sehr gerne.
ibérico, -a	iberisch
el jamón ibérico	*luftgetrockneter Schinken aus Spanien*
bastante, -s	ziemlich viel, -e
unos, -as	einige, ungefähr (+ *Zahl*)

Los determinantes y pronombres indefinidos *bastante, unos*

- Has recibido **bastantes** regalos.
- ¿Por qué no compramos **unos** aguacates?
- En **unas** tres horas terminan las clases.

un minuto	eine Minute
tocar(le) a alguien	an der Reihe sein
¿A quién le toca?	Wer ist an der Reihe?
(estar) loco, -a	verrückt (sein)
nadie	niemand
Nadie está tan loco como mi hermano.	Niemand ist so verrückt wie mein Bruder.
valer (-g-) algo	etw. wert sein, kosten LAT valere
¿Cuánto vale esto?	Was kostet das?
poner(le) algo a alguien	jdm. etw. geben
¿Cuánto le pongo?	Wie viel soll ich Ihnen geben?
un gramo	ein Gramm

Expresiones de cantidad con *de* § 44

Me pone:
- quinientos gramo**s** **de** jamón
- un kilo y medio **de** chorizo
- dos kilo**s** **de** manzanas
- una bolsa **de** aguacates

el chorizo	*luftgetrocknete Paprikawurst*
El chorizo español está bastante rico.	Die spanische Chorizo-Wurst ist ziemlich gut.
un dependiente, una dependienta	ein Angestellter, eine Angestellte/ ein Verkäufer, eine Verkäuferin
un céntimo	ein Cent
un kilo	ein Kilo
El jamón cuesta dieciseis euros con noventa céntimos el kilo.	Der Schinken kostet sechzehn Euro und neunzig Cent das Kilo.
tan… (+ *adj.*) como…	so… wie…

La comparación de los adjetivos § 43

- Alba es **más** tranquila **que** Cristina.
- La película es **menos** interesante **que** el libro.
- ¿Es Valladolid **tan** moderna **como** Berlín?

rico, -a	lecker, gut
el vino	der Wein
una provincia	eine Provinz
El vino de nuestra provincia es muy rico.	Der Wein aus unserer Provinz ist sehr gut.
contigo	mit dir

Los pronombres personales con preposiciones § 45

¿Este regalo es para **mí**?
La fiesta sin **ti** no es divertida.
Estoy enamorado de **él / ella / usted**.
¿Has pensado en **nosotros/-as**?
¿Hay problemas entre **vosotros/-as**?
Hemos hablado mucho con **ellos/ellas** …
… sobre **ustedes**.

¿Sales **conmigo**?
Quiero ir al cine **contigo**.

gracias a …	dank …
Gracias a él he podido ir a España.	Dank ihm konnte ich nach Spanien reisen.

regalar(le) algo a alguien	jdm. etw. schenken
⇨ un regalo	⇨ ein Geschenk
¿Qué me vas a regalar para mi cumpleaños?	Was wirst du mir zum Geburtstag schenken?
una entrada	eine Eintrittskarte
⇨ entrar (en)	⇨ eintreten, hineingehen
¿Habéis conseguido entradas para el concierto?	Habt ihr Eintrittskarten für das Konzert bekommen?

Ejercicios

bonito, -a	hübsch, schön
Tu falda es muy bonita.	Dein Rock ist sehr schön.
el pan	das Brot
	F le pain LAT panis
El pan de Alemania es muy bueno.	Das Brot aus Deutschland ist sehr gut.
el queso	der Käse
	LAT caseus
He comprado cien gramos de queso por sólo 95 céntimos.	Ich habe hundert Gramm Käse für nur 95 Cent gekauft.
una patata	eine Kartoffel
	E potato
Las patatas cuestan 45 céntimos el kilo.	Die Kartoffeln kosten 45 Cent pro Kilo.
un tomate	eine Tomate
Me pone medio kilo de tomates, por favor.	Geben Sie mir bitte ein halbes Kilo Tomaten.
el agua (*f.!*)	das Wasser
	LAT aqua
El agua está fría.	Das Wasser ist kalt.
un agua mineral	ein Mineralwasser
Voy a pedir agua mineral.	Ich werde ein Mineralwasser bestellen.
una sandía	eine Wassermelone
Me encanta comer sandía en la playa.	Ich liebe es, am Strand Wassermelone zu essen.
un plátano	eine Banane
una naranja	eine Orange
el zumo	der Saft
¿Quieres zumo de naranja o de manzana?	Möchtest du Orangen- oder Apfelsaft?

Unidad 8A

Texto: Todo empezó en un instituto

una entrevista	ein Interview
¿Has leído la entrevista a Celtas Cortos?	Hast du das Interview mit den Celtas Cortos gelesen?
pasado, -a	vergangene, -r, -s
una plaza de toros	eine Stierkampfarena
bailar	tanzen

El pretérito indefinido de los verbos en *-ar* § 46

Trabaj**é** el sábado de la semana pasada.
¿Compr**aste** ropa la semana pasada?
Mario bail**ó** con Laura el viernes pasado.
Estudi**amos** alemán hace un año.
¿Termin**asteis** el trabajo el mes pasado?
Las cartas lleg**aron** en el año 2004.

charlar	sich unterhalten
contar (-ue-) (de) algo	(von) etw. erzählen
Laura y Cristina charlaron, se contaron muchas cosas…	Laura und Cristina unterhielten sich, erzählten sich viele Dinge…
al final	schließlich
	F à la fin
… y al final fueron al cine.	… und gingen schließlich ins Kino.
responder (algo)	antworten / etw. beantworten
⇨ una respuesta	⇨ eine Antwort
≡ contestar	≡ antworten
⇔ preguntar	⇔ fragen
	F répondre
	LAT respondere
Responde, por favor.	Antworte bitte.

El pretérito indefinido de los verbos en *-er* y *-ir* § 46

Com**í** paella cuando estuve en Valencia.
¿Viv**iste** en Madrid en 2000?
Lukas aprend**ió** mucho el año pasado.
Sal**imos** juntos hace tres semanas.
¿ Vend**isteis** el coche en mayo?
Recib**ieron** mi regalo hace un mes.

una pregunta	eine Frage
⇨ preguntar(le) algo a alguien	⇨ jdn. etw. fragen
Laura hizo muchas preguntas.	Laura stellte viele Fragen.

hace (+ *Zeitangabe*) que	vor
Hace tres días que fuimos al cine.	Vor drei Tagen waren wir im Kino.
tocar	spielen (*Instrument*)
¿Qué grupo toca hoy?	Welche Gruppe spielt heute?

Cambios ortográficos en el indefinido § 47

- Yo empe**cé** esta semana y tú empe**za**ste hace un mes.
- Yo bus**qué** los vídeos y Mario bus**có** los cedés.
- Yo pa**gué** los refrescos y mi novio pa**gó** la comida.

nacer (-zco)	geboren werden LAT nasci
¿En qué año naciste?	In welchem Jahr wurdest du geboren?
un cigarrillo	eine Zigarette
entonces	damals
Fui a España en el año 2000. Esta foto es de entonces.	Im Jahr 2000 war ich in Spanien. Dieses Foto ist von damals.
salir (-g-)	herauskommen
un disco	eine (Schall-)Platte, eine CD F un disque
¿Cuándo salió el primer disco de Shakira?	Wann kam die erste Platte von Shakira heraus?
solamente	nur F seulement

Los adverbios terminados en *-mente* § 49

Mi padre habló…

tranquil<u>amente</u>, nuev<u>amente</u>, rápid<u>amente</u>

triste<u>mente</u>, amable<u>mente</u>

fenomenal<u>mente</u>

una canción	ein Lied F une chanson
—¿Conoces una canción colombiana? —No, solamente conozco canciones españolas.	„Kennst du ein kolumbianisches Lied?“ „Nein, ich kenne nur spanische Lieder.“
grabar	aufnehmen
Por favor, ¿me grabas esta película?	Nimmst du diesen Film bitte für mich auf?
el éxito	der Erfolg
Juanes tiene mucho éxito.	Juanes ist sehr erfolgreich.
¿cuánto, -a?, ¿cuántos, -as?	wie viel?, wie viele?
¿Cuántos idiomas hablas?	Wie viele Sprachen sprichst du?
realmente	wirklich, tatsächlich E really F réellement
¿Realmente te gusta Laura?	Gefällt dir Laura wirklich?
lo	es (*neutrales Objektpron. für einen Sachverhalt*)

El pronombre neutro de objeto directo *lo* § 48

—¿Crees que **va a hacer buen tiempo mañana**?
—No **lo** sé.
—¿Sabes que **ya ha empezado el festival de cine**?
—Sí, **lo** he visto en la tele.

cuando	als F quand LAT quando
Cuando fui al cine, vi a Laura y Cristina.	Als ich ins Kino ging, sah ich Laura und Cristina.
hacerse (-g-) (+ *adj.*)	werden
famoso	berühmt E famous
Nos vamos a hacer famosos.	Wir werden berühmt werden.
Europa *(f.)*	Europa
Francia *(f.)*	Frankreich

Formas irregulares del pretérito indefinido § 47

El viernes pasado **fui** a Madrid. / **fuiste** / **fue** / **fuimos** / **fuisteis** / **fueron**

Cuando te fuiste **estuve** muy triste. / **estuviste** / **estuvo** / **estuvimos** / **estuvisteis** / **estuvieron**

Hice / **Hiciste** / **Hizo** / **Hicimos** / **Hicisteis** / **Hicieron** los deberes.

Le **di** / **diste** / **dio** / **dimos** / **disteis** / **dieron** un regalo.

la influencia	der Einfluss E influence F l'influence
El alemán tiene mucha influencia del inglés.	Das Deutsche wird sehr durch das Englische beeinflusst.
un texto	ein Text

social	gesellschaftlich, gesellschaftskritisch [E] social [F] social
político, -a	politisch
un cambio	eine (Ver-)Änderung
⇨ cambiar algo	⇨ etw. (ver)ändern
Nuestro país necesita un cambio social y político.	Unser Land braucht eine gesellschaftliche und politische Veränderung.
latino, -a	lateinamerikanisch
electrónico, -a	elektronisch
Los alemanes escuchan mucha música electrónica.	Die Deutschen hören viel elektronische Musik.
un público	ein Publikum
El público está muy animado.	Das Publikum ist sehr begeistert.
un músico	ein Musiker
⇨ la música	⇨ die Musik
El novio de Fabiola es músico.	Fabiolas Freund ist Musiker.
divertirse (-ie-)	sich vergnügen, sich amüsieren
⇨ divertido, -a	⇨ lustig
Hoy nos hemos divertido mucho.	Heute haben wir uns gut amüsiert.
encontrar (-ue-) algo	etw. finden
⇔ buscar algo	⇔ etw. suchen
La semana pasada encontré un euro en la calle.	Vorige Woche habe ich einen Euro auf der Straße gefunden.
dar las gracias	sich bedanken
El chico nos dio las gracias.	Der Junge hat sich bei uns bedankt.
alegrarse	freuen
¡Me alegro mucho!	Ich freue mich sehr!
molestar(le) a alguien	jdn. stören, ärgern
Me estás molestando.	Du störst mich.
una cena	ein Abendessen
⇨ cenar	⇨ zu Abend essen [LAT] cena
La cena está muy rica.	Das Abendessen ist sehr lecker.
un cuarto	ein Zimmer [D] Quartier
Mi cuarto es muy pequeño.	Mein Zimmer ist sehr klein.
cerrar (-ie-)	schließen
⇔ abrir	⇔ öffnen
Cierra la ventana, por favor.	Schließ bitte das Fenster.

Unidad 8B

Primer paso: Una visita a Ana Lucía

girar	abbiegen
Gira a la derecha después de la librería.	Bieg nach der Buchhandlung rechts ab.
seguir (-i-)	weitergehen, -fahren
todo recto	geradeaus
Sigue todo recto por esta calle.	Geh in dieser Straße geradeaus weiter.
pasar por	durchgehen, -fahren
Pasas por el parque y después llegas al museo.	Du gehst durch den Park und kommst dann zum Museum.
cruzar algo	etw. überqueren [E] to cross [D] kreuzen
Cruza la avenida y sigue por la misma calle.	Geh über den Boulevard und dann auf der gleichen Staße weiter.

Texto: Una carta de Yilton

una carta	ein Brief
Hace algunos días Mario escribió una carta a una chica.	Mario hat vor ein paar Tagen einen Brief an ein Mädchen geschrieben.
ayer	gestern [F] hier [LAT] ad heri
Ayer recibí una carta de Mario.	Gestern habe ich einen Brief von Mario bekommen.
echar de menos	vermissen
Te voy a echar de menos.	Ich werde dich vermissen.

El superlativo	§ 53
El libro español **más** conocido es «Don Quijote» y el escritor **más** famoso es Miguel de Cervantes.	El profe de física es el **menos** amable pero los deberes que nos da son los **menos** difíciles.

un camino	ein Weg
Conozco un camino más corto.	Ich kenne einen kürzeren Weg.
ir a pie	zu Fuß gehen
¿Fuiste a pie al centro?	Bist du zu Fuß ins Zentrum gegangen?

subir — hinaufgehen, -steigen, -fahren
Laura subió al primer piso. — Laura ist in den ersten Stock hinaufgegangen.
traer (traigo) — (mit)bringen, dabei haben

El verbo *traer*

No **traigo** otros zapatos.
¿**Traes** el regalo de Laura?
Cristina **trae** los refrescos.
Traemos el postre.
¿**Traéis** comida?
Ellos **traen** las fotos de las vacaciones.

un postre — ein Nachtisch
¿Queréis postre? — Wollt ihr einen Nachtisch?
una sartén — eine Pfanne
¡Pon los fríjoles en la sartén! — Gib die Bohnen in die Pfanne!
un fríjol — eine Bohne
En Cali decimos «fríjoles», en otros países la gente dice «frijoles». — In Cali sagen wir „fríjoles", in anderen Ländern sagen die Leute „frijoles".
el arroz — der Reis
Los colombianos comen mucho arroz. — Die Kolumbianer essen viel Reis.
típico, -a — typisch
¿Qué comida es típica de Alemania? — Welches Gericht ist typisch für Deutschland?
explicar algo — etw. erklären F expliquer LAT explicare
Explícame el significado de la palabra «castellano». — Erkläre mir die Bedeutung des Wortes „kastilisch".
el maíz — der Mais
una papa (*lat.am.*) — eine Kartoffel (*lat.am.*)
Los latinoamericanos dicen «papa» y los españoles «patata». — Die Lateinamerikaner sagen „papa" und die Spanier „patata".
castellano, -a — kastilisch; spanisch
Castellano significa «de Castilla». — Kastilisch bedeutet „aus Kastilien".
oscuro, -a — dunkel D obskur
Ana Lucía tiene los ojos muy oscuros. — Ana Lucía hat sehr dunkle Augen.
la piel — die Haut LAT pellis D die Pelle

americano, -a — amerikanisch
un indio — ein Indio (*Ureinwohner Amerikas und deren Nachfahren*)
¿Viven los indios en la India o en América? — Leben die Indios in Indien oder in Amerika?
un poema — ein Gedicht E poem F un poème
Pablo Neruda escribió poemas preciosos. — Pablo Neruda schrieb sehr schöne Gedichte.
listo, -a — fertig, bereit

Dos pronombres con el verbo § 50

• ¿Te vas a lavar los dientes?	• **Me los** estoy lavando. / Estoy lavándo**melos**.
• ¿Por qué llegas tan tarde? ¡Explíca**melo**!	• **Te lo** voy a explicar. / Voy a explicár**telo**.
• ¿Le dieron las cartas a Antonio?	• **Se las** dieron.
• ¿Le regalas los libros a Marcela?	• **Se los** regalo.
• ¿Mandamos el mensaje a mis tíos?	• **Se lo** mandamos.
• ¿Andrés os ha enseñado la ciudad?	• **Nos la** ha enseñado.
• ¿Nos vas a enviar la foto?	• **Os la** voy a enviar. / Voy a enviár**osla**.

los cubiertos — das Besteck
un vaso — ein Glas
—¿Ya está todo listo? —No, todavía faltan los cubiertos y los vasos. — „Ist schon alles fertig? „Nein, das Besteck und die Gläser fehlen noch."
sentarse (-ie-) — sich setzen
⇔ levantarse — ⇔ aufstehen
¡Siéntate! — Setz dich!
pasar(le) algo a alguien — jdm. etw. (hinüber)reichen E to pass F passer
Pásame el vaso, por favor. — Reich mir bitte das Glas herüber.
por teléfono — am Telefon, telefonisch
He pedido el libro por teléfono. — Ich habe das Buch telefonisch bestellt.
un hotel — ein Hotel
Panamá (*m.*) — Panama
un camarero — ein Kellner
Yilton es camarero en un hotel. — Yilton ist Kellner in einem Hotel.
Latinoamérica (*f.*) — Lateinamerika

El indefinido de los verbos del grupo e → i § 47

En La Criolla p**e**dí una paella.
Aquel día prefer**i**ste salir con Marco.
Para la fiesta se v**i**stió muy bien.
No nos desp**e**dimos de todo el mundo.
¿Cons**e**guisteis entradas?
S**i**guieron charlando hasta tarde.

devolver(le) (-ue-) algo a alguien	jdm. etw. zurückgeben
¿Cuándo me devuelves mi dinero?	Wann gibst du mir mein Geld zurück?
un viaje	eine Reise F un voyage
Quiero ir de viaje.	Ich möchte verreisen.
si	ob
Necesito saber si me vas a ayudar o no.	Ich muss wissen, ob du mir helfen wirst oder nicht.

El estilo indirecto en presente § 51

Laura **está comprando** una cazadora.	Mario dice que Laura **está comprando** una cazadora.
Estudio mucho.	Cristina me ha explicado que **estudia** mucho.
Hemos ido al cine.	Ellos cuentan que **han ido** al cine.
Los chicos **salieron**.	La madre ha dicho que los chicos **salieron**.
¿**Vas a jugar** al fútbol?	Jorge pregunta si **vas a jugar** al fútbol.

una botella	eine Flasche E bottle F une bouteille
Le regalamos una botella de vino.	Wir haben ihm/ihr eine Flasche Wein geschenkt.
seguir (-i-) (+ *gerundio*)	fortfahren, weiterhin etw. tun LAT sequi
Sigo estudiando español.	Ich lerne weiterhin Spanisch.
un equipo	eine Mannschaft F une équipe
Juego en un equipo de fútbol.	Ich spiele in einer Fußballmannschaft.
algún día	irgendwann (einmal)
Algún día quiero ir a Panamá.	Irgendwann einmal möchte ich nach Panama reisen.
panameño, -a	panamaisch, aus Panama
al principio	am Anfang LAT principium
Al principio siempre estoy nerviosa.	Am Anfang bin ich immer nervös.
el mundo	die Welt F le monde LAT mundus
todo el mundo	alle, jeder F tout le monde
Todo el mundo sabe que a Mario le gusta Laura.	Jeder weiß, dass Mario Laura mag.
últimamente	in letzter Zeit
Últimamente Laura ha charlado mucho conmigo.	In letzter Zeit hat Laura sich oft mit mir unterhalten.
(estar) deprimido, -a	bedrückt, deprimiert (sein)
Yilton ya no está deprimido.	Yilton ist nicht mehr deprimiert.
una duda	ein Zweifel E doubt F un doute
sin duda	zweifellos
Sin ninguna duda Mario está enamorado.	Ohne jeden Zweifel ist Mario verliebt.

El uso del pretérito perfecto y del indefinido § 52

Esta semana he recibido dos cartas.	**La semana pasada recibí** tres cartas.
Hoy habéis desayunado a las ocho.	**Ayer desayunasteis** a las nueve.
Este mes han visitado a su abuela.	**Hace un mes visitaron** a sus tíos.

Ejercicios

un avión	ein Flugzeug F un avion
Yilton ha ido en avión a Bogotá.	Yilton ist mit dem Flugzeug nach Bogotá geflogen.
un tren	ein Zug E train F un train
En Colombia casi no hay trenes.	In Kolumbien gibt es fast keine Züge.
el metro	die U-Bahn F le métro
¿Cuántas ciudades españolas tienen metro?	Wie viele spanische Städte haben eine U-Bahn?
una bicicleta	ein Fahrrad E bicycle F une bicyclette
Me encanta ir al instituto en bicicleta.	Ich fahre sehr gerne mit dem Fahrrad in die Schule.

Diccionario

Alphabetisches Wörterverzeichnis

Das alphabetische Wörterverzeichnis enthält alle in *Línea verde 1* verwendeten Wörter und Ausdrücke. Hier findet ihr auch den fakultativen Wortschatz aus den Übungen, der nicht im lektionsbegleitenden Vokabular steht. Fakultativer Wortschatz ist durch < > gekennzeichnet und wird in den folgenden Lektionen nicht vorausgesetzt. Ihr solltet diese Wörter später aber wieder erkennen und im Kontext verstehen. Wörter, die direkt auf der entsprechenden Seite in einer Fußnote erklärt werden, sind hier jedoch nicht nochmal aufgeführt und brauchen auch nicht gelernt zu werden. Die Ziffern und Buchstaben hinter den Vokabeln geben den Ort an, an dem das Wort zum ersten Mal vorkommt.

Abkürzungen	
5B, PP	*Primer Paso* der Lektion 5B
2B	Text der Lektion 2B
3B, 6	Übung 6 der Lektion 3B
2A, TA	*Taller* der Lektion 2A
CS	*Cajón de Sastre*
<…>	fakultativer Wortschatz

español – alemán

A

a **2B** *Präposition beim Objekt der Personen*
 3A nach, (hin) zu
 a la derecha (de) **5B, PP** rechts (von)
 a la izquierda (de) **5B, PP** links (von)
 a lo mejor **2B** vielleicht
 a mí también **2A, PP** mir auch
 ¿**A** qué hora …? **4, PP** Um wieviel Uhr …?
 a ti también **5B** dir auch
 a veces **3B** manchmal
 a ver **2A** mal sehen
 al final **8A** schließlich
 al lado de **5B, PP** neben
 al principio **8B** am Anfang
el **abecedario** **<1, 4>** das Abc
abierto, -a **7A** offen, geöffnet
un **abrazo** **3B** eine Umarmung
un **abrigo** **5B, 6** ein (leichter) Mantel
abril *(m.)* **3B, 4** April
abrir **2B** öffnen
la **abuela** **2B** die Großmutter, die Oma
el **abuelo** **2B** der Großvater, der Opa
los **abuelos** **2B** die Großeltern
(estar) **aburrido, -a** **5A, PP** gelangweilt, langweilig (sein)
acabar de hacer algo **5A** gerade etw. getan haben
una **academia de informática** **3A** eine (private) Informatikschule
acordarse (-ue-) de algo/alguien **4** sich an etw. / jdn. erinnern
un **acordeón** **<8A, PP>** ein Akkordeon
acostarse (-ue-) **4, PP** ins Bett gehen, sich hinlegen
además **3B, PP** außerdem
Adiós. **2B** Auf Wiedersehen.
¿adónde? **3A** wohin?
un **aeropuerto** **6** ein Flughafen
agosto *(m.)* **3B, 4** August
agradable **<CS>** angenehm
agresivo, -a **<8A, PP>** aggressiv
el **agua** *(f.)* **7B, 9** das Wasser
 el **agua mineral** **7B, 9** das Mineralwasser
un **aguacate** **2A, PP** eine Avokado
agudo, -a **<8A, PP>** hoch (*Stimme, Ton*)
ahí **5B** da, dort
ahora **3A** jetzt
alegrarse **8A** freuen
alegre **<8A, PP>** fröhlich
un **alemán**, una **alemana** **2A** ein Deutscher, eine Deutsche
alemán, -a **5A** deutsch
Alemania **2B** Deutschland
algo **3A** etwas
alguien **7A** (irgend)jemand
algún/alguno, alguna **4** irgendein, -e, -r
 algún día **8B** irgendwann (einmal)
 de **alguna** manera **<CS>** auf irgendeine Weise
algunos, -as **4** einige, manche, mehrere
allí **5B** dort
¡**Aló**! (*lat.am.*) **4** Hallo!
los **Alonso** **5B** die Alonsos, die Familie Alonso
alto, -a **3A, PP** groß
un **alumno**, una **alumna** **7A** ein Schüler, eine Schülerin
amable **4** nett, freundlich
amarillo, -a **7B, PP** gelb
el **ambiente** **3A** die Atmosphäre, die Stimmung
americano, -a **8B** amerikanisch
un **amigo**, una **amiga** **2A** ein Freund, eine Freundin
el **amor** **<CS>** die Liebe
(estar) **animado, -a** **5A, PP** fröhlich, lebhaft (sein)
el **análisis** sintáctico **<CS>** die Syntaxanalyse
un **año** **5A** ein Jahr
 tener … **años** **5A** … Jahre alt sein
 ¿Cuántos **años** tiene? **5A** Wie alt ist er/sie?
antes de **6** vor, bevor
anticuado, -a **<8A, PP>** altmodisch
un **apellido** **<2B, 3>** ein Familienname
aprender **2B** lernen
apuntar algo **4** notieren, aufschreiben
un **apunte** **<5A, 9>** eine Notiz
aquel, aquella, aquellos, -as (*adj.*) **7B** jene, -r, -s
aquél, aquélla, aquéllos, -as (*pron.*) **7B** jene, -r, -s

aquí 2B hier
un **armario 5B, PP** ein (Kleider-)Schrank
una **arroba <2B, 10>** ein at-Zeichen(@)
el **arroz 8B** der Reis
un **artículo 3B** ein Artikel
así 3B so, auf diese Weise
una **asignatura 7A, PP** ein (Schul-)Fach
pasar la **aspiradora 5A, 5** staubsaugen
un **autobús 4, PP** ein Bus
ir en **autobús 4, PP** mit dem Bus fahren
una **avenida 2B, PP** eine Allee, ein Boulevard
un **avión 8B, 6** ein Flugzeug
ayer 8B gestern
la **ayuda 2B** die Hilfe
ayudar a alguien (*Akk.!*) (a hacer algo) **5A** jdm. helfen (etw. zu tun)
azul 7B, PP blau

B

bailar <2B, TA>; 8A tanzen
bajo, -a 5A, PP klein
bajo (*adv.*) **<CS>** unter
el **ballet <2B, TA>** das Ballett
una **banda <8A, 6>** eine Band
un cuarto de **baño 5B, 9** ein Bad(ezimmer)
un **bar 2A, PP** eine Bar, eine Kneipe
barato, -a 7B billig, preiswert
un **barrio 3A, PP** ein Stadtviertel
¡**Basta**! **2B** Es reicht!, Schluss!
bastante 3A, PP ziemlich
bastante, -s 7B ziemlich viel, -e
tirar la **basura 5A, 5** den Abfall wegwerfen
una **batería <8A, PP>** ein Schlagzeug
un **beso 3A** ein Kuss (*auch Grußformel*)
una **biblioteca 3A, 6** eine Bücherei, eine Bibliothek
una **bicicleta 8B, 6** ein Fahrrad
bien (*adv.*) **2A** gut
¡Qué **bien**! **3B** Wie toll!
ir **bien 4** o.k. sein, in Ordnung sein
sentirse **bien 4** sich wohl fühlen
(la) **biología 7A, PP** Biologie (*Schulfach*)
blanco, -a 7B, PP weiß
la **boca 7A** der Mund
un **bocadillo 7A** ein belegtes Brötchen
una **bola <2A, 5>** eine Kugel
un **bolígrafo 7A** ein Kugelschreiber
una **bolsa 5B** eine Tüte, ein Beutel
bonito, -a 7B, 9 hübsch, schön
una **botella 8B** eine Flasche
echar una **bronca** a alguien **7A** jdn. zurechtweisen
buen(o), -a 3A, PP gut
Bueno. 2A Na ja., Na gut.
hace **buen** tiempo **3B** das Wetter ist schön
Buenas noches. **2B, 2** Guten Abend., Gute Nacht.
Buenas tardes. **2B, 2** Guten Tag. (*nachmittags*)
Buenos días. **2B** Guten Tag. (*vormittags*)
una **bufanda 5B, 6** ein Schal
buscar 2A suchen

C

cada vez más **<CS>** immer mehr
una **cafetería 7A** eine Cafeteria
los **calcetines** (*sg.* calcetín) **5B, 6** die Socken
calcular algo **<8B, 8** etw. berechnen
caliente 7B warm, heiß
una **calle 2B, PP** eine Straße
el **calor 3B** die Hitze
una **cama 5A, 5** ein Bett
un **camarero 8B** ein Kellner
cambiar algo **5A** etw. (ver)ändern
un **cambio 8A** eine (Ver-)Änderung
un **camino 8B** ein Weg
una **camisa 5B** ein Hemd, eine Bluse
una **camiseta 5B** ein T-Shirt
una **canción 8A** ein Lied
(estar) **cansado, -a 5A, PP** müde (sein)
cantar <2B, TA> singen
caro, -a 7B teuer
un juego de **cartas <2B, TA>** ein Kartenspiel
una **carta 8B** ein Brief
un **cartón <CS>** ein Pappkarton
una **casa 3A, PP** ein Haus
en **casa 3A** zu Hause
casi 5A fast, beinahe
castellano 8B kastilisch; spanisch
catorce 3B, PP vierzehn
una **cazadora 5B, 6** eine Jacke
un **cedé 5B** eine CD
una **cena 8A** ein Abendessen
cenar 4, 5 zu Abend essen
el **centro <1, 6>; 3A, PP** das (Stadt-)Zentrum
cerca (de) **3A** in der Nähe (von), bei
cero 3B, PP null
cerrar (-ie-) **8A** schließen
una **charcutería 3A, 6** eine Metzgerei
charlar 8A sich unterhalten
un **chicle 7A** ein Kaugummi
un **chico**, una **chica 1** ein Junge, ein Mädchen
el **chico** del helado **1** der Junge mit dem Eis
el **chorizo 7B** *luftgetrocknete Paprikawurst*
un **cíber 3A** ein Internet-Café
cien, ciento 7B hundert
por **cierto 3A** apropos, übrigens
en cierta forma **<CS>** in gewisser Weise
un **cigarrillo 8A** eine Zigarette
cinco 2B, PP fünf
cincuenta 2B, PP fünfzig
un **cine <2B, TA>; 3A** ein Kino
un festival de **cine 3A** ein Filmfestival
un **circo <CS>** ein Zirkus
una **ciudad <1, 6>; 3A, PP** eine Stadt
un **clarinete <8A, PP>** eine Klarinette
claro 2B klar, natürlich
una **clase 3A** eine Unterrichtsstunde, der Unterricht; **7A** eine Klasse
una **clase** de ... **<CS>** eine Art von ...
un **coche 6** ein Auto
ir en **coche 6** mit dem Auto fahren
una **cocina 5B, 9** eine Küche
cocinar algo **3B** etw. kochen
coleccionar <2B, TA> sammeln
Colombia (*f.*) **4** Kolumbien
un **colombiano**, una **colombiana 4** ein Kolumbianer, eine Kolumbianerin
un **color 7B, PP** eine Farbe
un **comedor 5B, 9** ein Ess- und Wohnzimmer
comer 2B essen
la **comida <1, 6>; 5A, 5** das Essen, das Gericht
el **comienzo 7A** der Beginn, der Anfang
una **comisaría** central **6** ein Hauptkommissariat
como 3B wie; **6** als
¿**cómo**? **1, PP** wie
¿**Cómo** te llamas? **1, PP** Wie heißt du?
un **compañero**, una **compañera** (de clase) **7A** ein, e Klassenkamerad, -in
compartir algo **5A** etw. teilen
hacer la **compra 5A, 5** einkaufen gehen (*Lebensmittel*)
las **compras 7B, PP** die Einkäufe
ir de **compras 7B, PP** einkaufen gehen, bummeln, shoppen
complicado, -a <8A, PP> schwierig
comprar 2A, PP kaufen
comprender 2B verstehen
con 2A mit
un **concierto 3B, PP** ein Konzert
conmigo 7B mit mir
conocer (-zco) **4** kennen
conocerse (-zco) **4** sich kennen lernen
conocido, -a 3A, PP bekannt
conseguir (-i-/-i-) (hacer) algo **6** etw. erreichen, besorgen
contar (-ue-) **8A** erzählen
contento, -a 5A, PP froh, fröhlich, zufrieden
contestar (algo) **2A** antworten / etw. beantworten

contigo **7B** mit dir
una **continuación** **<5A, PP>** eine Fortsetzung
continuar **7A** fortfahren, weitermachen
controlar algo **<3B, 8>** etw. überprüfen
(estar) **convencido, -a** **5A** überzeugt (sein)
una **conversación** **<5A, 11>** ein Gespräch
un **correo** electrónico **2B** eine E-Mail
  una dirección de **correo** electrónico **2B** eine E-Mail-Adresse
corto, -a **5A, PP** kurz
una **cosa** **3B** eine Sache, ein Ding
la **costa** **1** die Küste
  la **Costa Brava** **1** die Costa Brava
costar (-ue-) algo **7B** etw. kosten
creer algo **6** etw. glauben
cruzar algo **8B, PP** etw. überqueren
un **cuaderno** **7A** ein Heft
cuando **7A** (dann,) wenn; **8A** als
  de **cuando** en **cuando** **<CS>** ab und zu
¿**cuándo**? **3B** wann?
¿**cuánto, -a**? **5A** wie viel, -e?
  ¿**Cuántos** años tiene? **5A** Wie alt ist er/sie?
cuarenta **2B, PP** vierzig
cuarto (4º) **7A** *entspricht der 10. Klasse in Deutschland*
el **cuarto** **8A** das Zimmer
  un **cuarto** de baño **5B, 9** ein Bad(ezimmer)
cuarto, -a **7A** vierte, -r, -s
cuatro **2B, PP** vier
cuatrocientos, -as **7B** vierhundert
los **cubiertos** **8B** das Besteck
el **cuidado** **5B** die Vorsicht
el **cumpleaños** **3B** der Geburtstag
cursi **<8A, PP>** kitschig

D

dar(le) (doy) algo a alguien **5A** jdm. etw. geben
  dar las gracias **8A** sich bedanken
  dar trabajo **5A** Arbeit machen
de **1, PP** von
  ¿**de** dónde? **1, PP** woher?
  de la Costa Brava **1** an der Costa Brava
  de verdad **7A** wirklich
debajo de **5B, PP** unter
los **deberes** **3B, PP** die Hausaufgaben
décimo, -a **7A** zehnte, -r, -s
decir(le) (digo) algo a alguien **4** jdm. etw. sagen
dejar (hacer) algo (a alguien) **5B** (jdn.) etw. (tun) lassen
delante de **5B, PP** vor
delgado, -a **5A, PP** schlank
demasiado **6** zu (sehr/viel)
un **dependiente**, una **dependienta** **7B** ein Angestellter, eine Angestellte; ein Verkäufer, eine Verkäuferin
el **deporte** **1** der Sport
  practicar **deporte** **<2B, TA>** Sport treiben
deprimido, -a **8B** bedrückt, deprimiert
deprimirse **<CS>** traurig werden
a la **derecha** (de) **5B, PP** rechts (von)
un **desastre** **1** eine Katastrophe
  ser un **desastre** *(col.)* **2A, 8** chaotisch, unmöglich sein
desayunar algo **4, PP** etw. frühstücken
el **desayuno** **7A** das Frühstück
desear algo **6** etw. wünschen
el **deshonor** **<CS>** die Unehre
(estar) **desordenado, -a** **5A** unordentlich, unaufgeräumt (sein)
una **despedida** **<2B, 2>** ein Abschied
despedirse (-i-) **4** sich verabschieden
despertarse (-ie-) **4** aufwachen
después **2A** danach
  después de **6** nach, nachdem
detener (-g-) a alguien **6** jdn. festnehmen, jdn. verhaften
detrás de **5B, PP** hinter
devolver(le) (-ue-) algo a alguien **8B** jdm. etw. zurückgeben
un **día** **2B** ein Tag
  el **día del Santo** **<3B, 5>** der Namenstag
  Buenos **días.** **2B** Guten Tag.
dibujar **<2B, TA>** zeichnen
un **dibujo** **<CS>** eine Zeichnung
un **diccionario** **5B** ein Wörterbuch
diciembre *(m.)* **3B, 4** Dezember
dieci... **2B, PP** ...zehn (*bei den Zahlen 16–19*)
un **diente** **4, 5** ein Zahn
  lavarse los **dientes** **4, 5** sich die Zähne putzen
diez **2B, PP** zehn
difícil **4** schwierig
el **dinero** **6, PP** das Geld
una **dirección** **2B** eine Adresse
  una **dirección** de correo electrónico **2B** eine E-Mail-Adresse
un **disco** **8A** eine (Schall-)Platte, eine CD
una **discoteca** **2A, PP** eine Disko(thek)
divertido, -a **3A** lustig
divertirse (-ie-/-i-) **8A** sich vergnügen, amüsieren
doce **3B, PP** zwölf
un **documental** **<CS>** ein Dokumentarfilm
domingo *(m.)* **3B** Sonntag
¿**dónde**? **2B, PP** wo?
  ¿de **dónde**? **1, PP** woher?
dormir (-ue-/-u-) **3B, PP** schlafen
dormirse (-ue-/-u-) **4, 5** einschlafen
un **dormitorio** **5B, 9** ein Schlafzimmer
dos **2B, PP** zwei
doscientos, -as **7B** zweihundert
ducharse **4, PP** duschen
una **duda** **8B** ein Zweifel
durante **6** während
duro, -a **6, PP** hart, beschwerlich

E

e **5A** und (*vor i- oder hi-*)
echar de menos **8B** vermissen
  echar una bronca a alguien **7A** jdn. zurechtweisen
(la) **educación plástica y visual** **7A, PP** (die) Kunsterziehung
por **ejemplo** **5A** zum Beispiel
el **1** der (*best. Artikel, Sg.*)
él **2A** er
electrónico, -a **8A** elektronisch
  un correo **electrónico** **2B** eine E-Mail
ella **2A** sie (*Sg.*)
ellos, ellas **2A** sie (*Pl.*)
un **e-mail** **2B** eine E-Mail; eine E-Mail-Adresse
un **emigrante**, una **emigrante** **<CS>** ein Auswanderer, eine Auswanderin
empezar (-ie-) algo **4, PP** etw. anfangen, etw. beginnen
un **empleo** **<8A, 6>** eine Arbeitsstelle
en **1** in, an, auf
  en casa **3A** zu Hause
  en la playa **1** am Strand
  en serio **3B** ernsthaft, wirklich
  ¿Hablas **en** serio? **3B** Meinst du das ernst?
(estar) **enamorado, -a** **5A, PP** verliebt (sein)
me **encanta** **3B** es gefällt mir sehr gut
encantar(le) (algo) a alguien **5A** jdm. etw. sehr gut gefallen
encima de **5B, PP** auf
encontrar (-ue-) algo **<4, 8>**; **8A** etw. finden
encontrarse (-ue-) **6** sich befinden
enero *(m.)* **3B, 4** Januar
(estar) **enfadado, -a** **5A, PP** verärgert (sein)
una **enfermera** **5A** eine Krankenschwester
enorme **7A** riesig, groß
enseñar(le) algo a alguien **5A** jdm. etw. zeigen, beibringen
entender (-ie-) algo/a alguien **3B** etw./jdn. verstehen
entonces **2A** dann; **8A** damals
una **entrada** **7B** eine Eintrittskarte
entrar **2B** eintreten, hineingehen
entre **6** zwischen, (mitten) unter
una **entrevista** **8A** ein Interview
una **época** **<CS>** eine Epoche

un **equipo** **8B** eine Mannschaft
un **equipo de música** **5B, PP** eine Stereoanlage
un **error** **<6, 1>** ein Fehler
es que … **3B** es ist (nämlich) so …, das kommt daher, dass …
escribir **2B** schreiben
un **escritorio** **5B, PP** ein Schreibtisch
escuchar **2A, PP** (zu)hören
una **escuela primaria** **<8A, 6>** eine Grundschule
una **escuela privada** **<8A, 6>** eine Privatschule
ese, esa, esos, esas (*adj.*) **7B** diese, -r, -s dort
ése, ésa, ésos, ésas (*pron.*) **7B** diese, -r, -s dort
eso **3B** dies, das
España **3B** Spanien
un **español**, una **española** **2A** ein Spanier, eine Spanierin
el **español** **2A** das Spanische, die spanische Sprache
una profesora de **español,** un profesor de **español** **2A** ein Spanischlehrer, eine Spanischlehrerin
español, -a **3B** spanisch
esperar **2A** (er)warten
un **esquema** **<CS>** ein Schema
una **esquina** **5B, PP** eine Ecke
una **estantería** **5B, PP** ein Regal
estar **3A** sich befinden
estar (+ *adj.*) **5A** sein
está bien **6** o.k., in Ordnung (*lat.am.*)
el **este** **<1, 6>** der Osten
este, esta, estos, estas (*adj.*) **7B** diese, -r, -s hier
esta mañana **6** heute Morgen
éste, ésta, éstos, éstas (*pron.*) **7B** diese, -r, -s hier
éste es …, **ésta** es … **1** dies ist …
un **estudiante**, una **estudiante** **4** ein Student, eine Studentin
estudiar **2A, PP** studieren, lernen
los **estudios** **<8A, 6>** das Studium
(la) **ética** **<CS>** Ethik (*Schulfach*)
un **euro** **<2A, 5>; 7B** ein Euro
Europa (*m.*) **8A** Europa
un **examen** (*pl.* exámenes) **4** eine Prüfung
una **excursión** **<CS>** eine Exkursion
el **éxito** **8A** der Erfolg
explicar algo **8B** etw. erklären
un **extranjero**, una **extranjera** **6, PP** ein Ausländer, eine Ausländerin

F

fácil **3B** leicht, einfach
una **falda** **5B, 5** ein Rock
faltar(le) a alguien **5A** jdm. fehlen
una **familia** **5A** eine Familie
famoso, -a **8A** berühmt
un **fanático** **3A** ein Fan
un **fanático** de los ordenadores **3A** ein Computerfan
una **farmacia** **3A, 6** eine Apotheke
por **favor** **<2A, 5>** bitte
febrero (*m.*) **3B, 4** Februar
la **fecha de nacimiento** **<8A, 6>** das Geburtsdatum
fenomenal **3A** toll, großartig
feo, -a **5A, PP** hässlich
un **festival** **3A** ein Festival
un **festival** de cine **3A** ein Filmfestival
una **fiesta** **<1, 6>; 3A, PP** ein Fest, eine Feier
un **fin de semana** **3A** ein Wochenende
el **final** **<CS>** das Ende
(la) **física** **7A, PP** Physik (*Schulfach*)
una **flauta** **<8A, PP>** eine (Quer)Flöte
una **foto** **<2B, TA>; 3A** ein Foto
Francia (*f.*) **8A** Frankreich
un **fríjol** **8B** eine Bohne
el **frío** **3B** die Kälte
fuerte **<8A, PP>** kräftig
el **fútbol** **2A, PP** (der) Fußball
un **futbolista**, una **futbolista** **<CS>** ein Fußballspieler, eine Fußballspielerin

G

las **gafas** **5A, PP** die Brille
una **gaita** **<8A, PP>** ein Dudelsack
ganar algo **6, PP** etw. verdienen
genial **3A** genial, toll
¡**Genial**! **1** Genial!, Toll!
la **gente** **3B** die Leute
(la) **geografía** **7A, PP** Erdkunde (*Schulfach*)
girar **8B, PP** abbiegen
gordo, -a **5A, PP** dick
grabar **8A** aufnehmen
gracias (por) **3A** danke (für)
gracias **<2A, 5>** danke
gracias a **7B** dank
gracioso, -a **4** lustig, witzig
un **gramo** **7B** ein Gramm
grande **3A, PP** groß
grave **<8A, PP>** tief (*Stimme, Ton*)
gris **7B, PP** grau
un **grupo** **7A** eine Gruppe
guapo, -a **5A, PP** hübsch
guardar algo **5B** etw. aufbewahren, behalten
guay (*col.*) **3B** klasse
un **guión** **<2B, 10>** ein Bindestrich
una **guitarra** **<8A, PP>** eine Gitarre
gustar(le) algo a alguien **5A** jdm. etw. gefallen
te **gusta**, te **gustan** **2A, PP** du magst, dir gefällt / dir gefallen
me **gusta**, me **gustan** **2A, PP** ich mag, mir gefällt / gefallen

H

haber **6** haben, sein (*als Hilfsverb*)
una **habitación** **1** ein Zimmer
hablar **2A** sprechen, reden
¿**Hablas** en serio? **3B** Meinst du das ernst?
hablar por el móvil **7A** mit dem Handy telefonieren
hace (+ *Zeitangabe*) *que* **8A** vor
hacer (hago) **2B** machen, tun
hace calor **3B** es ist heiß
hace frío **3B** es ist kalt
hacer la compra **5A, 5** einkaufen gehen (*Lebensmittel*)
hacerse (-g-) **8A** werden
hacia **6** zu (… hin), nach
el **hambre** (*f.*) **6, PP** der Hunger
una **hamburguesería** **<CS>** ein Hamburgerrestaurant
hasta **2B** bis
hasta luego **2B** bis später
hasta pronto **3B** bis bald
hay **3A, PP** es gibt, da ist / sind
hay marcha **3A** es ist etwas los
hay que **5A** man muss
un **helado** **1** ein Eis
el **hermano,** la **hermana** **1** der Bruder, die Schwester
los **hermanos** **2B** die Geschwister
el **hijo,** la **hija** **2B, 3** der Sohn, die Tochter
(la) **historia** **7A, PP** Geschichte (*Schulfach*)
¡**Hola**! **1, PP** Hallo!
el **honor** **<CS>** die Ehre
una **hora** **4, PP** eine Stunde
¿A qué **hora** …? **4, PP** Um wie viel Uhr …?
¿Qué **hora** es? **4** Wie viel Uhr ist es?
un **horario** **7A, PP** ein Stundenplan
un **hotel** **8B** ein Hotel
hoy **2B** heute

I

ibérico, -a **7B** iberisch
el jamón **ibérico** **7B** *luftgetrockneter Schinken aus Spanien*
una **idea** **2A** eine Idee
Ni **idea.** **2A** Keine Ahnung.
el **idioma** **4** die Sprache
una **iglesia** **<1, 6>** eine Kirche
un **ilegal**, una **ilegal** **6** ein Illegaler, eine Illegale
ilegal **6** illegal
una **imagen virtual** **<CS>** ein virtuelles Bild (*Digitalbild auf dem Computer*)
imaginarse **5A** sich vorstellen
imagínate **5A** stell dir (nur) vor

importante **3A, PP** wichtig
importar(le) (algo a alguien) **5A** (jdm. etwas) wichtig sein / ausmachen
No **importa.** **5A** Das macht nichts.
(estar) **impresionado, -a** **5A, PP** beeindruckt (sein)
un **indio** **8B** ein Indio (*Ureinwohner Amerikas und deren Nachfahren*)
la **influencia** **8A** der Einfluss
una **indicación** **<7A, 4>** ein Hinweis
la **información** **3A** die Information
(la) **informática** **3A** (die) Informatik
(el) **inglés** **7A, PP** Englisch (*Schulfach*)
un **inmigrante**, una **inmigrante** **6** ein Einwanderer, eine Einwanderin
un **instituto** **3A** ein Gymnasium
tocar un **instrumento** **<2B, TA>** ein Instrument spielen
inteligente **<CS>** intelligent
intentar algo **6** etw. versuchen
un **intercambio** **5A** ein Austausch
interesante **3A, PP** interessant
navegar por **internet** **<2B, TA>** im Internet surfen
intolerante **<CS>** intolerant
el **invierno** **7B** der Winter
invitar a alguien **<8B, 8>** jdn. einladen
ir **3A** gehen
¡Ya **voy**! **3A** Ich komme schon!
ir a hacer algo **3B** etw. tun werden
ir a pie **8B** zu Fuß gehen
ir de compras **7B, PP** einkaufen, bummeln, shoppen
ir en autobús **4, PP** mit dem Bus fahren
ir en coche **6** mit dem Auto fahren
ir bien **4** o.k. sein, in Ordnung sein
¡**Vas** a verlo! **7A** Du wirst es schon sehen!
irse **4** weggehen
irregular **<8A, PP>** unregelmäßig
una **isla** **<1, 6>** eine Insel
a la **izquierda** (de) **5B, PP** links (von)

J

el **jamón** **7B** der Schinken
el **jamón** ibérico **7B** *luftgetrockneter Schinken aus Spanien*
un **jersey** (*pl.* jerséis) **5B, 5** ein Sweatshirt, ein Pullover
un **joven**, una **joven** (*pl.* jóvenes) **<7B, 11>** ein Jugendlicher, eine Jugendliche
un **juego** **1** ein Spiel
no es un **juego** **1** das ist kein Kinderspiel
un video**juego** **<2B, TA>** ein Videospiel
un **juego** de cartas **<2B, TA>** ein Kartenspiel
jueves (*m.*) **3B** Donnerstag
jugar (-ue-) **3B, PP** spielen
julio (*m.*) **3B, 4** Juli
junio (*m.*) **3B, 4** Juni
junto, -a **3B** zusammen, gemeinsam

K

un **kilo** **7B** ein Kilo

L

la **1** die (*best. Artikel, Sg.*)
un **lado** **5B, PP** eine Seite (*örtlich*)
largo, -a **5A, PP** lang
¡Qué **lástima**! **3B** Wie schade!
latino, -a **8A** lateinamerikanisch
Latinoamérica (*m.*) **8B** Lateinamerika
lavar algo **5A, 5** etw. waschen
lavar los platos **5A, 5** spülen, abwaschen
lavarse **4, 5** sich waschen
lavarse los dientes **4, 5** sich die Zähne putzen
leer **2B** lesen
legal **6** legal
lejos (de) **3A** weit weg / entfernt (von)
la **lengua** **7A, PP** die Sprache
lengua y literatura **7A, PP** Spanisch (*Schulfach, wie das Fach Deutsch in Deutschland*)
lento, -a **<8A, PP>** langsam
levantarse **4, PP** aufstehen
el **tiempo libre** **3B** die Freizeit
una **librería** **3A, 6** eine Buchhandlung
un **libro** **3B, PP** ein Buch
un **libro** de estudio **<CS>** ein Schulbuch
limpiar algo **5A, 5** etw. putzen
una **lista** **<2B, 6>** eine Liste
listo, -a **8B** fertig, bereit
la **literatura** **7A, PP** die Literatur
llamar **2B** anrufen, rufen
llaman **5B** es läutet
llamarse **4** heißen
me **llamo** ... **1** ich heiße ...
te **llamas** ... **1** du heißt ...
llegar **2A** ankommen
llevar algo **4** etw. tragen
llover (-ue-) **7B** regnen
lo **8A** es (*neutrales Objektpron. für einen Sachverhalt*)
vas a ver**lo** **7A** du wirst es schon sehen
Lo siento. **4** Es tut mir leid.
lo que **<CS>** was (*Relativpron.*)
local **6** örtlich, lokal
(estar) **loco, -a** **7B** verrückt (sein)
los, las **2A, PP** die (*best. Artikel, Pl.*)
hasta **luego** **2B** bis später
el **lugar de nacimiento** **<8A, 6>** der Geburtsort
lunes (*m.*) **3B** Montag
la **luz** **5B** das Licht

M

la **madre** **2B** die Mutter
el **maíz** **8B** der Mais
mal (*adv.*) **2B** schlecht
mal(o), -a **5A** schlecht
hace **mal** tiempo **3B** das Wetter ist schlecht
la **mamá** **5A** die Mama (*auch als Anrede*)
mañana **2B** morgen
una **mañana** **3A** ein Morgen, ein Vormittag
por la **mañana** **3A** morgens
esta **mañana** **6** heute Morgen
mandar(le) algo a alguien **5A** jdm. etw. schicken
una **manzana** **3B** ein Apfel
una **máquina** **7A** ein (Getränke-)Automat
el **mar** **2A, PP** das Meer
las **maracas** **<8A, PP>** die Maracas (*Rumbakugeln*)
hay **marcha** **3A** es ist etwas los
marrón **5A** braun
martes (*m.*) **3B, 4** Dienstag
marzo (*m.*) **3B, 4** März
más **5A** mehr
más ... que **7A, PP** mehr ... als
(las) **matemáticas** **7A, PP** Mathematik (*Schulfach*)
el **máximo** **<CS>** das Maximum
mayo (*m.*) **3B, 4** Mai
me **4** mich (*Reflexivpron.*); **5A** mir (*Dativpron.*); **5B** mich (*Akkusativpron.*)
me encanta **3B** es gefällt mir sehr gut
me gusta, **me** gustan **2A, PP** ich mag, mir gefällt / mir gefallen
me llamo **1, PP** ich heiße
medio, -a **7A** halbe, -r, -s
mejor **5B** besser
a lo **mejor** **2B** vielleicht
melancólico, -a **<8A, PP>** melancholisch
melodioso, -a **<8A, PP>** melodiös
menos ... que **7A, PP** weniger ... als
un **mensaje** **2A** eine Nachricht
un **mes** **3B** ein Monat
una **mesa** **5A, 5** ein Tisch
poner (-g-) la **mesa** **5A, 5** den Tisch decken
meter algo en algo **5B, PP** etw. in etw. (hinein)stecken, etw. in etw. (hinein)legen
el **metro** **8B, 6** die U-Bahn
a **mí** también **2A, PP** mir auch
mientras (*+ verbo*) **7A** während
miércoles (*m.*) **3B** Mittwoch
mil **7B** tausend

un **minuto** **7B** eine Minute
mirar **4** schauen
¡**Mira**! **4** Schau (mal)!
mi, mis **2B** mein, -e
la **miseria** **6, PP** die Armut, das Elend
mismo, -a **4** der-, die-, dasselbe; selbst
moderno, -a **3A, PP** modern
el **modo** **7A** die Art, die Weise; die Art und Weise
molestar(le) a alguien **8A** jdn. stören, ärgern
un **momento** **6** ein Moment, ein Augenblick
una **moneda** **<2B, TA>** eine Münze
monótono, -a **<8A, PP>** eintönig
una **montaña** **<1, 6>** ein Berg
un **monumento** **<1, 6>; 3A, PP** ein Denkmal, eine Sehenswürdigkeit
moreno, -a **5A, PP** dunkelhaarig
¡Qué **morro**! **2A** Ganz schön frech!
un **móvil** **2A, PP** ein Handy, ein Mobiltelefon
hablar por el **móvil** **7A** mit dem Handy telefonieren
muchísimo, -a **6** sehr viel
mucho (*adv.*) **2A** viel, sehr
mucho, -a (*adj.*) **3B** viel
el **mundo** **8B** die Welt
todo el **mundo** **8B** alle, jeder
una **muñeca** **<2B, TA>; 5B** eine Puppe
un **museo** **1** ein Museum
la **música** **2A, PP** die Musik
un equipo de **música** **5B** eine Stereoanlage
un **músico** **8A** ein Musiker
un **musulmán**, una **musulmana** **<CS>** ein Moslem, eine Moslemin
muy (*adv.*) **2A** sehr

N

nacer (-zco) **8A** geboren werden
nada **6** nichts, das macht nichts
nadar **2A, PP** schwimmen
nadie **7B** niemand
naranja **7B, PP** orange
una **naranja** **7B, 9** eine Orange
navegar por internet **<2B, TA>** im Internet surfen
necesitar **2B** brauchen, benötigen
negro, -a **7B, PP** schwarz
un **negro**, una **negra** **<CS>** ein Schwarzer, eine Schwarze
(estar) **nervioso, -a** **5A, PP** nervös (sein)
no … **ni** **7B** weder … noch
ni idea **2A** keine Ahnung
la **niebla** **7B** der Nebel
el **nieto,** la **nieta** **2B, 3** der Enkel, die Enkelin
ningún / ninguno, ninguna **7B** keine, -r, -s
un **niño**, una **niña** **4** ein Kind
una **niña** **4** ein Mädchen (*lat.am. auch: junge Frau*)
no **1** nein, nicht (*Verneinung*)
no es un juego **1** das ist kein Kinderspiel
no es verdad **2A** das ist nicht wahr, das stimmt nicht
No importa. **5A** Das macht nichts.
¿**No** te / os parece? **5A** Meinst du / meint ihr nicht?
No te preocupes. **6** Mach dir keine Sorgen.
no … ni **7B** weder … noch
la **noche** **3A** die Nacht
Buenas **noches.** **2B, 2** Guten Abend., Gute Nacht.
por la **noche** **3A** nachts
un **nombre** **2B, PP** ein Name
normal **3A, PP** normal
el **norte** **<1, 6>; 3A, PP** der Norden
nosotros **2A** wir
una **noticia** **2B** eine Nachricht
novecientos, -as **7B** neunhundert
noveno, -a **7A** neunte, -r, -s
noventa **2B, PP** neunzig
noviembre (*m.*) **3B** November
un **novio**, una **novia** **7A** ein (fester) Freund, eine (feste) Freundin
nuestro **2B** unser, -e
nueve **2B, PP** neun
nuevo, -a **3A** neu
un **número** **2B, PP** eine Zahl, eine Nummer
nunca **7B** niemals

O

o **2B** oder
ochenta **2B, PP** achtzig
ocho **2B, PP** acht
ochocientos, -as **7B** achthundert
octavo, -a **7A** achte, -r, -s
octubre (*m.*) **3B** Oktober
ocuparse de algo / de alguien **4** sich um etw. / jdn. kümmern
el **oeste** **<1, 6>** der Westen
oír (-g-) algo **5B** etw. hören
un **ojo** **5A** ein Auge
once **3B, PP** elf
una **optativa** **7A, PP** ein Wahlpflichtfach
un **ordenador** **2A, PP** ein Computer
un fanático de los **ordenadores** **3A** ein Computerfan
ordenar algo **5A, 5** etw. aufräumen
una **orquesta** **<8A, 6>** ein Orchester
oscuro, -a **8B** dunkel
otro, -a **4** (ein, -e) andere, -r, -s, noch ein, -e
¡**Oye**! **2B** Hör mal!

P

el **padre,** la **madre** **2B** der Vater, die Mutter
los **padres** **2B** die Eltern
una **paella** **1** eine Paella (*span. Reisgericht*)
pagar algo **7B** etw. (be)zahlen
una **página** **3A** eine Seite
una **página** web **3A** eine Web-Seite
un **país** **4** ein Land
una **palabra** **4** ein Wort
el **pan** **7B, 9** das Brot
una **panadería** **3A, 6** eine Bäckerei
Panamá **8B** Panama
panameño, -a **8B** panamaisch, aus Panama
un **panel de timbres** **<7A, 7>** ein Klingelschild
un **pantalón** **5B, 6** eine Hose
una **papa** **8B** eine Kartoffel (*in Lateinamerika*)
el **papá,** la **mamá** **5A** der Papa, die Mama (*auch als Anrede*)
un **papel** **2B** ein Papier
para **3A** für
para hacer algo **6** um etw. zu tun
para terminar **6** zum Schluss
una **parcela** **<CS>** eine Parzelle (*kleines Stück Land*)
parecer(le) (-zco) a alguien **5A** jdm. (er)scheinen
¿No te **parece**? **5A** Meinst du nicht?
un **parque** **3A, 6** ein Park
un **parque zoológico** **<CS>** ein Zoo
una **parte** **5B** ein Teil
parte de **5B** ein Teil von
participar en algo **<5A, 11>** an etw. teilnehmen
pasado, -a **8A** vergangene, -r, -s
pasar **2A** verbringen
¿**Qué pasa**? **2A** Was ist los?, Was passiert?
pasar(le) algo a alguien **6** etw. jdm. passieren
pasar(le) algo a alguien **8B** jdm. etw. (hinüber)reichen
pasar la aspiradora **5A, 5** staubsaugen
pasar por **8B, PP** vorbeigehen, -fahren
un **pasillo** **5B** ein Flur, ein Korridor
una **patata** **7B, 9** eine Kartoffel
PD (posdata) **3B** PS (Postskript)
pedir (-i- / -i-) algo a alguien **7B** jdn. um etw. bitten
una **película** **3A** ein Film
el **pelo** **5A, PP** die Haare
una **peña** **3A** eine Clique
pensar (-ie-) hacer algo **3B, PP** etw. vorhaben

pensar (-ie-) en algo **3B** an etw. denken
peor 7B schlechter, schlimmer
pequeño, -a 3A, PP klein
Perdón. 4 Entschuldigung.
el **perdón** <**CS**> die Vergebung
perfeccionar algo **3B** etw. verbessern, perfektionieren
perfecto, -a 5B perfekt
un **permiso** de residencia **6** eine Aufenthaltsgenehmigung
pero 2A, PP aber
una **persona 5A** eine Person
un **piano** <**8A, PP**> ein Klavier
la **piel 8B** die Haut
pintar <**2B, TA**> malen
pirata 6 Raub-
una **piscina 3A, 6** ein Schwimmbad, -becken
un **piso 5A** eine Wohnung, ein Stockwerk
una **pista de hielo** <**CS**> eine Eislaufbahn
planchar algo **5A, 5** etw. bügeln
un **plátano 7B, 9** eine Banane
un **plato 5A, 5** ein Teller
lavar los **platos 5A, 5** spülen, abwaschen
la **playa 1** der Strand
en la **playa 1** am Strand
una **plaza 2B, PP** ein Platz
una **Plaza** de Toros **8A** eine Stierkampfarena
pobre 6, PP arm
poco (*adv.*) **2A** wenig
un **poco 3A** ein bisschen
poco, -a 3B wenig
poder (-ue-) hacer algo **3B** etw. tun können
un **poema 8B** ein Gedicht
un / una **policía 4** ein Polizist, eine Polizistin
la **policía 4** die Polizei
un **polideportivo 3A, 6** ein Sportzentrum (*für verschiedene Sportarten*)
político, -a 8A politisch
quitar el **polvo 5A, 5** abstauben
poner (-g-) algo **5B, PP** etw. setzen, stellen, legen
poner algo a alguien **7B** jdm. etw. geben
poner (-g-) la mesa **5A, 5** den Tisch decken
ponerse algo (-g-) **7B** (sich) etw. anziehen
por 4 wegen, aufgrund von
por 7B in, durch
por cierto **3A** apropos, übrigens
gracias **por 3A** danke für
por ejemplo **5A** zum Beispiel
por eso **2B** deswegen, deshalb
por favor <**2A, 5**>; **5B** bitte
por la mañana **3A** morgens, vormittags
por la noche **3A** abends, nachts
por la tarde **3A** nachmittags
¿**por** qué? **2A** warum?
preguntar **por** algo/alguien **7A** nach etw./jdm. fragen
por teléfono **8B** am Telefon, telefonisch
porque 2A weil
un **póster 5B, PP** ein Poster
un **postre 8B** ein Nachtisch
practicar deporte <**2B, TA**> Sport treiben
el **precio 7B** der Preis
precioso, -a 3A, PP wunderschön (*wörtl.* wertvoll)
preferir (-ie-/-i-) algo (a algo), **preferir** hacer algo **3B** etw. lieber mögen (als etw.), etw. lieber tun
una **pregunta 8A** eine Frage
preguntar algo a alguien **4** jdn. etw. fragen
preguntar por algo/alguien **7A** nach etw./jdm. fragen
(estar) **preocupado, -a 7A** besorgt (sein)
no te **preocupes 6** mach dir keine Sorgen
preparar algo **5A, 5** etw. vorbereiten, zubereiten
la **primavera 7B** der Frühling
primero (*adv.*) **2B** zuerst
primer(o), -a 7A erste, -r, -s
un **primo**, una **prima 1** ein Cousin, eine Cousine
un **problema** (*m.!*) **3B** ein Problem
un **profesor**, una **profesora 2A** ein Lehrer, eine Lehrerin
un **profe**, una profe *(col.) (abrev. de* profesor, -a*)* **7A**
un **profesor** de español, una **profesora** de español **2A** ein Spanischlehrer, eine Spanischlehrerin
pronto 3B bald
hasta **pronto 3B** bis bald
proponer(le) (-g-) algo a alguien **5B** jdm. etw. vorschlagen
una **provincia 7B** eine Provinz
un **público 8A** ein Publikum
un **pueblo 1** ein Dorf, ein kleiner Ort
un **pueblecito** <**CS**> ein Dörfchen
la **puerta 2B** die Tür
pues 6 also, nun
un **punto** <**2B, 10**> ein Punkt

Q

que (*Relativpron.*) **3B** der, die, das
… **que** viene **3B, PP** kommende, -r, -s …, nächste, -r, -s …
que (*conj.*) **6** dass
es **que** … **3B** es ist (nämlich) so …, das kommt daher, dass …
¿**qué**? (*Fragepron.*) **1** was?
¿por **qué 2A** warum?
¿**qué**? **5A** was ist mit …?
¡**Qué** …! **3B** Wie …!, Was für …!
¡**Qué** bien! **3B** Wie toll!
¿**Qué** es? **1** Was ist das?
¿**Qué** hora es? **4** Wie viel Uhr ist es?
¡**Qué** lástima! **3B** Wie schade!
¿**Qué** pasa? **2A** Was ist los?, Was passiert?
¿**Qué** tal? **2B** Wie geht's?
¿**Qué** tal …? **3B** Wie ist/war …?
¡**Qué** va! **7A** Ach was! Keine Rede!
quedar con alguien **7A** sich mit jdm. verabreden
quejarse de algo/alguien **6, PP** sich über etw./jdn. beschweren
querer (-ie-/-i-) (hacer) algo **3B, PP** etw. (tun) wollen
el **queso 7B, 9** der Käse
¿quién? (*pl.* ¿*quiénes?*) **2A** wer?
(la) **química 7A, PP** Chemie (*Schulfach*)
quince 3B, PP fünfzehn
quinientos, -as 7B fünfhundert
quinto, -a 7A fünfte, -r, -s
quitar algo **5B, PP** etw. wegnehmen, etw. wegtun, etw. entfernen
quitar el polvo **5A, 5** abstauben

R

una **radio 6** ein Radio
rápido (*adv.*) **2B** schnell
rápido, -a (*adj.*) **3B** schnell
raro, -a 7A seltsam
un **rato 2A** ein Augenblick, eine Weile
tener **razón 5A** Recht haben
realizar algo <**5A, 4**> etw. ausführen
realmente 8A wirklich, tatsächlich
una **receta 3B** ein Rezept
recibir algo **5A** etw. empfangen, bekommen
el **recreo 4** die Pause
un **refresco 7A** ein (Erfrischungs-) Getränk
regalar(le) algo a alguien **7B** jdm. etw. schenken
un **regalo 7B** ein Geschenk
regular 2B, 2 mittelmäßig, es geht so
(la) **religión 7A, PP** Religion (*Schulfach*)
replicar algo <**CS**> etw. entgegnen
respetar a alguien <**CS**> jdn. respektieren

responder (algo) **8A** antworten / etw. beantworten
una **respuesta** **2A** eine Antwort
un **restaurante** **2B** ein Restaurant
un **resto** **<CS>** ein Rest
una **revista** **3B** eine Zeitschrift
rico, -a **6, PP** reich; **7B** lecker, gut
un **río** **<1, 6>** ein Fluss
rojo, -a **7B, PP** rot
ronco, -a **<8A, PP>** rau, heiser
la **ropa** **2A, PP** Kleidung
  una tienda de **ropa** **7B** ein Bekleidungsgeschäft
rosa **7B, PP** rosa
rubio, a **5A, PP** blond

S

sábado (*m.*) **3B** Samstag
saber (sé) **2B** wissen
sacar algo **7A** etw. (heraus)nehmen, etw. (heraus)holen
una **sala de estar** **5B, 9** ein (kleines) Wohnzimmer
salir (-g-) **3A** ausgehen; **4, PP** weggehen, rausgehen; **6** abfahren, abreisen; **8A** heraus kommen
un **saludo** **2B, 2** ein Gruß
una **sandía** **7B, 9** eine Wassermelone
el día del **Santo** **<3B, 5>** der Namenstag
una **sartén** **8B** eine Pfanne
un **saxofón** **<8A, PP>** ein Saxofon
seguir **8B, PP** weitergehen, -fahren
seguir (-i- / -i-) (+ *gerundio*) **8B** fortfahren, weiterhin etw. tun
según **3B** laut, nach
segundo, -a **7A** zweite, -r, -s
seis **2B, PP** sechs
seiscientos, -as **7B** sechshundert
un **sello** **<2B, TA>** eine Briefmarke
una **semana** **3A** eine Woche
un fin de **semana** **3A** ein Wochenende
sencillo, -a **<8A, PP>** einfach
un **señor** (*abrev. Sr.*), una **señora** (*abrev. Sra.*) **3B** ein Herr, eine Frau
sentarse (-ie-) **8B** sich setzen
sentimental **<8A, PP>** sentimental
Lo **siento.** **4** Es tut mir leid.
sentirse (-ie- / -i-) **4** sich fühlen
  sentirse bien **4** sich wohl fühlen
sensual **<8A, PP>** sinnlich
septiembre (*m.*) **3B, 4** September
séptimo, -a **7A** siebte, -r, -s
ser **1, PP** sein
  ser de **1, PP** kommen von, stammen aus
en **serio** **3B** ernsthaft, wirklich
  ¿Hablas en **serio**? **3B** Meinst du das ernst?
sesenta **2B, PP** sechzig
setecientos, -as **7B** siebenhundert
sexto, -a **7A** sechste, -r, -s
si **8B** ob
sí **1** ja; **5B** doch
siempre **1** immer
siete **2B, PP** sieben
el **significado** **4** die Bedeutung
significar **2A** bedeuten
un **signo** **<2B, 10>** ein Zeichen
una **silla** **5B, PP** ein Stuhl
simpático, -a **5A** sympathisch, nett
sin **3B** ohne
  sin duda **8B** zweifellos
el **sistema escolar** **<7A, PP>** das Schulsystem
un **sitio** **5B, PP** ein Platz, ein Ort
una **situación** **6** eine Situation
sobre **3A** über
  sobre todo **6** vor allem
  sobre las seis y media **<CS>** ungefähr um halb sieben
el **sobrino**, la **sobrina** **2B, 3** der Neffe, die Nichte
social **8A** gesellschaftlich, gesellschaftskritisch
el **sol** **2A, PP** die Sonne
  tomar el **sol** **2A, PP** sich sonnen
solamente **8A** nur
solo, -a **4** allein(e)
sólo **2B** nur
sonar (-ue-) **4** läuten, klingeln
soñar (-ue-) con algo / alguien **6** (von) etw. / jdm. träumen
sonoro, -a **<8A, PP>** wohlklingend
una **sorpresa** **5B** eine Überraschung
su, sus **2B** sein, seine / ihr, ihre
subir **8B** hinaufgehen, -steigen, -fahren
el **suelo** **5A, 5** der Fußboden
la **suerte** **6, PP** das Glück, das Schicksal
  tener **suerte** **6** Glück haben
un **supermercado** **3A, 6** ein Supermarkt
el **sur** **<1, 6>** der Süden
el **surf** **2A, PP** das Surfen

T

¿Qué **tal**? **2B** Wie geht's?
también **1, PP** auch
  a mí **también** **2A, PP** mir auch
tampoco **7B** auch nicht
  yo **tampoco** **4** ich auch nicht
tan **5A** so
  tan … como … **7B** so … wie …
tanto, -a … como **7A, PP** genauso viel / sehr … wie
la **tarde** **3A** der Nachmittag
  Buenas **tardes.** **2B, 2** Guten Tag.
  por la **tarde** **3A** nachmittags
tarde **4** spät
una **tarta** **3B** eine Torte, ein Kuchen
  una **tarta** de manzana **3B** ein Apfelkuchen
te gusta, **te** gustan **2A, PP** du magst, dir gefällt / dir gefallen
te llamas **1, PP** du heißt
un **teatro** **<CS>** ein Theater
los **teclados** **<8A, PP>** das Keyboard
(la) **tecnología** **7A, PP** Technikunterricht
un **telefilme** **<CS>** ein Fernsehfilm
el **teléfono** **2B, PP** das Telefon, die Telefonnummer
  por **teléfono** **8B** am Telefon, telefonisch
la **televisión** **<2B, TA>**; **3B, PP** das Fernsehen
tener (-ie-) (tengo) algo **3B** etw. haben
  ¡**Ten** cuidado! **5B** Pass auf!, Vorsicht!
  tener … años **5A** … Jahre alt sein
  tener prisa **4** es eilig haben
  tener que hacer algo **5A** etw. tun müssen
  tener razón **5A** Recht haben
  tener suerte **6, PP** Glück haben
el **tenis** **2A, PP** (das) Tennis
la **tensión** **<CS>** die Anspannung
tercer(o), -a **7A** dritte, -r, -s
tercero (3º) **7A** *entspricht der 9. Klasse in Deutschland*
terminar **2B** zu Ende gehen, beenden
  para **terminar** **6** zum Schluss
terriblemente (*adv.*) **<CS>** schrecklich
un **texto** **8A** ein Text
a **ti** también **5B** dir auch
el **tiempo** **3B** die Zeit, das Wetter
  el **tiempo** libre **3B** die Freizeit
  hace buen **tiempo** **3B** das Wetter ist schön
  hace mal **tiempo** **3B** das Wetter ist schlecht
una **tienda** **3A, PP** ein Geschäft, ein Laden
  una **tienda** de ropa **7B** ein Bekleidungsgeschäft
el **tío**, la **tía** **2B, 3** der Onkel, die Tante
  un **tío** (*col.*) **3A** ein Typ, ein Kerl
típico, -a **8B** typisch
tirar la basura **5A, 5** den Abfall wegwerfen
un **título** **<8A, 6>** ein (akademischer) Titel
tocar **8A** spielen (*Instrument*)
  tocar un instrumento **<2B, TA>** ein Instrument spielen
  tocar(le) a alguien **7B** an der Reihe sein
todavía **2A** (immer) noch
todo **3B** alles
  todo recto **8B, PP** geradeaus
  sobre **todo** **6** vor allem

todos, -as 6 alle
todo el mundo **8B** alle, jeder
todo el …, **toda** la … **7A** der ganze …, die ganze …
todos los …, **todas** las … **7A** alle …
tomar el sol **2A, PP** sich sonnen
tomar 2A nehmen, zu sich nehmen, trinken, essen
un **tomate 7B, 9** eine Tomate
trabajar 2A arbeiten
el **trabajo 5A** die Arbeit
dar **trabajo 5A** Arbeit machen
traer (traigo) **8B** (mit)bringen, dabeihaben
tranquilo, -a 3A, PP ruhig
trece 3B, PP dreizehn
treinta 2B, PP dreißig
un **tren 8B, 6** ein Zug
tres 2B, PP drei
trescientos, -as 7B dreihundert
(estar) **triste 5A, PP** traurig (sein)
una **trompeta** <**8A, PP**> eine Trompete
tú 2A du
tu, tus 2B dein, -e
tutear a alguien **7A** jdn. duzen
la **tutoría 7A, PP** die Klassenleiterstunde

U

últimamente 8B in letzter Zeit
un, una 1 ein, eine (*unbest. Artikel, Sg.*)
un **uniforme 4** eine Uniform
una **universidad 4** eine Universität
uno 2B, PP eins
unos, -as 7B einige, ungefähr (*+ Zahl*)
urgente 5B dringend
usar algo **4** etw. verwenden, gebrauchen
usted, ustedes 6 Sie (*Höflichkeitsform*)
útil <**CS**> nützlich

V

las **vacaciones 2A** die Ferien
valer (-g-) algo **7B** etw. Wert sein, kosten
vale 2B in Ordnung, o.k.
los **vaqueros 5B, 6** eine Jeans
varios, -as 6 verschiedene, mehrere
varias veces **6** mehrmals
un **vaso 8B** ein Glas
un **vecino**, una **vecina 6** ein Nachbar, eine Nachbarin
veinte 2B, PP zwanzig
veinti… 2B, PP …undzwanzig
vender algo a alguien **6** jdm. etw. verkaufen
venir (-ie-/-I-) (vengo) **3B** kommen
¡**Venga! 2B** Komm schon!
una **ventana 5B, PP** ein Fenster
ver algo **3B, PP** etw. sehen
a **ver 2A** mal sehen
Ya **veo. 4** Ich verstehe schon.
Vas a **verlo. 7A** Du wirst es schon sehen.
Te **veo** venir. **5A** Ich sehe, worauf du hinaus willst.
el **verano 5B** der Sommer
la **verdad 2A** die Wahrheit
¿**verdad**? **2A** nicht wahr?
no es **verdad 2A** das ist nicht wahr, das stimmt nicht
de **verdad 7A** wirklich
verdadero, -a <**CS**> wahr, echt
verde 4 grün
verse 4 sich treffen, sich sehen
un **vestido 5B** ein Kleid
vestirse (-i-/-i-) **4** sich anziehen
una **vez 6** ein Mal
a **veces 3B** manchmal
otra **vez 6** noch einmal, wieder
varias **veces 6** oft
un **viaje 8B** eine Reise
la **vida 6, PP** das Leben
un **vídeo 1** ein Video(film)
un **videojuego** <**2B, TA**> ein Videospiel
viejo, -a 3A, PP alt
el **viento 7B** der Wind
viernes (*m.*) **3B, 4** Freitag
el **vino 7B** der Wein
un **violín** <**8A, PP**> eine Geige
visitar 2B besuchen
una **vivienda** <**5B, 9**> eine Wohnung
vivir 2B, PP wohnen, leben
volver (-ue-) **4, PP** zurückkommen, zurückkehren
vosotros 2A ihr
una **voz** <**8A, PP**> eine Stimme
vuestro 2B euer, eure

Y

y 1 und
ya 2B schon
Ya veo. **4** Ach so., Ich verstehe schon.
Ya voy. **3A** Ich komme schon.
yo 2A ich
yo tampoco **4** ich auch nicht

Z

una **zanfona** <**8A, PP**> eine Leier
los **zapatos 5B, 6** die Schuhe
un parque **zoológico** <**CS**> ein Zoo
el **zumo 7B, 9** der Saft

alemán – español

A

ab und zu <**CS**> de cuando en cuando
abbiegen 8B, PP girar
das **Abc** <**1, 4**> el abecedario
Guten **Abend. 2B, 2** Buenas noches.
zu **Abend** essen **4, 5** cenar
ein **Abendessen 8A** una cena
abends 3A por la noche
aber 2A, PP pero
abfahren 6 salir
den **Abfall** wegwerfen **5A, 5** tirar la basura
abreisen 6 salir (-g-)
ein **Abschied** <**2B, 2**> una despedida
abstauben 5A, 5 quitar el polvo
abwaschen 5A, 5 lavar los platos
Ach so. **4** Ya veo.
Ach was! **7A** ¡Qué va!
acht 2B, PP ocho
achte, -r, -s 7A octavo, -a
achthundert 7B ochocientos, -as
achtzig 2B, PP ochenta
eine **Adresse 2B** una dirección
aggressiv <**8A, PP**> agresivo, -a
ein **Akkordeon** <**8A, PP**> un acordeón
alle 6 todos, -as; **8B** todo el mundo; **7A** todos los …, todas las …
eine **Allee 2B, PP** una avenida
allein(e) 4 solo, -a
alles 3B todo
die **Alonsos 5B** los Alonso
als (*in der Eigenschaft*) **6** como
als (*zeitlich*) **8A** cuando
also 6 pues
alt 3A, PP viejo, -a
Wie **alt** ist er/sie? **5A** ¿Cuántos años tiene?
… Jahre **alt** sein **5A** tener … años
altmodisch <**8A, PP**> anticuado, -a
am Strand **1** en la playa
amerikanisch 8B americano, -a
amüsieren 8A divertirse (-ie-)
an 1 en
an der Costa Brava **1** de la Costa Brava
an der Reihe sein **7B** tocar(le) a alguien
(ein, -e) **andere, -r, -s 4** otro, -a
etw. (ver)**ändern 5A** cambiar algo
eine (Ver-)**änderung 8A** un cambio
der **Anfang 7A** el comienzo
am **Anfang 8B** al principio
etw. **anfangen 4, PP** empezar (-ie-) algo

angenehm <CS> agradable
ein **Angestellter**, eine **Angestellte** **7B** un dependiente, una dependienta
ankommen **2A** llegar
anrufen **2B** llamar
etw. **anschauen** **4** mirar algo
die **Anspannung** <CS> la tensión
eine **Antwort** **2A** una respuesta
antworten **2A** contestar
antworten **8A** responder
sich **anziehen** **4** vestirse (-i-)
(sich) etw. **anziehen** **7B** ponerse algo
ein **Apfel** **3B** una manzana
ein **Apfelkuchen** **3B** una tarta de manzana
eine **Apotheke** **3A, 6** una farmacia
April **3B, 4** abril (*m.*)
apropos **3A** por cierto
die **Arbeit** **5A** el trabajo
Arbeit machen **5A** dar trabajo
arbeiten **2A** trabajar
eine **Arbeitsstelle** <8A, 6> un empleo
jdn. **ärgern** **8A** molestar(le) a alguien
arm **6, PP** pobre
die **Armut** **6, PP** la miseria
die **Art** **7A** el modo
eine **Art** von … <CS> una clase de …
ein **Artikel** **3B** un artículo
die **Atmosphäre** **3A** el ambiente
ein **at-Zeichen** (@) <2B, 10> una arroba
auch **1, PP** también
mir **auch** **2A, PP** a mí también
ich **auch** nicht **4** yo tampoco
auch nicht **7B** tampoco
auf **1** en; **5B, PP** encima de
auf diese Weise **3B** así
Auf Wiedersehen. **2B** Adiós.
etw. **aufbewahren** **5B** guardar algo
eine **Aufenthaltsgenehmigung** **6** un permiso de residencia
aufgrund von **4** por
aufnehmen **8A** grabar
etw. **aufräumen** **5A, 5** ordenar algo
etw. **aufschreiben** **4** apuntar algo
aufstehen **4, PP** levantarse
aufwachen **4** despertarse (-ie-)
ein **Auge** **5A** un ojo
ein **Augenblick** **2A** un rato; **6** un momento
August **3B, 4** agosto (*m.*)
ausgehen **3A** salir (-g-)
etw. **ausführen** <5A, 4> realizar algo
ein **Ausländer**, eine **Ausländerin** **6, PP** un extranjero, una extranjera
(jdm. etwas) **ausmachen** **5A** importar(le) (algo a alguien)
außerdem **3B, PP** además
ein **Austausch** **5A** un intercambio
ein **Auswanderer**, ein **Auswanderin** <CS> un emigrante, una emigrante
ein **Auto** **6** un coche
mit dem **Auto** fahren **6** ir en coche
ein (Getränke-)**Automat** **7A** una máquina
eine **Avokado** **2A, PP** un aguacate

B

eine **Bäckerei** **3A, 6** una panadería
ein **Badezimmer** **5B, 9** un cuarto de baño
bald **3B** pronto
bis **bald** **3B** hasta pronto
das **Ballett** <2B, TA> el ballet
eine **Banane** **7B, 9** un plátano
eine **Band** <8A, 6> una banda
eine **Bar** **2A, PP** un bar
etw. **(be)zahlen** **7B** pagar algo
etw. **beantworten** **2A** contestar algo; **8A** responder algo
sich **bedanken** **8A** dar las gracias
bedeuten **2A** significar
die **Bedeutung** **4** el significado
bedrückt **8B** deprimido, -a
beeindruckt (sein) **5A, PP** (estar) impresionado, -a
beenden **2B** terminar
sich **befinden** **3A** estar; **6** encontrarse (-ue-)
der **Beginn** **7A** el comienzo
etw. **beginnen** **4, PP** empezar (-ie-) algo
etw. **behalten** **5B** guardar algo
bei **3A** cerca de
jdm. etw. **beibringen** **5A** enseñar algo a alguien
beinahe **5A** casi
zum **Beispiel** **5A** por ejemplo
bekannt **3A, PP** conocido, -a
ein **Bekleidungsgeschäft** **7B** una tienda de ropa
benötigen **2B** necesitar
etw. **berechnen** <8B, 8> calcular algo
bereit **8B** listo, -a
ein **Berg** <1, 6> una montaña
berühmt **8A** famoso, -a
sich über etw./jdn. **beschweren** **6, PP** quejarse de algo/alguien
beschwerlich **6, PP** duro, -a
etw. **besorgen** **6** conseguir (-i-) algo
besorgt (sein) **7A** (estar) preocupado, -a
besser **5B** mejor
das **Besteck** **8B** los cubiertos
jdn. **besuchen** **2B** visitar(le) a alguien
ein **Bett** **5A, 5** una cama
ins **Bett** gehen **4, PP** acostarse (-ue-)
Beutel **5B** una bolsa
bevor **6** antes de
eine **Bibliothek** **3A, 6** una biblioteca
ein virtuelles **Bild** <CS> una imagen virtual
billig **7B** barato, -a
ein **Bindestrich** <2B, 10> un guión
(die) **Biologie** **7A, PP** (la) biología (*Schulfach*)
bis **2B** hasta
bis bald **3B** hasta pronto
bis später **2B** hasta luego
ein **bisschen** **3A** un poco
bitte <2A, 5>; **5B** por favor
jdn. um etw. **bitten** **7B** pedir (-i-/-i-) algo a alguien
blau **7B, PP** azul
blond **5A, PP** rubio, a
eine **Bluse** **5B** una camisa
eine **Bohne** **8B** un fríjol
ein **Boulevard** **2B, PP** una avenida
brauchen **2B** necesitar
braun **5A** marrón
ein **Brief** **8B** una carta
eine **Briefmarke** <2B, TA> un sello
die **Brille** **5A, PP** las gafas
(mit)bringen **8B** traer (traigo)
das **Brot** **7B, 9** el pan
ein belegtes **Brötchen** **7A** un bocadillo
ein **Bruder** **1** un hermano
ein **Buch** **3B, PP** un libro
eine **Bücherei** **3A, 6** una biblioteca
eine **Buchhandlung** **3A, 6** una librería
etw. **bügeln** **5A, 5** planchar algo
bummeln **7B, PP** ir de compras
ein **Bus** **4, PP** un autobús
mit dem **Bus** fahren **4, PP** ir en autobús

C

eine **Cafeteria** **7A** una cafetería
eine **CD** **5B** un cedé; **8A** un disco
chaotisch sein **2A, 8** ser un desastre (*col.*)
(die) **Chemie** **7A, PP** (la) química (*Schulfach*)
eine **Clique** **3A** una peña
ein **Computer** **2A, PP** un ordenador
ein **Computerfan** **3A** un fanático de los ordenadores
die **Costa Brava** **1** la Costa Brava
ein **Cousin**, eine **Cousine** **1** un primo, una prima

D

da **5B** ahí
da ist/sind **3A, PP** hay
dabeihaben **8B** traer (traigo)
damals **8A** entonces
danach **2A** después
dank **7B** gracias a
danke <2A, 5> gracias
danke (für) **3A** gracias (por)

dann 2A entonces
das (*Demonstrativpron.*) **3B** eso
dass 6 que
(den Tisch) **decken 5A, 5** poner (-g-) la mesa
dein, -e 2B tu
an etw. **denken 3B** pensar (-ie-) en algo
ein **Denkmal <1, 6> 3A, PP** un monumento
deprimiert (sein) **8B** (estar) deprimido, -a
der, die, das (*best. Artikel, Sg.*) **1** el, la
der, die, das (*Relativpron.*) **3B** que
der-, die-, dasselbe 4 mismo, -a
der ganze …, **die** ganze … **7A** todo el …, toda la …
deshalb 2B por eso
deswegen 2B por eso
deutsch 5A alemán, alemana
ein **Deutscher**, eine **Deutsche 2A** un alemán, una alemana
Deutschland 2B Alemania
Dezember 3B, 4 diciembre (*m.*)
dick 5A, PP gordo, -a
die (*best. Artikel, pl.*) **2A, PP** los, las
Dienstag 3B, 4 martes (*m.*)
dies (*Demonstrativpron.*) **3B** eso
diese, -r, -s dort (*adj.*) **7B** ese, esa, esos, esas
diese, -r, -s dort (*pron.*) **7B** ése, ésa, ésos, ésas
diese, -r, -s hier (*adj.*) **7B** este, esta, estos, estas
diese, -r, -s hier (*pron.*) **7B** éste, ésta, éstos, éstas
dies ist … **1** éste es …, ésta es …
ein **Ding 3B** una cosa
dir auch **5B** a ti también
eine **Disko(thek) 2A, PP** una discoteca
doch 5B sí
ein **Dokumentarfilm <CS>** un documental
Donnerstag 3B jueves (*m.*)
ein **Dorf 1** un pueblo
ein **Dörfchen <CS>** un pueblecito
dort 5B allí; **5B** ahí
drei 2B, PP tres
dreihundert 7B trescientos, -as
dreißig 2B, PP treinta
dringend 5B urgente
dritte, -r, -s 7A tercero, -a
du 2A tú
ein **Dudelsack <8A, PP>** una gaita
dunkel 8B oscuro, -a
dunkelhaarig 5A, PP moreno, -a
durch 7B por
durchgehen, -fahren 8B, PP pasar por
sich **duschen 4, PP** ducharse
jdn. **duzen 7A** tutear a alguien

E

ebenso viel … wie **7A, PP** tanto, -a … como
echt <CS> verdadero, -a
eine **Ecke 5B, PP** una esquina
die **Ehre <CS>** el honor
es **eilig** haben **4** tener prisa
ein, eine (*unbest. Artikel, Sg.*) **1** un, una
einfach 3B fácil; **<8A, PP>** sencillo
der **Einfluss 8A** la influencia
einige 7B unos, unas; **4** algunos, -as
die **Einkäufe 7B, PP** las compras
einkaufen gehen **5A, 5** hacer la compra (*Lebensmittel*); **7B, PP** ir de compras (*bummeln*)
jdn. **einladen <8B, 8>** invitar a alguien
eins 2B, PP uno
einschlafen 4, 5 dormirse (-ue-/-u-)
eintönig <8A, PP> monótono, -a
eintreten 2B entrar
eine **Eintrittskarte 7B** una entrada
ein **Einwanderer**, eine **Einwanderin 6** un inmigrante, una inmigrante
ein **Eis 1** un helado
eine **Eislaufbahn <CS>** una pista de hielo
elektronisch 8A electrónico, -a
das **Elend 6, PP** la miseria
die **Eltern 2B** los padres
eine **E-Mail 2B** un correo electrónico; **2B** un e-mail
eine **E-Mail-Adresse 2B** una dirección de correo electrónico
etw. **empfangen 5A** recibir algo
das **Ende <CS>** el final
zu **Ende gehen 2B** terminar
Englisch 7A, PP (el) inglés (*Schulfach*)
der **Enkel**, die **Enkelin 2B, 3** el nieto, la nieta
etw. **entfernen 5B, PP** quitar algo
entfernt 3A lejos
etw. **entgegnen <CS>** replicar algo
Entschuldigung. 4 Perdón.
eine **Epoche <CS>** una época
er 2A él
jdm. **(er)scheinen 5A** parecer(le) (-zco) a alguien
Erdkunde 7A, PP (la) geografía (*Schulfach*)
der **Erfolg 8A** el éxito
ein **(Erfrischungs-)Getränk 7A** un refresco
sich an etw./jdn. **erinnern 4** acordarse (-ue-) de algo/alguien
etw. **erklären 8B** explicar algo
Meinst du das **ernst? 3B** ¿Hablas en serio?
ernsthaft 3B en serio
etw. **erreichen 6** conseguir (-i-) algo
erste, -r, -s 7A primer(o), -a
(er)warten 2A esperar
erzählen 8A contar (-ue-)
es (*neutrales Objektpron. für einen Sachverhalt*) **8A** lo
essen 2B comer; **2A** tomar (*desayuno, helado*)
zu Abend **essen 4, 5** cenar
das **Essen 5A, 5; 8B** la comida
ein **Esszimmer 5B, 9** un comedor
Ethik (*Schulfach*) **<CS>** (la) ética
etwas 3A algo
euer, eure, eures 2B vuestro
ein **Euro <2A, 5>; 7B** un euro
Europa 8A Europa (*f.*)
eine **Exkursion <CS>** una excursión

F

ein (Schul-)**Fach 7A, PP** una asignatura
mit dem Bus **fahren 4, PP** ir en autobús
mit dem Auto **fahren 6** ir en coche
ein **Fahrrad 8B, 6** una bicicleta
eine **Familie 5A** una familia
die **Familie** Alonso **5B** los Alonso
ein **Familienname <2B, 3>** un apellido
ein **Fan 3A** un fanático
eine **Farbe 7B, PP** un color
fast 5A casi
Februar 3B, 4 febrero (*m.*)
jdm. **fehlen 5A** faltar(le) a alguien
eine **Feier 3A, PP** una fiesta
ein **Fenster 5B, PP** una ventana
die **Ferien 2A** las vacaciones
das **Fernsehen <2B, TA>; 3B, PP** la televisión
ein **Fernsehfilm <CS>** un telefilme
ein **Fehler <6, 1>** un error
fertig 8B listo, -a
ein **Fest <1, 6>; 3A, PP** una fiesta
ein **Festival 3A** un festival
jdn. **festnehmen 6** detener (-g-) a alguien
ein **Film 3A** una película
ein **Filmfestival 3A** un festival de cine
etw. **finden <4, 8>; 8A** encontrar (-ue-) algo
eine **Flasche 8B** una botella
eine (Quer-)**Flöte <8A, PP>** una **flauta**
ein **Flughafen 6** un aeropuerto
ein **Flugzeug 8B, 6** un avión
ein **Flur 5B** un pasillo
ein **Fluss <1, 6>** un río
mit etw. **fortfahren 7A** continuar con algo
fortfahren etw. tun **8B** seguir (-i-) (*+ gerundio*)
eine **Fortsetzung <5A, PP>** una continuación
ein **Foto <2B, TA>; 3A** una foto
eine **Frage 8A** una pregunta
jdn. etw. **fragen 4** preguntar algo a alguien

nach etw./jdm. **fragen 7A** preguntar por algo/alguien
Frankreich 8A Francia *(f.)*
Ganz schön **frech**! **2A** ¡Qué morro!
Freitag 3B, 4 viernes *(m.)*
die **Freizeit 3B** el tiempo libre
sich **freuen 8A** alegrarse
ein **Freund**, eine **Freundin 2A** un amigo, una amiga
ein (fester) **Freund**, eine (feste) **Freundin 7A** un novio, una novia
freundlich 4 amable
froh, fröhlich (sein) **5A, PP** contento, -a; **5A, PP** (estar) animado, -a ; **<8A, PP>** alegre
der **Frühling 7B** la primavera
das **Frühstück 7A** el desayuno
etw. **frühstücken 4, PP** desayunar algo
sich **fühlen 4** sentirse (-ie-/-i-)
sich wohl **fühlen 4** sentirse bien
fünf 2B, PP cinco
fünfhundert 7B quinientos, -as
fünfte, -r, -s 7A quinto, -a
fünfzig 2B, PP cincuenta
für 3A para
zu **Fuß** gehen **8B** ir a pie
(der) Fußball 2A, PP el fútbol
ein **Fußballspieler**, eine **Fußballspielerin <CS>** un futbolista, una futbolista
der **Fußboden 5A, 5** el suelo

G

jdm. etw. **geben 5A** dar(le) (doy) algo a alguien; **7B** poner(le) algo a alguien
es **gibt 3A, PP** hay
geboren werden **8A** nacer (-zco)
etw. **gebrauchen 4** usar algo
das **Geburtsdatum <8A, 6>** la fecha de nacimiento
der **Geburtsort <8A, 6>** el lugar de nacimiento
der **Geburtstag 3B** el cumpleaños
ein **Gedicht 8B** un poema
jdm. etw. **gefallen 5A** gustar(le) algo a alguien
dir **gefällt**, dir **gefallen 2A, PP** te gusta, te gustan
mir **gefällt**, mir **gefallen 2A, PP** me gusta, me gustan
jdm. etw. sehr gut **gefallen 5A** encantar(le) algo a alguien
es **gefällt** mir sehr gut **3B** me encanta
gehen 3A ir
zu Fuß **gehen 8B** ir a pie
eine **Geige <8A, PP>** un violín
gelangweilt (sein) **5A, PP** (estar) aburrido, -a
gelb 7B, PP amarillo, -a
das **Geld 6, PP** el dinero
gemeinsam 3B junto, -a
genauso viel/sehr … **wie 7A, PP** tanto, -a … como
genial 3A genial
Genial! 1 ¡Genial!
geöffnet 7A abierto, -a
gerade etw. getan haben **5A** acabar de hacer algo
geradeaus 8B, PP todo recto
ein **Gericht <1, 6>** una comida
ein **Geschäft 3A, PP** una tienda
ein **Geschenk 7B** un regalo
(die) **Geschichte 7A, PP** (la) historia *(Schulfach)*
die **Geschwister 2B** los hermanos
gesellschaftlich, gesellschaftskritisch 8A social
ein **Gespräch <5A, 11>** una conversación
gestern 8B ayer
ein (Erfrischungs-)**Getränk 7A** un refresco
ein **(Getränke-)**Automat **7A** una máquina
eine **Gitarre <8A, PP>** una guitarra
ein **Glas 8B** un vaso
etw. **glauben 6** creer algo
das **Glück 6, PP** la suerte
Glück haben **6, PP** tener suerte
ein **Gramm 7B** un gramo
grau 7B, PP gris
groß 3A, PP grande; **3A, PP** alto, -a; **7A** enorme
großartig 3A fenomenal
die **Großeltern 2B** los abuelos
die **Großmutter 2B** la abuela
der **Großvater 2B** el abuelo
grün 4 verde
eine **Grundschule <8A, 6>** una escuela primaria
eine **Gruppe 7A** un grupo
ein **Gruß 2B, 2** un saludo
gut 3A, PP bueno, -a; **7B** rico, -a *(Essen)*
Guten Abend./**Gute** Nacht. **2B, 2** Buenas noches.
Guten Tag. *(vormittags)* **2B** Buenos días.
Guten Tag. *(nachmittags)* **2B, 2** Buenas tardes.
gut *(adv.)* **2A** bien
ein **Gymnasium 3A** un instituto

H

die **Haare 5A, PP** el pelo
etw. **haben 3B** tener (-ie-) (tengo) algo
Glück **haben 6, PP** tener suerte
haben *(Hilfsverb)* **6** haber
halbe, -r, -s 7A medio, -a
Hallo! 1, PP ¡Hola!; **4** ¡Aló! *(lat.am.)*
ein **Handy 2A, PP** un móvil
mit dem **Handy** telefonieren **7A** hablar por el móvil
ein **Hamburgerrestaurant <CS>** una hamburguesería
hart 6, PP duro, -a
hässlich 5A, PP feo, -a
ein **Hauptkommissariat 6** una comisaría central
ein **Haus 3A, PP** una casa
zu **Hause 3A** en casa
die **Hausaufgaben 3B, PP** los deberes
die **Haut 8B** la piel
ein **Heft 7A** un cuaderno
heiß 7B caliente
es ist **heiß 3B** hace calor
heißen 4 llamarse
ich **heiße 1, PP** me llamo
du **heißt 1, PP** te llamas
heiser <8A, PP> ronco, -a
jdm. **helfen** (etw. zu tun) **5A** ayudar a alguien *(Akk.!)* (a hacer algo)
ein **Hemd 5B** una camisa
herauskommen 8A salir (-g-)
etw. **(heraus)holen 7A** sacar algo
etw. **(heraus)nehmen 7A** sacar algo
ein **Herr 3B** un señor *(abrev.* Sr.)
heute 2B hoy
heute Morgen **6** esta mañana
hier 2B aquí
die **Hilfe 2B** la ayuda
hinaufgehen, -steigen, -fahren 8B subir
hineingehen 2B entrar
etw. in etw. **hineinstecken 5B, PP** meter algo en algo
sich **hinlegen 4, PP** acostarse (-ue-)
hinter 5B, PP detrás de
jdm. etw. **hinüberreichen 8B** pasar(le) algo a alguien
die **Hitze 3B** el calor
ein **Hinweis <7A, 4>** una indicación
hoch *(Stimme, Ton)* **<8A, PP>** agudo, -a
(zu)**hören 2A, PP** escuchar
etw. **hören 5B** oír (-g-) algo
Hör mal! **2B** ¡Oye!
eine **Hose 5B, 6** un pantalón
ein **Hotel 8B** un hotel
hübsch 5A, PP guapo, -a; **7B, 9** bonito, -a
hundert 7B cien, ciento
der **Hunger 6, PP** el hambre *(f.)*

I

iberisch 7B ibérico, -a
ich 2A yo
ich auch nicht **4** yo tampoco
eine **Idee 2A** una idea
ihr *(Subjektpron.)* **2A** vosotros
ihr, ihre *(Possessivpron.)* **2B** su, sus

illegal **6** ilegal
ein **Illegaler**, eine **Illegale** **6** un ilegal, una ilegal
immer **1** siempre
immer mehr **<CS>** cada vez más
in **1** en
in der Nähe (von) **3A** cerca (de)
In Ordnung. **2B** Vale.
ein **Indio** **8B** un indio (*Ureinwohner Amerikas und deren Nachfahren*)
(die) **Informatik** **3A** (la) informática
die **Information** **3A** la información
eine **Insel** **<1, 6>** una isla
ein **Instrument** spielen **<2B, TA>** tocar un instrumento
inteligente **<CS>** intelligent
interessant **3A, PP** interesante
im **Internet** surfen **<2B, TA>** navegar por internet
ein **Internet-Café** **3A** un cíber
ein **Interview** **8A** una entrevista
intolerant **<CS>** intolerante
(irgend)jemand **7A** alguien
irgendein, -e, -r **4** algún/alguno, alguna
irgendwann (einmal) **8B** algún día

J

ja **1** sí
eine **Jacke** **5B, 6** una cazadora
ein **Jahr** **5A** un año
… **Jahre** alt sein **5A** tener … años
Januar **3B, 4** enero (*m.*)
eine **Jeans** **5B, 6** los vaqueros
jeder **8B** todo el mundo
(irgend)**jemand** **7A** alguien
jene, -r, -s (*adj.*) **7B** aquel, aquella, aquellos, -as
jene, -r, -s (*pron.*) **7B** aquél, aquélla, aquéllos, -as
jetzt **3A** ahora
Juli **3B, 4** julio (*m.*)
ein **Junge** **1** un chico
der **Junge** mit dem Eis **1** el chico del helado
junge Frau (*lat.am.*) **4** una niña
ein **Jugendlicher**, eine **Jugendliche** **<7B, 11>** un joven, una joven (*pl.* jóvenes)
Juni **3B, 4** junio (*m.*)

K

es ist **kalt** **3B** hace frío
die **Kälte** **3B** el frío
ein **Kartenspiel** **<2B, TA>** un juego de cartas
eine **Kartoffel** **7B, 9** una patata; **8B** una papa (*lat.am.*)
der **Käse** **7B, 9** el queso
kastilisch **8B** castellano, -a
eine **Katastrophe** **1** un desastre
kaufen **2A, PP** comprar
ein**kaufen** gehen **5A, 5** hacer la compra (*Lebensmittel*)
ein **Kaugummi** **7A** un chicle
keine, -r, -s **7B** ningún/ninguno, ninguna
keine Ahnung **2A** ni idea
Keine Rede! **7A** ¡Qué va!
ein **Kellner** **8B** un camarero
kennen **4** conocer (-zco)
sich **kennen** lernen **4** conocerse (-zco)
ein **Kerl** **3A** un tío (*col.*)
das **Keyboard** **<8A, PP>** los teclados
ein **Kilo** **7B** un kilo
ein **Kind** **4** un niño, una niña
das ist kein **Kinderspiel** **1** no es un juego
ein **Kino** **<2B, TA>; 3A** un cine
eine **Kirche** **<1, 6>** una iglesia
kitschig **<8A, PP>** cursi
klar **2B** claro
eine **Klarinette** **<8A, PP>** un clarinete
klasse **3B** guay (*col.*)
eine **Klasse** **7A** una clase
ein **Klassenkamerad**, eine **Klassenkameradin** **7A** un compañero, una compañera (de clase)
eine **Klassenleiterstunde** **7A** la tutoría
ein **Klavier** **<8A, PP>** un piano
ein **Kleid** **5B** un vestido
ein **(Kleider-)Schrank** **5B, PP** un armario
Kleidung **2A, PP** la ropa
klein **3A, PP** pequeño, -a; **5A, PP** bajo, -a
klingeln **4** sonar (-ue-)
ein **Klingelschild** **<7A, 7>** un panel de timbres
eine **Kneipe** **2A, PP** un bar
etw. **kochen** **3B** cocinar algo
ein **Kolumbianer**, eine **Kolumbianerin** **4** un colombiano, una colombiana
Kolumbien **4** Colombia
kommen **3B** venir (-ie-)
kommen von **1, PP** ser de
Komm schon! **2B** ¡Venga!
ich **komme** schon **3A** ya voy
das **kommt** daher, dass … **3B** es que…
kommende, -r, -s **3B, PP** … que viene
etw. (tun) **können** **3B** poder (-ue-) (hacer) algo
ein **Konzert** **3B, PP** un concierto
ein **Korridor** **5B** un pasillo
etw. **kosten** **7B** costar (-ue-) algo; **7B** valer (-g-) algo
kräftig **<8A, PP>** fuerte
eine **Krankenschwester** **5A** una enfermera
eine **Küche** **5B, 9** una cocina
eine **Kugel** **<2A, 5>** una bola
Wie viele **Kugeln**? **<2A, 5>** ¿Cuántas bolas?
ein **Kugelschreiber** **7A** un bolígrafo
sich um etw./jdn. **kümmern** **4** ocuparse de algo/alguien
Kunsterziehung **7A, PP** (la) educación plástica y visual
kurz **5A, PP** corto, -a
ein **Kuss** **3A** un beso (*auch Grußformel*)
die **Küste** **1** la costa

L

ein **Laden** **3A, PP** una tienda
ein **Land** **4** un país
lang **5A, PP** largo, -a
langsam **<8A, PP>** lento, -a
langweilig **5A, PP** aburrido, -a
(jdn.) etwas (tun) **lassen** **5B** dejar (hacer) algo (a alguien)
Lateinamerika **8B** Latinoamérica (*f.*)
lateinamerikanisch **8A** latino, -a
laut **3B** según
läuten **4** sonar (-ue-)
es **läutet** **5B** llaman
leben **2B, PP** vivir
das **Leben** **6, PP** la vida
lebhaft **5A, PP** animado, -a
lecker **7B** rico, -a
legal **6** legal
etw. **legen** **5B** poner (-g-) algo
ein **Lehrer**, eine **Lehrerin** **2A** un profesor, una profesora; **7A** un profe (*col.*) (*abrev.*)
leicht **3B** fácil
Es tut mir **leid.** **4** Lo siento.
eine **Leier** **<8A, PP>** una zanfona
lernen **2A, PP** estudiar; **2B** aprender
lesen **2B** leer
die **Leute** **3B** la gente
das **Licht** **5B** la luz
die **Liebe** **<CS>** el amor
etw. **lieber** mögen (als etw.), etw. lieber tun **3B** preferir (-ie-/-i-) algo (a algo)
etw. **lieber** tun **3B** preferir hacer algo
ein **Lied** **8A** una canción
links (von) **5B, PP** a la izquierda (de)
eine **Liste** **<2B, 6>** una lista
die **Literatur** **7A, PP** la literatura
lokal **6** local
lustig **3A** divertido, -a; **4** gracioso, -a

M

machen **2B** hacer (hago)
Mach dir keine Sorgen. **6** No te preocupes.
Das **macht** nichts. **5A** No importa.
6 nada

ein **Mädchen** **1** una chica; **4** una niña
ich **mag** **2A, PP** me gusta, me gustan
du **magst** **2A, PP** te gusta, te gustan
Mai **3B, 4** mayo (*m.*)
der **Mais** **8B** el maíz
ein **Mal** **6** una vez
mal sehen **2A** a ver
malen **<2B, TA>** pintar
die **Mama** **5A** la mamá (*auch als Anrede*)
man muss **5A** hay que
manche **4** algunos, -as
manchmal **3B** a veces
eine **Mannschaft** **8B** un equipo
ein (leichter) **Mantel** **5B, 6** un abrigo
die **Maracas** (*Rumbakugeln*) **<8A, PP>** las maracas
März **3B, 4** marzo (*m.*)
(die) **Mathematik** **7A, PP** (las) matemáticas (*Schulfach*)
das **Maximum** **<CS>** el máximo
das **Meer** **2A, PP** el mar
mehr **5A** más
mehr ... als **7A, PP** más ... que
mehrere **4** algunos, -as; **6** varios, -as
mehrmals **6** varias veces
mein, -e **2B** mi, mis
Meinst du / **meint** ihr nicht? **5A** ¿No te / os parece?
Meinst du das ernst? **3B** ¿Hablas en serio?
melancholisch **<8A, PP>** melancólico, -a
melodiös **<8A, PP>** melodioso, -a
eine **Metzgerei** **3A, 6** una charcutería
das **Mineralwasser** **7B, 9** el agua mineral
eine **Minute** **7B** un minuto
mir auch **2A, PP** a mí también
mit **2A** con
mit dem Auto fahren **6** ir en coche
mit dem Handy telefonieren **7A** hablar por el móvil
mit dir **7B** contigo
mit mir **7B** conmigo
(mit)bringen **8B** traer
mittelmäßig **2B, 2** regular
Mittwoch **3B** miércoles (*m.*)
ein **Mobiltelefon** **2A, PP** un móvil
modern **3A, PP** moderno, -a
ein **Moment** **6** un momento
ein **Monat** **3B** un mes
Montag **3B** lunes (*m.*)
morgen **2B** mañana
ein **Morgen** **3A** una mañana
morgens **3A** por la mañana
ein **Moslem**, eine **Moslemin** **<CS>** un musulmán, una musulmana
müde (sein) **5A, PP** (estar) cansado, -a
der **Mund** **7A** la boca
eine **Münze** **<2B, TA>** una moneda
ein **Museum** **1** un museo
die **Musik** **2A, PP** la música
ein **Musiker** **8A** un músico
etw. tun **müssen** **5A** tener que hacer algo
die **Mutter** **2B** la madre

N

na gut, **na** ja **2A** bueno
nach **3A** a (*örtlich*); **3B** según (*zufolge*); **6** hacia (*örtlich*); **6** después de (*zeitlich*)
ein **Nachbar**, eine **Nachbarin** **6** un vecino, una vecina
nachdem **6** después de
der **Nachmittag** **3A** la tarde
nachmittags **3A** por la tarde
eine **Nachricht** **2A** un mensaje; **2B** una noticia
nächste, -r, -s ... **3B, PP** ... que viene
die **Nacht** **3A** la noche
Gute **Nacht.** **2B, 2** Buenas noches.
ein **Nachtisch** **8B** un postre
nachts **3A** por la noche
ein **Name** **2B, PP** un nombre
der **Namenstag** **<3B, 5>** el día del Santo
natürlich **2B** claro
der **Nebel** **7B** la niebla
neben **5B, PP** al lado de
der **Neffe** **2B, 3** el sobrino
nehmen **2A** tomar
etw. (heraus)**nehmen** **7A** sacar algo
zu sich **nehmen** **2A** tomar
nein **1** no
nervös (sein) **5A, PP** (estar) nervioso, -a
nett **4** amable
neu **3A** nuevo, -a
neun **2B, PP** nueve
neunhundert **7B** novecientos, -as
neunte, -r, -s **7A** noveno, -a
neunzig **2B, PP** noventa
nicht (*Verneinung*) **1** no
auch **nicht** **7B** tampoco
nicht wahr? **2A** ¿verdad?
die **Nichte** **2B, 3** la sobrina
nichts **6** nada
niemals **7B** nunca
niemand **7B** nadie
(immer) **noch** **2A** todavía
noch ein, -e **4** otro, -a
noch einmal **6** otra vez
der **Norden** **<1, 6>**; **3A, PP** el norte
normal **3A, PP** normal
etw. **notieren** **4** apuntar algo
eine **Notiz** **<5A, 9>** un apunte
November **3B** noviembre (*m.*)
eine **Nummer** **2B, PP** un número
nun **6** pues
nur **2B** sólo; **8A** solamente
nützlich **<CS>** útil

O

ob **8B** si
oder **2B** o
offen **7A** abierto, -a
öffnen **2B** abrir
oft **6** varias veces
ohne **3B** sin
o.k. **2B** Vale.; **6** Está bien. (*lat.am.*)
o.k. sein **4** ir bien
Oktober **3B** octubre (*m.*)
die **Oma** **2B** la abuela
der **Onkel** **2B, 3** el tío
der **Opa** **2B** el abuelo
orange **7B, PP** naranja
eine **Orange** **7B, 9** una naranja
ein **Orchester** **<8A, 6>** una orquesta
in **Ordnung** sein **4** ir bien; **6** estar bien (*lat.am.*)
ein **Ort** **5B, PP** un sitio
ein kleiner **Ort** **1** un pueblo
örtlich **6** local
der **Osten** **<1, 6>** el este

P

eine **Paella** **1** una paella (*span. Reisgericht*)
Panama **8B** Panamá
panamaisch, aus **Panama** **8B** panameño, -a
der **Papa** **5A** el papá (*auch als Anrede*)
ein **Papier** **2B** un papel
ein **Pappkarton** **<CS>** un cartón
luftgetrocknete ***Paprikawurst*** **7B** el chorizo
ein **Park** **3A, 6** un parque
eine **Parzelle** (*kleines Stück Land*) **<CS>** una parcela
Pass auf! **5B** ¡Ten cuidado!
etw. jdm. **passieren** **6** pasar(le) algo a alguien
die **Pause** **4** el recreo
perfekt **5B** perfecto, -a
etw. **perfektionieren** **3B** perfeccionar algo
eine **Person** **5A** una persona
eine **Pfanne** **8B** una sartén
(die) **Physik** **7A, PP** (la) física (*Schulfach*)
eine (Schall-)**Platte** **8A** un disco
ein **Platz** **2B, PP** una plaza; **5B, PP** un sitio
politisch **8A** político
die **Polizei** **4** la policía
ein **Polizist**, eine **Polizistin** **4** un / una policía
ein **Poster** **5B, PP** un póster
der **Preis** **7B** el precio
eine **Privatschule** **<8A, 6>** una escuela privada
ein **Problem** **3B** un problema (*m.!*)
eine **Provinz** **7B** una provincia

eine **Prüfung** **4** un examen (*pl.* exámenes)
PS (Postskript) **3B** PD (posdata)
ein **Publikum** **8A** un público
ein **Pullover** **5B, 6** un jersey (*pl.* jerséis)
ein **Punkt** **<2B, 10>** un punto
eine **Puppe** **<2B, TA>, 5B** una muñeca
etw. **putzen** **5A, 5** limpiar algo

Q

eine **(Quer-)Flöte** **<8A, PP>** una flauta

R

ein **Radio** **6** una radio
rau (*Stimme*) **<8A, PP>** ronco, -a
Raub- **6** pirata
rausgehen **4, PP** salir (-g-)
Recht haben **5A** tener razón
rechts (von) **5B, PP** a la derecha (de)
ein **Regal** **5B, PP** una estantería
regnen **7B** llover (-ue-)
reich **6, PP** rico, -a
etw. (hinüber)**reichen** **8B** pasar(le) algo a alguien
Es **reicht.** **2B** ¡Basta!
an der **Reihe** sein **7B** tocar(le) a alguien
der **Reis** **8B** el arroz
eine **Reise** **8B** un viaje
(die) **Religion** **7A, PP** (la) religión (*Schulfach*)
jdn. **respektieren** **<CS>** respetar a alguien
ein **Rest** **<CS>** un resto
ein **Rezept** **3B** una receta
riesig **7A** enorme
ein **Rock** **5B, 5** una falda
rosa **7B, PP** rosa
rot **7B, PP** rojo, -a
ruhig **3A, PP** tranquilo, -a

S

eine **Sache** **3B** una cosa
der **Saft** **7B, 9** el zumo
jdm. etw. **sagen** **4** decir(le) (digo) algo a alguien
sammeln **<2B, TA>** coleccionar
Samstag **3B** sábado (*m.*)
ein **Saxofon** **<8A, PP>** un saxófono
Wie **schade!** **3B** ¡Qué lástima!
ein **Schal** **5B, 6** una bufanda
eine **(Schall)platte** **8A** un disco
schauen **4** mirar
  Schau (mal)! **4** ¡Mira!
jdm. etw. (er)**scheinen** **5A** parecer(le) (-zco) algo a alguien
ein **Schema** **<CS>** un esquema
jdm. etw. **schenken** **7B** regalar(le) algo a alguien
jdm. etw. **schicken** **5A** mandar(le) algo a alguien
das **Schicksal** **6, PP** la suerte
der **Schinken** **7B** el jamón
  luftgetrockneter **Schinken** *aus Spanien* **7B** el jamón ibérico
schlafen **3B, PP** dormir (-ue- / -u-)
ein **Schlafzimmer** **5B, 9** un dormitorio
ein **Schlagzeug** **<8A, PP>** una batería
schlank **5A, PP** delgado, -a
schlecht (*adv.*) **2B** mal
schlecht (*adj.*) **5A** malo, -a
  schlechter **7B** peor
  das Wetter ist **schlecht** **3B** hace mal tiempo
schließen **8A** cerrar (-ie-)
schließlich **8A** al final
schlimmer (*adv.*) **7B** peor
Schluss! **2B** ¡Basta!
  zum **Schluss** **6** para terminar
schnell (*adv.*) **2B** rápido
schnell (*adj.*) **3B** rápido, -a
schon **2B** ya
schön **7B, 9** bonito, -a
  das Wetter ist **schön** **3B** hace buen tiempo
ein (Kleider-)**Schrank** **5B, PP** un armario
schrecklich (*adv.*) **<CS>** terriblemente
schreiben **2B** escribir
ein **Schreibtisch** **5B, PP** un escritorio
die **Schuhe** **5B, 6** los zapatos
ein **Schulbuch** **<CS>** un libro de estudio
ein **Schüler**, eine **Schülerin** **7A** un alumno, una alumna
das **Schulsystem** **<7A, PP>** el sistema escolar
schwarz **7B, PP** negro, -a
ein **Schwarzer**, eine **Schwarze** **<CS>** un negro, una negra
die **Schwester** **1** la hermana
schwierig **4** difícil; **<8A, PP>** complicado, -a
ein **Schwimmbad, -becken** **3A, 6** una piscina
schwimmen **2A, PP** nadar
sechs **2B, PP** seis
sechshundert **7B** seiscientos, -as
sechste, -r, -s **7A** sexto, -a
sechzig **2B, PP** sesenta
etw. **sehen** **3B, PP** ver algo
  Ich **sehe**, worauf du hinaus willst. **5A** Te veo venir.
  mal **sehen** **2A** a ver
  sich **sehen** **4** verse
  Du wirst es schon **sehen.** **7A** Vas a verlo.
eine **Sehenswürdigkeit** **<1, 6>; 3A, PP** un monumento
sehr (*adv.*) **2A** muy; **2A** mucho
  jdm. **sehr** gut gefallen **5A** encantar(le) a alguien
  sehr viel **6** muchísimo, -a
sein **1, PP** ser
  5A estar (+ *adj.*)
  es **ist** etwas los **3B** hay marcha
  es **ist** (nämlich) so, dass … **3B** es que...
  da **ist / sind** **5B** hay
sein, seine (*Possessivbegl.*) **2B** su, sus
eine **Seite** **3A** una página; **5B, PP** un lado (*örtlich*)
selbst **4** mismo, -a
seltsam **7A** raro, -a
sentimental **<8A, PP>** sentimental
September **3B, 4** septiembre (*m.*)
etw. **setzen** **5B** poner (-g-) algo
sich **setzen** **8B** sentarse (-ie-)
shoppen **7B, PP** ir de compras
Sie **6** usted, ustedes (*Höflichkeitsform, sg., pl.*)
sie (*sg.*) **2A** ella
sie (*pl.*) **2A** ellos, ellas
sieben **2B, PP** siete
siebenhundert **7B** setecientos, -as
siebte, -r, -s **7A** séptimo, -a
siebzig **2B, PP** setenta
singen **<2B, TA>** cantar
sinnlich **<8A, PP>** sensual
eine **Situation** **6** una situación
so **3B** así; **5A** tan (+ *adj.*)
  so … wie … **7B** tan … como …
die **Socken** **5B, 6** los calcetines (*sg.* calcetín)
der **Sohn** **2B, 3** el hijo
der **Sommer** **5B** el verano
die **Sonne** **2A, PP** el sol
sich **sonnen** **2A, PP** tomar el sol
Sonntag **3B** domingo (*m.*)
mach dir keine **Sorgen** **6** no te preocupes
Spanien **3B** España
ein **Spanier**, eine **Spanierin** **2A** un español, una española
spanisch **3B** español, -a
Spanisch **7A, PP** lengua y literatura (*Schulfach, wie das Fach Deutsch in Deutschland*)
das **Spanische**, die **spanische** Sprache **2A** el español
ein **Spanischlehrer**, eine **Spanischlehrerin** **2A** un profesor de español, una profesora de español
spät **4** tarde
ein **Spiel** **1** un juego
  das ist kein Kinder**spiel** **1** no es un juego
spielen **3B, PP** jugar (-ue-)
spielen **8A** tocar (*Instrument*)
(der) **Sport** **1** el deporte

Sport treiben <2B, TA> practicar deporte
ein **Sport**zentrum **3A, 6** un polideportivo
die **Sprache 4** el idioma; **7A, PP** la lengua
sprechen 2A hablar
spülen 5A, 5 lavar los platos
eine **Stadt** <1, 6> **3A, PP** una ciudad
ein **Stadt**viertel **3A, PP** un barrio
das **(Stadt-)**Zentrum **3A, PP** el centro
stammen aus **1, PP** ser de
staubsaugen 5A, 5 pasar la aspiradora
etw. **stellen 5B, PP** poner (-g-) algo
eine **Stereoanlage 5B, PP** un equipo de música
eine **Stierkampfarena 8A** una Plaza de Toros
eine **Stimme** <8A, PP> una voz
das **stimmt** nicht **2A** no es verdad
die **Stimmung 3A** el ambiente
ein **Stockwerk 5A** un piso
jdn. **stören 8A** molestar(le) a alguien
der **Strand 1** la playa
eine **Straße 2B, PP** una calle
ein **Student**, eine **Studentin 4** un estudiante, una estudiante
studieren 2A, PP estudiar
das **Studium** <8A, 6> los estudios
ein **Stuhl 5B, PP** una silla
eine **Stunde 4, PP** una hora
ein **Stundenplan 7A, PP** un horario
suchen 2A buscar
der **Süden** <1, 6> el sur
ein **Supermarkt 3A, 6** un supermercado
das **Surfen 2A, PP** el surf
im Internet **surfen** <2B, TA> navegar por internet
ein **Sweatshirt 5B, 6** un jersey (*pl.* jerséis)
sympathisch 5A simpático, -a
die **Syntaxanalyse** <CS> el análisis sintáctico

T

ein **Tag 2B** un día
Guten **Tag.** (*nachmittags*) **2B, 2** Buenas tardes.
die **Tante 2B, 3** la tía
tanzen <2B, TA>; **8A** bailar
tausend 7B mil
der **Technikunterricht 7A, PP** (la) tecnología
ein **Teil 5B** una parte
ein **Teil** von **5B** parte de
etw. **teilen 5A** compartir algo
an etw. **teilnehmen** <5A, 11> participar en algo
das **Telefon 2B, PP** el teléfono
am **Telefon, telefonisch 8B** por teléfono
mit dem Handy **telefonieren 7A** hablar por el móvil
ein **Teller 5A, 5** un plato
(das) **Tennis 2A, PP** el tenis
teuer 7B caro, -a
ein **Text 8A** un texto
ein **Theater** <CS> un teatro
tief (*Stimme, Ton*) <8A, PP> grave
ein **Tisch 5A, 5** una mesa
ein (akademischer) **Titel** <8A, 6> un título
der Sohn, die **Tochter 2B, 3** el hijo, la hija
toll 3A fenomenal; **3A** genial
toll! 1 ¡genial!
Wie **toll! 3B** ¡Qué bien!
eine **Tomate 7B, 9** un tomate
eine **Torte 3B** una tarta
etw. **tragen 4** llevar algo
(von) etw./jdn. **träumen 6** soñar (-ue-) con algo/alguien
traurig (sein) **5A, PP** (estar) triste
traurig werden <CS> deprimirse
sich **treffen 4** verse
Sport **treiben** <2B, TA> practicar deporte
trinken 2A tomar
eine **Trompete** <8A, PP> una trompeta
ein **T-Shirt 5B** una camiseta
tun 2B hacer
etw. **tun** werden **3B** ir a hacer algo
gerade etw. **getan** haben **5A** acabar de hacer algo
die **Tür 2B** la puerta
eine **Tüte 5B** una bolsa
ein **Typ 3A** un tío (*col.*)
typisch 8B típico, -a

U

die **U-Bahn 8B, 6** el metro
über 3A sobre
etw. **überprüfen** <3B, 8> controlar algo
etw. **überqueren 8B, PP** cruzar algo
eine **Überraschung 5B** una sorpresa
überzeugt (sein) **5A** (estar) convencido, -a
übrigens 3A por cierto
Um wie viel **Uhr** …? **4, PP** ¿A qué hora …?
Wie viel **Uhr** ist es? **4** ¿Qué hora es?
um etw. zu tun **6** para hacer algo
eine **Umarmung 3B** un abrazo
unaufgeräumt (sein) **5A** (estar) desordenado, -a
und 1 y; **5A** e (*vor i- oder hi-*)
ungefähr 7B unos, -as (*+ Zahl*)
ungefähr um halb sieben <CS> sobre las seis y media
die **Unehre** <CS> el deshonor
eine **Uniform 4** un uniforme
eine **Universität 4** una universidad
unmöglich sein **2A, 8** ser un desastre (*col.*)
unordentlich 5A desordenado, -a
unregelmäßig <8A, PP> irregular
unser, -e, -es 2B nuestro, -a
unter 5B, PP debajo de; <CS> bajo (*adv.*)
(mitten) **unter 6** entre
sich **unterhalten 8A** charlar
eine **Unterrichtsstunde**, der **Unterricht 3A** una clase

V

der **Vater 2B** el padre
sich mit jdm. **verabreden 7A** quedar con alguien
sich **verabschieden 4** despedirse (-i-/-i-)
etw. **(ver)ändern 5A** cambiar algo
eine **(Ver-)Änderung 8A** un cambio
verärgert (sein) **5A, PP** (estar) enfadado, -a
etw. **verbessern 3B** perfeccionar algo
verbringen 2A pasar
etw. **verdienen 6, PP** ganar algo
vergangene, -r, -s 8A pasado, -a
die **Vergebung** <CS> el perdón
vergnügen 8A divertirse (-ie-/-i-)
jdn. **verhaften 6** detener a alguien
jdm. etw. **verkaufen 6** vender algo a alguien
ein **Verkäufer**, eine **Verkäuferin 7B** un dependiente, una dependienta
verliebt (sein) **5A, PP** (estar) enamorado, -a
vermissen 8B echar de menos
verrückt (sein) **7B** (estar) loco, -a
verschiedene 6 varios, -as
verstehen 2B comprender
etw./jdn. **verstehen 3B** entender (-ie-) algo/a alguien
Ich **verstehe** schon. **4** Ya veo.
etw. **versuchen 6** intentar algo
verwenden 4 usar algo
ein **Video(film) 1** un vídeo
ein **Videospiel** <2B, TA> un videojuego
viel (*adv.*) **2A** mucho
viel (*adj.*) **3B** mucho, -a
sehr **viel, -e 6** muchísimo, -a
vielleicht 2B a lo mejor
vier 2B, PP cuatro
vierhundert 7B cuatrocientos, -as
vierte, -r, -s 7A cuarto, -a
vierzig 2B, PP cuarenta
ein **virtuelles Bild** (*Digitalbild auf dem Computer*) <CS> una imagen virtual
von 1, PP de

vor **5B, PP** delante de (*örtlich*)
6 antes de (*zeitlich*)
8A hace (+ *Zeitangabe*) *que*
vor allem **6** sobre todo
etw. **vorbereiten** **5A, 5** preparar algo
etw. **vorhaben** **3B, PP** pensar (-ie-) hacer algo
ein **Vormittag** **3A** una mañana
vormittags **3A** por la mañana
jdm. etw. **vorschlagen** **5B** proponer (-g-) algo a alguien
die **Vorsicht** **5B** el cuidado
Vorsicht! **5B** ¡Ten cuidado!
sich **vorstellen** **5A** imaginarse

W

ein **Wahlpflichtfach** **7A, PP** una optativa
wahr **<CS>** verdadero, -a
das ist nicht **wahr** **2A** no es verdad
während **6** durante (+ *subst.*); **7A** mientras (+ *verbo*)
die **Wahrheit** **2A** la verdad
wann? **3B** ¿cuándo?
warm **7B** caliente
etw. (er)**warten** **2A** esperar algo
warum? **2A** ¿por qué?
was? **1** ¿Qué?
Was für …! **3B** ¡Qué …!
Was ist das? **1** ¿Qué es?
Was ist los? **2A** ¿Qué pasa?
Was ist mit …? **5A** ¿ … , qué?
was (*Relativpron.*) **<CS>** lo que
etw. **waschen** **5A, 5** lavar algo
sich **waschen** **4, 5** lavarse
das **Wasser** **7B, 9** el agua (*f.*)
eine **Wassermelone** **7B, 9** una sandía
eine **Web-Seite** **3A** una página web
weder … noch **7B** no … ni
ein **Weg** **8B** un camino
wegen **4** por
weggehen **4** irse; **4, PP** salir (-g-)
etw. **wegnehmen** **5B, PP** quitar algo
weil **2A** porque
eine **Weile** **2A** un rato
der **Wein** **7B** el vino
die **Weise** **7A** el modo
in gewisser **Weise** **<CS>** en cierta forma
auf irgendeine **Weise** **<CS>** de alguna manera
weiß **7B, PP** blanco, -a
weit weg (von) **3A** lejos (de)
weitergehen, -fahren **8B, PP** seguir
weiterhin etw. tun **8B** seguir (-i-) (+ *gerundio*)
weitermachen **7A** continuar

die **Welt** **8B** el mundo
wenig (*adv.*) **2A** poco
wenig (*adj.*) **3B** poco, -a
weniger … als **7A, PP** menos … que
(dann) **wenn** **7A** cuando
wer? **2A** ¿quién? (¿quiénes?, *pl.*)
werden **8A** hacerse (-g-)
etw. **wert sein** **7B** valer (-g-) algo
der **Westen** **<1, 6>** el oeste
das **Wetter** **3B** el tiempo
das **Wetter** ist schlecht **3B** hace mal tiempo
das **Wetter** ist schön **3B** hace buen tiempo
wichtig **3A, PP** importante
wichtig sein **5A** importar(le) algo a alguien
wie **3B** como
wie? **1, PP** ¿cómo?
Wie alt ist er/sie? **5A** ¿Cuántos años tiene?
Wie geht's? **2B** ¿Qué tal?
Wie heißt du? **1, PP** ¿Cómo te llamas?
Wie ist/war …? **3B** ¿Qué tal (+*subst.*)?
Wie schade! **3B** ¡Qué lástima!
Wie toll! **3B** ¡Qué bien!
Wie viel Uhr ist es? **4** ¿Qué hora es?
wie viel, -e? **5A** ¿cuánto, -a?
Wie viele Kugeln? **<2A, 5>** Cuántas bolas?
Wie …! **3B** ¡Qué …!
wieder **6** otra vez
der **Wind** **7B** el viento
der **Winter** **7B** el invierno
wir **2A** nosotros
wirklich **3B** en serio; **7A** de verdad; **8A** realmente
wissen **2B** saber (sé)
witzig **4** gracioso, -a
wo? **2B, PP** ¿dónde?
eine **Woche** **3A** una semana
ein **Wochenende** **3A** un fin de semana
woher? **1, PP** ¿de dónde?
wohin? **3A** ¿adónde?
sich **wohl** fühlen **4** sentirse bien
wohlklingend **<8A, PP>** sonoro, -a
wohnen **2B, PP** vivir
eine **Wohnung** **5A**; **<5B, 9>** un piso, una vivienda
ein (kleines) **Wohnzimmer** **5B, 9** una sala de estar
etw. (tun) **wollen** **3B, PP** querer (-ie-) (hacer) algo
ein **Wort** **4** una palabra

ein **Wörterbuch** **5B** un diccionario
wunderschön **3A, PP** precioso, -a
etw. **wünschen** **6** desear algo
*luftgetrocknete Paprika***wurst** **7B** el chorizo

Z

eine **Zahl** **2B, PP** un número
etw. (be)**zahlen** **7B** pagar algo
ein **Zahn** **4, 5** un diente
sich die **Zähne** putzen **4, 5** lavarse los dientes
zehn **2B, PP** diez
…**zehn** (*bei den Zahlen 16–19*) **2B, PP** dieci…
zehnte, -r, -s **7A** décimo, -a
ein **Zeichen** **<2B, 10>** un signo
zeichnen **<2B, TA>** dibujar
eine **Zeichnung** **<CS>** un dibujo
jdm. etw. **zeigen** **5A** enseñar(le) algo a alguien
die **Zeit** **3B** el tiempo
in letzter **Zeit** **8B** últimamente
eine **Zeitschrift** **3B** una revista
das (Stadt)**Zentrum** **<1, 6>**; **3A, PP** el centro
ziemlich **3A, PP** bastante
ziemlich viel, -e **7B** bastante, -s
eine **Zigarette** **8A** un cigarrillo
ein **Zimmer** **1** una habitación; **8A** un cuarto
ein **Zirkus** **<CS>** un circo
ein **Zoo** **<CS>** un parque zoológico
zu (… hin) **3A** a; **6** hacia
zu Ende gehen **2B** terminar
zu Hause **3A** en casa
zu (sehr/viel) **6** demasiado
etw. **zubereiten** **5A, 5** preparar algo
zuerst (*adv.*) **2B** primero
ein **Zug** **8B, 6** un tren
(zu)hören **2A, PP** escuchar
zum Beispiel **5A** por ejemplo
zum Schluss **6** para terminar
ein **Zuname** **<2B, 3>** un apellido
jdn. **zurechtweisen** **7A** echar una bronca a alguien
jdm. etw. **zurückgeben** **8B** devolver(le) (-ue-) algo a alguien
zurückkehren zurückkommen **4, PP** volver (-ue-)
zusammen **3B** junto, -a
zwanzig **2B, PP** veinte
…und**zwanzig** **2B, PP** veinti…
zwei **2B, PP** dos
ein **Zweifel** **8B** una duda
zweifellos **8B** sin duda
zweihundert **7B** doscientos, -as

Para hacer los ejercicios del libro

In der folgenden Aufstellung findet ihr die wichtigsten Arbeitsanweisungen. In der Regel sind Wörter, die nicht erschließbar sind, in den Arbeitsanweisungen übersetzt, wenn sie zum ersten Mal auftauchen. Falls ihr euch später nicht mehr an die Übersetzung erinnert, könnt ihr hier noch einmal nachschlagen.

Añadid más **palabras** en la **red de vocabulario.**	**Ergänzt** weitere **Wörter** im **Vokabelnetz**.
Apuntad las palabras / la **información** en vuestro **cuaderno.**	**Notiert** die Wörter / die **Informationen** in eurem Heft.
Buscad los **argumentos** / la información en el **texto.**	**Sucht** die **Argumente** / die Informationen im **Text**.
Buscad información sobre …	**Sucht Informationen** über …
Comparad vuestros **resultados**.	**Vergleicht** eure **Ergebnisse**.
Completad el **diálogo** con la **forma correcta** del verbo.	**Vervollständigt** den Dialog mit der **richtigen** Verb**form**.
Completad las **frases**.	**Vervollständigt** die **Sätze**.
Conjugad los verbos.	**Konjugiert** die Verben.
Contad la historia.	**Erzählt** die Geschichte.
Contestad las **preguntas.**	**Beantwortet** die **Fragen**.
Continuad el diálogo.	**Schreibt / sprecht** den Dialog **weiter**.
Copiad la **tabla**.	**Zeichnet** die Tabelle **ab**.
Corregid las **frases**.	**Korrigiert** die **Sätze**.
Describid las **fotos** / los **dibujos** / a las personas.	**Beschreibt** die **Fotos** / die **Zeichnungen** / die Personen.
Dibujad un …	**Zeichnet** ein …
Discutid en clase / en grupos / en parejas.	**Diskutiert in der Klasse / in Gruppen / zu zweit.**
Elegid una de las tres **tareas**.	**Wählt** eine der drei **Aufgaben**.
Escribid por lo menos cinco frases.	**Schreibt mindestens** fünf Sätze.
Escuchad el diálogo / el texto del **cedé**.	**Hört euch** den Dialog / den Text auf der CD **an**.
Explicad por qué …	**Erklärt**, warum …
Formad frases.	**Bildet** Sätze.
Hablad con un **compañero** / una **compañera** sobre …	**Sprecht** mit einem **Mitschüler** / einer **Mitschülerin** über …
Haced el **papel** de …	**Spielt** die **Rolle** von …
Haced un diálogo como en el **ejemplo**.	**Macht** einen Dialog wie im **Beispiel**.
Haced una **lista** de …	**Macht** eine **Liste** von …
Imaginaos que estáis haciendo algo.	**Stellt euch vor**, dass ihr etwas macht.
Intercambiad los papeles.	**Tauscht** die Rollen.
Inventad el final.	**Erfindet** das Ende.
Leed el texto / el diálogo.	**Lest** den Text / den Dialog.
Mirad el dibujo / el **contexto**.	**Schaut euch** die Zeichnung / den Kontext **an**.
Ordenad los dibujos / las formas del verbo.	**Ordnet** die Zeichnungen / die Verbformen.
Poned las palabras en la **columna** correcta.	**Stellt** die Wörter in die richtige **Spalte**.
Practicad en parejas.	**Übt** zu zweit.
Preparad preguntas / un diálogo.	**Bereitet** Fragen / einen Dialog **vor**.
Presentad vuestros resultados en clase.	**Präsentiert** eure Ergebnisse vor der Klasse.
Reconstruid la llamada / la carta.	**Rekonstruiert** den Anruf / den Brief.
Representad los diálogos / a la familia Alonso.	**Spielt** die Dialoge **nach.** / **Stellt** die Familie Alonso **dar**.
Resumid el texto / la información.	**Fasst** den Text / die Informationen **zusammen**.
Tomad nota.	**Macht euch Notizen.**
Trabajad en parejas.	**Arbeitet** zu zweit.
Transformad las **expresiones** / las frases como en el ejemplo.	**Formt** die **Ausdrücke** / die Sätze wie im Beispiel **um**.
Usad las palabras de la **casilla**.	**Benutzt** die Wörter aus dem **Kästchen**.

Otras expresiones útiles en clase

Lo que os dice vuestro profesor / vuestra profesora

... si tenéis que hacer un ejercicio
Abrid los libros en la página ...
Empezamos con la unidad ... / el texto... / el ejercicio ...
¿Quién quiere empezar a leer?
¿Quién empieza con el ejercicio?
¿Quién quiere continuar?
¿A quién le toca?
..., lee el texto de la página ..., por favor.
..., haz el ejercicio número ... / la frase número ...
¿Tenéis alguna pregunta?
Cerrad los libros y escuchad el cedé.
¿Entendéis todo? / ¿Qué palabras (no) entendéis?
Contestad las preguntas de la página ... por escrito / de forma oral.
¿Quién quiere salir a la pizarra / escribir en la transparencia?

... si algo (no) está bien
Tú lo puedes hacer mejor. Inténtalo otra vez.
Eso es. Muy bien. Excelente.
Habla más alto. No se te entiende.
Has cometido un error gramatical / de vocabulario / de pronunciación.
Esto no es correcto. / Esto no está bien.
Repite la palabra / la frase.

... para poner los deberes
Los deberes para la próxima clase son los ejercicios ...
En casa hacéis el ejercicio ... / leéis el texto ... / repasáis / preparáis el vocabulario de ...

Was euch euer Lehrer / eure Lehrerin sagt

... wenn ihr eine Übung machen sollt
Schlagt die Bücher auf Seite ... auf.
Wir beginnen mit der Lektion ... / dem Text ... / der Übung ...
Wer möchte anfangen zu lesen?
Wer will mit der Übung beginnen?
Wer möchte weiter machen?
Wer ist dran?
..., bitte lies den Text auf Seite ...
..., mach die Übung Nummer ... / den Satz Nummer ...
Habt ihr eine Frage?
Schließt die Bücher und hört die CD an.
Versteht ihr alles? / Welche Wörter versteht ihr (nicht)?
Beantwortet die Fragen auf der Seite ... schriftlich / mündlich.
Wer will an die Tafel kommen / auf Folie schreiben?

... wenn etwas (nicht) gut ist
Du kannst es besser. Versuch's noch einmal.
Genau. Sehr gut. Ausgezeichnet.
Sprich lauter. Man versteht dich nicht.
Du hast einen Grammatik- / Wortschatz- / Aussprachefehler gemacht.
Das ist nicht richtig.
Wiederhole das Wort / den Satz.

... um die Hausaufgaben zu geben
Die Hausaufgaben für nächstes Mal sind die Übungen ...
Zu Hause macht ihr die Übung ... / lest ihr den Text ... / wiederholt ihr / bereitet ihr das Vokabular von ... vor.

Lo que vosotros podéis decir al profesor

... si no sabéis qué hay que hacer
¿En qué página / párrafo estamos?
¿Qué ejercicio estamos haciendo?
¿Qué deberes tenemos?

... si no sabéis algo
Tengo una pregunta.
¿Cómo se dice ... en español?
Se puede decir también ...
¿Cómo se pronuncia esta palabra?
¿Cómo se escribe ...?
¿Se escribe con *b* o con *v*? / ¿Se escribe con o sin acento? / ¿Lleva acento?
¿Es correcto? / ¿Está bien?
¿Puede escribir la palabra en la pizarra?
No entiendo la expresión en la línea ...
¿Puede traducir, por favor?
¿Puede repetirlo / explicarlo otra vez, por favor?
¿Puede poner otro ejemplo?
¿Puede hablar más despacio?
¿Podemos escuchar el cedé otra vez?

Was ihr zum Lehrer sagen könnt

... wenn ihr nicht wisst, was ihr tun müsst
Auf welcher Seite / in welchem Abschnitt sind wir?
Welche Übung machen wir gerade?
Welche Hausaufgaben haben wir auf?

... wenn ihr etwas nicht wisst
Ich habe eine Frage.
Wie sagt man ... auf Spanisch?
Kann man auch ... sagen?
Wie wird dieses Wort ausgesprochen?
Wie schreibt man ...?
Schreibt man das mit *b* oder mit *v*? / Schreibt man das mit oder ohne Akzent? / Hat das einen Akzent?
Ist das richtig?
Können Sie das Wort an die Tafel schreiben?
Ich verstehe den Ausdruck in Zeile ... nicht.
Können Sie das bitte übersetzen?
Können Sie das bitte wiederholen / noch einmal erklären?
Können Sie noch ein Beispiel geben?
Können Sie langsamer sprechen?
Können wir die CD noch einmal hören?

Valladolid
Calle Trilla
Plaza La Siega
Calle Sementera
Calle de las Mieses
Calle Balago
Calle Morena
Calle Juan II de Castilla
Calle de la Morena
C. Maternidad
Calle Familia
C. Veleta
Plaza Porticada
Avenida de las Contientas
Calle Escondida
Calle Fe
C. Chica
Calle Verdad
Calle Enlace
Calle Vida
Calle Enamorados
Calle Oriental
Calle Hogar
Calle Meridiano
C. Olvido
Avenida de los Cerros
C. Transformador
Calle Hogar
C. Fanega
Plaza Elíptica
C. Concordia
Calle Tajahierro
Calle Luz
Avenida Recreos
Avenida de Ramón Pradera
Calle Mariano García Abril
Avenida de Vicente Mortes
Calle Rastrojo
Calle de Rigoberto Cortejoso
Calle Gavilla
Calle Pío del Río-Hortega
Avenida de Salamanca
Puente F. Requeral
C. Calixto Valverde
Calle Joaquín Velasco Martín
Calle de Antonio Lorenzo Hurtado
Avenida de José Luis Arrese
Calle de Antonio Royo Villanova
Calle Arado
Calle Francisco Hernández Pacheco
Calle Barbecho
C. Barbecho
MFCG
Puente Isabel la Católica
C. Doctrinos
Calle de Jesús Rivero Meneses
Calle de José Cantalapiedra
Calle Padre José Acosta
Avenida Sánchez Arjona
Puente García Morato
Calle García Morato
Calle de Joaquín Velasco Martín
Calle de Francisco Mendizábal
Calle del Padre Francisco Suárez
Paseo de Zorilla
Calle de Gabilondo
Calle Florida
C. Espíritu Santo
Calle Gregorio Fdez.
Calle Recoletas
Calle de Paulina Harriet
Calle San Ildefonso
Plaza Tenerías
Paseo Isabel la Católica
Parque Las Morenas
C. San Quirce
Calle Encarn
C. Jorge Guillén
Plaza Rincona
Parque del Poniente
Plaza Poniente
C. San Lorenzo
Plaza
1 Palacio Pimentel
2 Palacio Real
3 Iglesia de la Antigua
4 Ayuntamiento (Rathaus)
5 Catedral Metropolitana
6 Universidad
7 Fundación Cristóbal Gabarrón
8 José Zorrilla (Casa Museo Zorrilla)
9 Colón (Casa Museo Colón)
10 Cervantes (Casa Museo Cervantes)